북한문학사론

김 윤 식

새 미

머리말

문학사의 연속성을 위하여

제 전공은 한국근대문학, 그 중에도 비평사 및 소설사 쪽입니다. 제가 공부에 뜻을 세우고 첫 번째로 낸 책이 『한국근대문예비평사연구』(1973)였지요. 그로부터 오늘에 이르기까지 몇 권의 책을 내었지만, <북한문학사>라는 제목의 책을 낸 바는 없습니다. 이렇게 말하면 "당신이 쓴 『한국현대현실주의소설연구』(문학과지성사, 1990)은 무엇인가"라고 물을 분이 있을지도 모르겠습니다. 그도 그럴 것이 이기영의 「땅」 분석을 비롯, 한설야의 「대동강」, 최명익의 「서산대사」, 박태원의 「갑오농민전쟁」, 황건의 「개마고원」을 거쳐, 주체문학론 분석에 이르기까지 온통 북한문학으로 채워져 있기 때문이지요. 북한문학을 거의 전면적으로 논의하면서도 북한문학 연구가 아니라고 제가 주장한 까닭은 무엇인가. 다음 두 가지가 그 이유입니다.

하나는, 제가 북한문학에 대한 전문가가 아니라는 점. 이 경우 전문가란, 그것에 대한 열정과 무관하지 않습니다. 문화정책의 측면이라면 사정이 다르겠으나 공부란, 제 생각엔, 대상에 대한 열정(애와 증) 없이는 성립되지 않는다고 믿기 때문입니다. 제가 이 책에서 주목한 점은 카프문학의 전통입니다. 최근의 북한문학이 그동안 주체문학론에 가려 있던 카프문학에 큰 관심을 보여주고 있다는 사실도 눈여겨 볼 대목이 아니겠는가. 한국근대문학사의 연속성의 회복이란 이 점에서 그 실마리를 찾을 수 없겠는가. 분단문학의 극복도 이 연속성의 회복에서 찾아야 되지 않겠는가. 권두 논문격인 「남북한 현대문학사 서술방향에 대한 예비고찰」은 이에 대한 제 견해를 표명한 것입니다.

다른 하나는, 이 점이 중요하거니와, 한국근대문학사의 연속성에서만 북한문학이 보였던 점. 제 전공이 그것이니까 그 지평에서 바라보이는 북한문학만이 분석의 대상일 뿐. 이기영을 비롯, 황건에 이르기까지 이들 모두가, 해방전부터 문학을 해온 작가들이기에, 다만 이들이 북한에서 어떻게 활동했느냐를 추적하는 일은 우리 근대문학사의 연속성을 전제한 위에서만 가능했던 까닭이지요. 그들 작품 평가도, 제 열정(공부)의 근거이기도 한 우리 근대문학사의 기준으로 할 수가 있었지요. 회고컨대, 제가 특별신분증을 내어 통일원 자료실을 드나들며 북한 문학의 자료를 조금씩 검토하고 그것에 대한 글을 써본 것은 다음 네 차례입니다.

(1) 「북한의 문학이론—북한문학예술정책에 대한 이해를 위하여」 (1978)
(2) 「북한의 민족관—주체사상과 관련하여」(1978)

(3) 「주체사상에 기초한 사회주의적 문예이론 비판」(1982)
(4) 「80년대 북한소설 읽기」(1989)

반공이 여전히 국시로 엄존하던 시절이었지요. 다만 (4)만은 주민등록증으로 북한 원간들을 읽을 수 있었습니다.

이 책에는 특별히 세 가지 자료를 첨부했습니다. 1978년의 월북작가 연구에 대한 해금조치(3.13)에 관련된 당시 학계의 반응에 관한 것이 그 하나. 백철, 김동리, 선우휘, 필자(사회) 등이 참여했던 「월북작가들의 문학사적 재조명」(『신동아』, 1978. 5)과 전광용, 조연현, 필자 등이 참가한 「한국근대문학사와 월북작가문제」(『대학신문』, 1978. 9. 10) 등인데, 이 중 제가 대표집필한 후자의 것을 수록했습니다. 두 번째 자료는 유럽지역 한국학모임(AKSE)에서 발표한 북한문학 연구가들의 발표문의 요지들이며, 세 번째 자료는 북한현대문학사에서 다룬 작품목록일람표입니다. 이 방면 연구자들에게 조금이나마 도움이 된다면 다행이겠습니다.

1995년 가을

김윤식

목 차

머리말

제 1 부
1. 남북한 현대문학사 서술방향에 대한 예비고찰 / 9
2. 50년대 북한문학의 동향 / 35
3. 북한문학 50년의 비평사적 검토 / 81

제 2 부
1. 북한문학 연구사 / 139
2. 북한문학 개관 / 158
3. 북한문학을 어떻게 대할 것인가 / 194
4. 유럽지역의 한국학 대회와 북한학자들의 발표내용 / 231

- 부록1. 한국근대문학사와 월북작가 문제 / 257
- 부록2. 북한학자들의 발표 개요 / 275
- 부록3. 『조선문학개관』에 취급된 작품목록 / 333
- 찾아보기 / 367

제 1 부

1. 남북한 현대 문학사 서술 방향에 대한 예비고찰
— 위기의식의 두 양상

1. 모순 인식과 어떤 감각 —문학사의 성립 조건

　문학적이며 동시에 역사일 것 같기도 한 것이 문학사라면, 그러한 것을 쓰는 일이 과연 가능할까? 이 고전적인 물음에서 자유로울 수 있는 사람은 별로 없으리라 믿습니다. 혹자는 말하겠지요. 이미 여러 종류의 문학사가 씌어진 바 있지 않은가라고. 그렇다면 그 씌어진 대부분의 문학사란 어떠한가. 사회사든가 아니면 문학 속에 예시되어 있는 사상의 역사, 혹은 다소간 연대순으로 배열된 특정의 작품에 관한 인상과 판단의 나열에 지나지 않는 것은 아닌지요. 그것은 기껏해야 사회사의 부속물이거나 사상사의 한 갈래이거나 혹은 집필자의 취향이거나 자료 나열의 범주라 할 수 없을까. 예술 작품을 순수하게 기호의 한 가지 체계로서 기술할 수 있는 방법을 아직도 인류가 이론적으로 발견해내지 못했음을 솔직히 받아들이는 편이 보다 생산적이라고 저는 믿습니다. 아직도 이론적 발견에 이르지 못했다 함은 그만큼 희망적이자 미래적인 일이기에 그러하며, 한 시기에서 다른 시기로의 이행에 관계되는 변화성의 법칙들이 과연 있느냐 없느냐를 논의하기보다는, 신이 있느냐 없느냐를 두고 <있다>쪽에 도박을 거는 것이 인간학 상으로도 유리하기에 그러합니다. 그러나 무엇보다도 제가 문학사의 가능성에 좀 더 기울어지게 되는 사정은 우리 근대 문학을 공부하면서 느낀 어떤 감각과 관련되어 있습니다.

　일찍이 한 안목 있는 이론가는 전체로 본 한 민족의 문학의 역사(a history of a national literature)를 고찰하기란 매우 어렵다고 말한 바 있습니다. 한 민족문학의 구조 전체를 고찰하려면 본질적으로는 비문학적인 것을 참조하지 않을 수 없고, 또 문학이나 예술과는 거의 관계가 없는 그 민족의 윤리라든가, 국민성에 관해 사색하지 않으면 안되니까, 그것은 예술로서의 한 민족문학사가 되기 어렵다는 논법이지요.[1] 이러한 주장엔 그 나름의 타당성이 있음을 인정하면서도 수긍하기 어려운 것은 제가 그동안 공부한 우리 근대문학에 대한 감각 때문입니다. 우리 근대문학이 계몽주의에서 출발했다는 것, 그리고 국권 상실기에 걸쳐 전개되었다는 특수한 상황이 우리 근대문학의 성격은 물론 예술적 질조차 결정해 버렸다는 감각이 저를 지탱해 온 것이지요. 뿐만 아니라, 해방공간에서 문인들이 지녔던 민족사에 대한 역사감각이 6·25를 겪고 냉전체제가 무너지는 최근에 이르기까지 조금도 퇴색하지 않았음을 제 나름대로 확인할 수도 있었지요. 문학의 장르라는 것도 한갓 관습적인 것이어서 엄밀한 이론적 바탕이 없는 주먹구구식의 자(尺)에 지나지 않으며, 문학사란 이보다 더욱 심해서 도저히 과학(학문) 범주에 들 수 없다고

---

[1] 르네 웰렉·오스틴 워렌 공저, 『문학의 이론』, 제 19장. 웰렉 집필 부분.

보는 주장에 제가 전적으로 동조하지 못하는 것은 바로 우리 근대 문학 공부에서 길러진 이런 감각 때문입니다.

이 문제에 대해서 제일 먼저 고민하고 고투를 거듭한 분이 도남 선생이 아니었을까. 과학(법칙성)이 아니면 국문학사일 수 없지만 동시에 민족의 개별성의 연속체가 아니면 국문학사일 수 없다는 난점이야말로 도남이 해결코자 한 과제였지요. 도남으로 하여금 이 모순을 그 자체로 끌어안으면서 나아가게 만든 힘이란 무엇일까. 이 점이 한동안 제 관심거리였지요. 딜타이의 해석학이 아니라 그를 에워싼 위기감이었다는 사실을 제가 알아낸 것은 그로부터 썩 지난 70년대 초였지요.2) 연속체의 사상 곧 유기체적 사상이란, 도남에겐 단순히 하나의 관념이 아니고 생활 감각이었지요. 유기체론과 해석학(정신과학)이 모순 상태인 채로 도남에게 수용된 것도 이 감각의 작동에서 말미암은 것이 아니었을까. 이 감각이란, 일제 강점기에 형성된 도남 자신의 위기의식과 등가물이지요.

문학적이며 동시에 역사일 것 같기도 한 것이 문학사라면, 원칙적으로 그것에 대한 이론적, 학문적 체계화란 불가능하다는 것을 지금껏 중언부언해 왔읍니다. 이 자기 모순을 극복하는 방식의 하나로 위기의식을 들었던 것이지요. 그것은 감각의 형태로 설명될 수밖에 없는데, 생명의 위기의식이란 감각으로밖에 드러날 수 없는 것이기 때문입니다. 이 위기의식으로서의 감각이 없으면 논리 속의 모순을 물리칠 수도, 누를 수도 없을 것입니다.

통일문학사의 경우도 사정은 같지 않겠는가. 어째서 통일문학사를 모색해야 하는가. 통일문학사를 마음 속으로 품고 이를 구상하고자

---

2) 김윤식, 『한국근대문학사상연구(1)』, 일지사, 1984. 참조.

하는 사람은 필시 그만이 가진 위기의식을 점검하지 않을 수 없다고 저는 생각합니다. 광복 50주년을 맞이했다든가, 통일의 가능성이 떠오른다든가, 또는 통일이 이 민족의 지상과제라든가 하는 이유나 명분이란 별로 쓸모가 없을 것입니다. 그런 것은 현실 분석에서 출발한 것이 아니라 이데올로기 곧 문화 통제의 일종이겠지요. 문학사라는 것이, 어차피 정밀한 과학일 수 없고, 기껏해야 사이비 과학이라면, 이 자기 모순을 누르고 또 물리칠 수 있는 어떤 감각이 요청되지 않으면 안되겠지요. 그 감각을 저는 탈근대(21세기)에서 찾고자 합니다.

탈근대(21세기)란 무엇인가. 제게 있어 그것은 위기의식의 다른 이름이지요.3) 이 위기의식이 제게는 논리적 모순을 물리치고 또 누를 수 있는 하나의 명분입니다. 개화기 이래 우리의 근대문학은 근대문학사(이식문학사)라 불리기도 했습니다. 그때 그런 감각을 지녔던 사람도 분명 위기의식을 느꼈을 터이지요. 탈근대(21세기)란 이식문학사 못지 않게 현재 남한문학의 위기의식에 다름 아닌데, 왜냐하면 민족의 생존이 이번에는 탈근대(21세기)로 말해지는 세계화에 걸려 있는 것처럼 제게 느껴지기 때문입니다. 과연 우리 것을 지키면서 세계화를 이룩할 수 있을 것인가. 이런 질문은 이미 수없이 되풀이된 바 있습니다. 당연히 우리 것을 지키며 세계화로 나아가는 길이 그 해답일 것입니다. 이 경우 '우리것 지킴'이라는 표현이 곧 위기감각이라고 저는 믿습니다. 제게 있어서 통일문학사란 남북 통일과 더불어 세계화에 걸쳐 있는 이 이중성으로 설정되는 것이지요.

---

3) 탈근대라 하나 우리에겐 실상 근대조차 결여되어 있는지도 모른다. 남한문학이 근대성에 이미 이른 것이냐 아니면 오히려 근대성 결여 상태냐라는 문제를 둘러싼 논란도 이와 관련된다.

통일하기 위한 문학사 기술이자 동시에 세계화하기 위한 문학사 기술입니다. 통일하기가 모험이자 위기이듯 세계화 역시 꼭같은 수준에서 위기이자 모험이지요.

2. 카프문학의 정통성

통일문학사를 논의하기 위한 제 자신의 좌표 설정은 이로써 조금 설명되었을 줄 믿습니다. 이는 또한 남한에서의 문학사에 대한 제 나름의 요약이기도 합니다. 또 다르게 말하면 탈근대(21세기)를 향한 남한 문학의 전개방식이 그 방향성이라는 뜻이기도 합니다.

그렇다면 북한문학사는 어떠할까. 탈근대(21세기)를 향한 위기의식을 북한문학사는 얼마나 느끼고 있는 것일까. 북한은 아직 근대문학사 수준에 미달한 것이 아닐까. 어쩌면 주체문학이란, 초근대랄까 몰근대 문학사론이라 할 수 없을까. 또한 21세기를 향한 남한문학의 결여 항목이란 무엇인가. 이런 것을 알아보기 위한 작업이 먼저 요청되지 않을 수 없습니다. 북한문학 50년사에 대한 연구가 불가피한 것은 이 때문입니다.

남한문학 50년사는 그 자체로도 점검될 수 있지만, 북한문학 50년사와 대비적으로 고찰함으로써 그 성격이 한층 뚜렷해질 것입니다. 하지만 불행히도 우리에게는 이 북한문학 50년사에 대한 연구가 썩 미진한 형편에 있음을 통감하지 않을 수 없습니다. 다행스럽게도 구 소련의 해체라는 세계사적 현실이 그러한 연구 풍토에 조금은 변화를 가져왔습니다. 무엇보다 북한 원간 자료를 직접 대할 수 있었던 것이 그 계기이지요. 이러한 자료를 기초로 하여 북한문학 50

년사의 역사적인 고찰이 어느 수준에서 가능해졌거니와, 제 나름으로 정리하면 대략 다음과 같습니다.

북한문학 50년사를 고찰하기 위해 가장 먼저 논의해야 할 사항이 바로 시대 구분이겠지요. 저는 북한문학사를 다음 두 시기로 나누고자 합니다.

(A) 해방에서 주체문예론 대두전(1965~67)까지 약 20년.
(B) 주체문예론에서 오늘날까지 약 20년.

주체문예론을 고비로 하여 이와 같은 시대 구분이 가능하게 되는 이유는 무엇일까. 흔히 우리는 북한문학사라면 덮어놓고 주체문예론 일색으로 인식하는 경향이 있습니다. 이는 물론 부분적으로는 타당하지만 자세히 들여다보면 실제와 상당한 차이점이 있음을 발견하게 됩니다. 결론부터 말하자면, 주체문예론 이전의 북한문학이란 카프문학의 정통성에 기초한 것으로 규정됩니다.4) 카프문학이 과연 사회주의적 사실주의냐 아니면 비판적 사실주의냐라는 문제를 둘러싸고 치열한 논쟁이 전개된 바 있고, 아직도 논의의 여지는 많이 남아 있을 것입니다. 그러나 중요한 점은 주체문예론이 제출되기 전까지 카프문학이 알게 모르게 북한문학의 실질적인 정통성으로 작용해왔다는 사실을 인식하는 데 있습니다. 이를 좀 더 엄밀하게 분석하기 위해서는 다음 두 가지 항목에 대한 검토가 불가피할 것입니다.

---

4) 김재용, 『북한문학의 역사적 이해』, 문학과지성사, 1994.
　김윤식, 「90년대 북한문학의 동향에 대한 연구」, 《한국학보》, 1995 가을호.

첫째, 북한문학을 실질적으로 이끌어나간 중심 세력에 대한 정확한 분석.

모두가 아는 바와 같이 북한문학의 중심체는 <북조선예술총연맹>(1946.3.25 창립)이지요. 이것이 <북조선문학예술총동맹>으로 바뀐 것은 1946년 10월 13~14일 이틀 동안 열린 전체대회 때이며, 그 이후 <조선문학가총동맹>(1951)으로 다시 명칭이 변경될 때까지 이 단체가 북한문학의 유일한 중심 세력으로 군림해온 것입니다. 이 단체의 중심 인물은 이기영, 한설야, 안막, 이찬, 안함광, 한효, 한재덕, 최명익, 김사량, 윤세평, 박세영 등이었으며, 무엇보다도 문학동맹이 다른 어떤 영역보다 중심 세력이었읍니다. 이 문학동맹의 중심 분자들이 구 카프계 문인임은 한 눈으로 알아볼 수 있습니다.[5] 이들 카프 문사 중에서도 이기영과 한설야를 그 중심점에 둘 수가 있겠지요. 창작 방면에서 이기영이 중심점으로 서 있었다면, 한설야는 이론과 창작 모두에 걸쳐 단연 핵심 인물이라 할 것입니다. 함흥 출신의 한설야가 이론과 창작에서 정점에 있었다 함은 곧 그가 권력의 중심에 있었음을 의미하는 것입니다. 왜냐하면 사회주의 문학관에서 볼 때 창작이란 이론의 소산이며, 서열상 이론이 창작에 앞서는 까닭이지요. 창작방법론이 리얼리즘 논의의 기본 사항임을 염두에 둔다면 이 점이 쉽게 이해될 터입니다. 한설야는 북한의 문화상을 역임했고, <북조선문학가동맹>과 <북조선문학예술총동맹>을 합쳐 만든 <조선문학가총동맹>(1951)의 위원장을 지냈으며, 세계평화회의에 북한 대표로 참석한 바 있습니다. 이처럼 권력의 정점에서 10여 년을 두고 흔들림없이 군림했다는 사실은 단순한 이론만으로

---

5) 김윤식,『해방공간의 문학사론』, 서울대출판부, 1989. 참조.

도 또 단순한 창작만으로도 충분하게 설명되기 어렵지요. 이론과 창작 양면에서 발군의 위치에 서 있어야만 비로소 가능한 일일 터입니다. 한설야는 북한문학의 3가지 직접성으로 규정되는 작품「혈로」(1946),「모자」(1946),「승냥이」(1951)를 재빨리 써낸 바도 있지만, 그의 이론과 창작을 규정하는 핵심적 요소는 카프의 정통성에 있었읍니다.6) 남로당에 대한 격렬한 증오심이라든가, 서울중심주의에 대한 평양중심주의의 깃발 세우기 등의 심층심리적 요소가 이데올로기에 우선하는 이른바 기질적 측면임을 지적할 필요도 없을 만큼, 한설야의 이론과 창작은 카프문학에 그 뿌리를 둔 것이었습니다.

둘째, 창작방법론에서 한설야의 대표 작품이 표준작의 몫을 했다는 사실의 분석.

북한의 50년대 문학에서 중요한 쟁점은 리얼리즘 논의였는데, 이 논쟁의 중심점에는 언제나 한설야의 작품이 표준으로 군림하고 있었읍니다. 카프문학의 정통성을 지키는 일에 있어서 이 이상의 구체적인 방도는 달리 없었다고 볼 것입니다.

주체문예론이 나오기 전까지의 북한문학사를 큰 테두리로 보아 카프의 정통성이 계승, 발전된 것으로 볼 수 있는 또다른 근거는 민족문학론에서 찾을 수 있읍니다. 실상 주체문예론 이전의 북한문학사는 (1) 민족문학론 단계(1947년 전후)와 (2) 사회주의리얼리즘 논쟁 단계로 세분할 수 있읍니다.

민족문학론이란 해방공간을 채웠던 모든 문학적 노력의 총칭이라 규정될 터이지요. 북로당도 남로당도, 그리고 민족주의 진영의 <청년문학가협회>도 모두 이 민족문학의 깃발을 올리지 않으면 안되었

---

6) 김윤식,「한설야론」,『한국현실주의소설연구』, 문학과지성사, 1990. 참조.

던 것입니다. 또한 어느 진영이든 이 문제를 해결하기 위해 많은 시행착오와 고통을 겪어야만 했는데, 그 이유는 바로 민족성과 계급성의 모순 관계 때문이었읍니다. 민족성과 계급성, 이 둘을 어떻게 하면 무모순의 수준으로 논리화할 것인가. 남로당의 임화가 이를 해결한 것은 1947년 초반이었고, 북로당의 안함광이 그 해결에 이른 것도 이보다 조금 먼저이거나 거의 같은 무렵입니다.[7] 민족의 자기해방 없이 계급 해방 또한 불가능하다는 발견은, 그 이론적 계보가 카프의 정통성과 이어질 때 비로소 생생한 현장감을 획득할 수 있었읍니다. 고상한 리얼리즘이라든가, 진보적 리얼리즘 또는 인민민주주의민족문학론 등등으로 불리는 구호의 뒷편에는 이처럼 카프의 정통성이 바위처럼 버티고 있었던 것입니다.

한편 1934년 경에 제기된 사회주의 리얼리즘은 국가사회주의 내에서의 창작을 가늠하고 규율하는 모든 문학적 노력에 대한 총칭이겠지요. 6·25를 치르고 전후 복구기에 접어든 북한의 문학 예술이 직면한 것은 도식주의, 교조주의의 경향이었읍니다. 전쟁 영웅 예찬에서 비롯, 미제에 대한 적개심의 과도한 강조로 말미암아 빚어진 도식주의를 극복하기 위해 주어진 계기가 바로 종주국 소련의 제2차작가대회(1954.12)였지요. 사회주의적 사실주의를 창작방법론으로 확정한 제1차 소련작가회의(1934) 이래 20년 만에 이루어진 이 대회의 결과가 북한문학계에 얼마나 큰 자극을 주었는지는 다음 글에서도 잘 알 수 있읍니다.

　　　제2차 쏘베트 작가대회 연단에 귀를 기울인 모든 조선 작가들의

---

7) 김재용, 앞의 책. 참조.

일치한 심정은 거기에서 흘러나오는 쏘베트 문학 20년 간의 총화의 목소리 속에서 우리 문학 10년 간의 성과와 역점을 엿보려는 그런 홍분과 감동에 싸인 기대였다.8)

여기서 주목되는 것은 이런 발언이 해방 후 세대에 속하는 평론가 엄호석에 의해 나왔다는 점입니다. "나까지 포함한 우리의 일부 문학평론가들은 이 교조주의적 도식주의적 경향에 함께 가담하고 있다"고 엄호석이 포문을 열었을 때, 그의 공격목표는 그동안 북한문학을 지배해 온 카프문학의 정통성에 있었던 것입니다. 곧 카프와 무관한 전후 세대 엄호석이 겨냥한 것은 한효, 안함광 등이었고 그 중에서도 안함광이 주된 표적이었읍니다. 이 논쟁의 곡절과 그 결과에 대해서는 상론할 자리가 아니기에 생략하거니와,9) 두 이론가의 논점 위에 놓인 것은 한설야의 작품이었습니다. 6·25를 가운데 둔 50년대 창작계에서 달성한 한설야의 위업은 「대동강」(1956), 「설봉산」(1956) 등이었지요. 이 가운데 「대동강」의 주인공 점순이에 대한 논점의 차이가 두 사람의 견해 차이였음이 판명됩니다. 이때 안함광도 엄호석도 「대동강」의 주인공을 한설야의 카프시절의 작품인 「황혼」(1936)과 비교하고 있었지요. 도식주의, 교조주의의 극복이나 사회주의적 사실주의를 둘러싼 논의란 결국 「황혼」의 주인공이 여순이냐 준식이냐라는 문제로 향하고 있었던 것입니다. 이렇게 되면 결과는 자명해지는데, 엄호석의 패배가 그것입니다. 지도성 우위의 주장을 편, 그러니까 중심 주인공을 준식으로 본 안함광의 강점이 여

---

8) 엄호석,「사회주의 리얼리즘과 우리 문학」,『현대문학비평자료집 이북편 (3)』, 태학사, 1994, p. 358.
9) 김윤식,「50년대 북한문학의 동향에 대한 연구」,『한국학보』,1995 가을호. 참조.

기에 있습니다.

3. 주체문예론의 두 가지 발현 방식

유일사상에 기초한 주체문예론이 대두되어, 전면적으로 전개되기 이전까지의 북한문학사의 정통성이 카프문학에 있었음을 위에서 살펴왔지만, 그렇다고 이 시기에 주체문예론의 전단계인 항일혁명문학론이 없었던 것은 아니지요. 어떤 시각에서 보면 카프문학의 정통성과 항일혁명문학의 정통성이 동격의 비중으로 다루어짐을 봅니다. 가령 한설야의 숙청 이전에 나온 『조선문학통사』(현대편, 사회과학원 문학연구소,1959.5)도 그러한 사실을 잘 보여주고 있습니다. 제1장(1900~1919)은 신소설과 개화가사 등을 다룬 것이고, 제 2장 (1919~1930)이 카프문학에 할애되어 있으며, 제 3장(1930~1945)은 김일성 항일투쟁 과정에서의 혁명문학으로 설정되어 있읍니다. 그렇지만 위에서 밝힌 대로, 이 시기의 항일혁명문학론이란 다분히 정치적 명분론의 성격을 띤 것으로 보아야 할 것입니다. 왜냐하면 항일혁명문학론이란 오직 김일성의 투쟁사에 국한된 것이며, 따라서 다른 창작 계층이 이에 관련될 수 없었던 까닭입니다. 한설야의 「설봉산」(1956)에서 보듯, 카프문학의 전통과 항일혁명문학 전통의 연결고리 모색이란 썩 진전된 균형감각의 표현이라 할지라도, 어디까지나 이 작품은 한설야라는 카프 작가의 창작임엔 변함이 없으며, 다른 창작의 경우에도 사정은 같습니다.

앞에서 이미 언급한 바와 같이 주체문예론의 전면적 대두는 1967년으로 기산되고 있습니다. 유일사상으로서의 주체사상의 등장 배경이나 그 형성 과정에 대해서는 여기서 다룰 처지가 아니겠지만, 적어도 주체문학론의 등장이 카프문학 전통의 몰락과 직접적으로 관련되어 있는 사실만은 의심의 여지가 없습니다. 이 과정에는 (1) 카프 전통(자국 문학사)이냐 (2) 종주국(사회주의적 사실주의) 전통이냐 (3) 자국과 외국 전체를 초월한 유일사상으로서의 김일성주의냐라는 세 가지 방향성을 둘러싼 논쟁과 갈등이 개재되어 있습니다. 유일사상인 주체문예론이 체계화되어 나타난 문건은 『주체사상에 기초한 문예이론』(사회과학원 문화연구소, 1975)이거니와, 당성·계급성·인민성을 총괄하는 주체로 군림하는 것이 수령 개념이라는 점이 이 문건에서 나름대로의 체계화를 이루었으며, 이후의 어떤 문학사 서술도 이 원칙에서 벗어나지 않습니다. 가령 류만의 『조선문학개관(2)』의 경우, 제1장이 항일 혁명투쟁 시기(1926.10~1945.8)로 되어 있으며, 그 영향 밑에서 발전한 진보적 문학으로 카프의 몇몇 작가들이 언급되고 있습니다. 가장 최근에 나온 같은 저자의 집필인 『조선문학사(8)』(1992)에는 제1편 항일혁명투쟁의 첫 시기인 혁명적 문학(1926.10~1931.12), 제2편 항일무장투쟁 시기의 혁명적 문학(1931.12~1945.8)으로 되어 있어, 그 영향 밑에서 전개되었다는 카프 및 진보적 문학 따위란 그림자도 내비치지 않고 있습니다.10)

주체문예론의 존립 근거란 실상 무엇이었을까. 다음 두 가지 점을 검토해 볼 수 있을 것입니다.

---

10) 이는 김정일의 『주체문학론』(1992.7)의 논지와는 다소 거리가 있는 것이어서, 일종의 과도기적인 의도가 감지된다. 아직 『조선문학사』 9권이 미간인 것으로 보아, 아마도 이 책이 카프문학을 다룬 것인지 모른다. 만일 『조선문학사』 9권이 출판된다면 카프에 대한 그들의 태도가 좀 더 분명해질 것이다.

(1) 주체문예론은 오직 김일성의 항일혁명문학에 바탕을 둔 것이기에, 그 창작가는 김일성 자신이 아니면 안된다는 점. 「피바다」, 「꽃 파는 처녀」, 「한 자위단원의 운명」을 비롯, 「안중근 이등박문을 쏘다」, 「분만국회」, 「성황당」 등에 걸쳐, 이들 모든 작품은 김일성의 창작이 아니면 안됩니다. 실제로 이들 창작이 어떤 형태로든 김일성이 창작한 것임이 틀림없다면, 다음 두 가지 현상이 불가피하게 나타나지 않을 수 없지요.

첫째, 주체문예론에 기초를 두는 한, 어떤 작가도, 곧 구 카프계든 해방 이후의 작가든 그 누구도 제 1차적인 창작을 절대로 할 수도 없고 해서도 안된다는 점.

둘째, 주체문예론에 기초한 모든 작가는, 「피바다」, 「꽃 파는 처녀」를 창작한 그 작가(김일성)에 대해서만 쓸 수 있다는 점.

이 두 가지 사실에서 이루어진 것이 (가) 김일성 창작의 가극화와 (나)『불멸의 역사총서』(전 15권)라고 저는 생각합니다. (가)는 김일성의 원작을 가극으로 재창조함을 가리키는 것인데, 이는 음악·무용·노래 가사 등의 종합예술적 성격으로 발전시킴에 해당되며, 따라서 예술가 전부가 참여하는 재창조 행위로 규정될 것입니다. <대화창>과 <방창>의 도입은 그런 결과로 얻어진 독창성이겠지요. 북한이 세계 예술사에 공헌할 수 있었던 것으로 이 사실을 주장하는 이유가 이로써 조금 설명될 터입니다.[11] 이러한 가극화로서의 재창조 사업의 총감독자로 김정일이 군림하고 있었음은 의심의 여지가 없습니다.

---

11) 김윤식, 「유럽에서 만난 북한 학자들」, ≪문예중앙≫, 1995년 여름호.
　　AKSE 7차 대회에서의 북한의 사회과학원 문학연구소장 정성무씨의 논문(부록) 참조.

(2) 4·15 창작단에 의해 씌어지기 시작한 김일성 항일투쟁사의 대서사 화폭의 형상화 작업인 『불멸의 역사 총서』. 이것 역시 김정일의 지도 밑에서 이루어진 것이겠지요.[12] 북한문학계의 소설적 실력의 집약이라 평가되는 이 총서의 집필 주역이 천세봉(김일성 훈장 수훈자, 조선작가동맹 중앙위원장), 석윤기(김일성상 계관인, 4·15 문학창작단장) 등이거니와, 김정일이 이 작가단을 지휘한 것은 1968년부터이며 <전인미답의 길>로 표현된 이 총서의 첫번째 작품 「1932년」(1973)이 권정웅에 의해 집필 간행되었을 때 1925년 함경도 탄광촌 출신인 이 작가에게 김정일이 회갑상을 차려준 것이 1985년 1월이었지요.[13]

이런 시각에서 보면, 주체 문학론이란 김일성이 주역으로 등장하고 김정일이 총감독을 맡은 1970년대에서 80년대에 걸치는 한 시기의 문학이념으로 규정될 것입니다.

4. 카프문학이냐 혁명 문학이냐 — 정통성의 위기감각

구 소련 해체 이후 북한의 문예정책은 어떻게 변화했을까. 이 물음에 대답할 수 있는 문건 중의 하나로 『주체문학론』(1992)을 꼽을 수 있겠지요. 저자는 김정일로 되어 있습니다. (1) 시대와 문예관, (2) 유산과 전통, (3) 세계관과 창작방법, (4) 사회정치적 생명체와 문학, (5) 생활과 형상, (6) 문학 형태와 창작 실천 (7) 당의 영도와 문학사업 등의 항목으로 된 이 저술에서 제일 주목되는 것은 시대

---

12) 「향도의 자욱을 따라」(제 2회분), ≪조선문학≫, 1988, 5.
13) 김윤식, 『한국현대현실주의소설연구』, 문학과 지성사, 1990, pp. 407-409.

의 변화에 대한 대처 방식의 천명에 있습니다. "시대는 끊임없이 진전하고 있으며 문학예술에 대한 인민의 요구도 날을 따라 더욱 높아가고 있다. 문학예술은 마땅히 시대와 함께 진전해야 하며 자주성을 위한 인민대중의 투쟁을 선호해야 한다"라든가, "우리 시대의 이러한 세기적인 전변과 우리 인민의 지향은 결코 지난날의 문예관을 가지고서는 작품에 옳게 반영할 수 없다"라든가, "역사의 새 시대는 새로운 문예관을 요구한다"14)라는 표현이 이 저술을 낳게 한 이유임은 한 눈에 알 수 있겠지요. 그렇다면, 새 시대에 대처하기 위해 구체적으로 무엇을 어떻게 해야 할 것인가. 누구나 이 점에 민감히 반응하리라 믿습니다. 의외에도 이 저술에는 종래의 유일사상으로서의 주체문예론에 대한 유연성이 확인되어 우리를 조금 놀라게 합니다. 특히 제 2장 <유산과 전통> 항에서 이 점이 두드러지고 있군요.

유산과 전통의 문제를 바라보는 이 저술의 근본 시각은 민족 허무주의에서 벗어나자는 것으로 요약되지 않을까 합니다. 이 대목은 자칫하면 오해되기 쉬운데, 왜냐하면 종래의 주체문예론도 그러한 원칙 위에 서 있었기 때문이지요. <우리 것>을 찾고 지키며 키워나가려는 시각에 설 때, 가장 경계했던 것이 바로 <서방 문화 이식설>이 아니었습니까. 지금도 그러한 사정은 마찬가지일 것입니다. 이 저술에도 외래문화의 배척에 대한 강조는 여전하지만, 민족문화유산의 경우는 종래와 썩 다르게 나타나고 있습니다. 카프문학의 전통을 소중하게 인식해야 한다는 주장으로 이 사정이 요약됩니다. 이 점이 어째서 큰 변화일까. 이 질문에 답하기 위해서는 주체문예론의 본질을 다시 한번 상기할 필요가 있습니다. 앞서의 논의에서도 조금

---

14) 김정일, 『주체문학론』, 조선노동당 출판사, 1992.7, pp. 3-5.

밝혀진 것과 같이, 주체문예론의 발상은 단순히 <우리 것>을 우선 시하는 입장에서 나온 것이 아니라, 오로지 유일사상 곧 김일성의 존재 자체에 모든 것의 기원을 두는 데서 출발한 것입니다. 70~80 년대 전 기간에 걸쳐 전개된 주체문예론은 (1) 「피바다」를 비롯한 김일성의 창작 전체에 대한 많은 문학예술인들의 재창조 작업, (2) 김일성을 주인공으로 한 작품 쓰기인 『불멸의 역사 총서』를 그 주된 과제로 하고 있지 않았습니까. 주체문예론이 민족의 유산 계승과는 전혀 무관한 것임은 이로써 입증되고도 남지요. 주체문예론을 달리 항일혁명문학론으로 부르는 것도 이 때문이고, 김일성이라는 존재와 더불어서야 비로소 유효한 것도 이 때문이지요. 그러니까 주체문예론이란 따지고 보면 <우리 것 찾기>가 아니며, 따라서 우리 문화 유산이나 전통 또한 아니었던 것이지요. 카프문학을 여지없이 억누르고 또 물리친 사실도 이와 관련되어 있을 것입니다. 그렇다면 주체문예론이란 역설적이게도 민족 유산 부정론이 아닐 수 없지요. 겉으로는 <우리 것> 중심 사상으로서의 주체문예론이지만 실은 <우리 것> 부정론이었던 것. 이 양면을 가진 칼이 이제 변화의 시대 앞에서 그 정체를 노출시킨 형국이라고나 할까요.

진짜 <우리 것>이 <항일혁명문학>이냐 아니면 <카프문학>이냐. 이 거창한 물음 앞에 주체문예론이 노출되어 있는 것처럼 제게는 비칩니다. "카프문학에 대한 평가와 처리도 공정하게 하여야 한다"는 전제를 내세워 놓고 김정일은 이렇게 카프를 평가하고 있지 않겠습니까.

  지금 문학 분야에서는 카프문학에 대한 평가를 매우 어정쩡하게 하고 있다. 어떤 사람들은 카프문학을 비판적 사실주의 문학의 계열에도 넣지 않고 사회주의적 사실주의 문학의 계열에도 넣지 않고 그저 프로레타리아 문학이라고 막연하게 규정하고 있다. 이것은 카프문학에 대한 공정치 못한 평가이다. 카프의 작품에는 비판적 사실주의 작품도 있고 사회주의적 사실주의 작품도 있다. 특히 카프가 새로운 강령을 내놓은 이후 시기에 나온 작품은 기본적으로 사회주의적 사실주의 작품이라 보아야 한다.15)

이른바 방향전환(1927) 이후에 나온 조명희·송영·이기영·한설야·유완희·김창술·박세영·박팔양을 비롯, 카프에 망라된 작가들이 맑스주의를 신봉하고 무산 계급의 계급적 해방을 지향하였으며, 대체로 이들 작품은 내용에서는 사회주의적이었다는 것입니다. 카프가 민족문학의 고유한 특성을 살리어 조선 인민의 민족적 감정과 지향에 맞는 우수한 형식도 창조하였다는 것, 카프문학은 이로써 선행한 사실주의의 제약을 벗어나 사회주의적 사실주의의 시조를 이루었다는 것입니다. 특히 이 대목에서 주목되는 것은 당과의 관련성에 대한 새로운 견해입니다.

물론 카프는 노동 계급의 혁명적 당의 영도를 받지 못하였으므로, 작가의 세계관적 제한성이 그 한계로 지적됩니다. "그러나 노동 계급의 당의 영도를 받지 못하였다 하여 카프가 사회주의적 사실주의가 아니라 할 수 없다."16)는 것입니다. 사회주의적 사실주의냐 아니냐라는 문제와, 완벽한 사회주의적 사실주의냐 아니냐라는 문제는 구별되어야 한다는 이러한 김정일의 인식은 분명 주체문예론의 다른 한 쪽 칼날이 아닐 수 없겠지요. 그렇다면 이 저자는 주체문예론의 또 다른 한 쪽 칼날과의 관계를 어떻게 다루었을까. 제 관심이

---

15) 앞의 책, p. 77.
16) 앞의 책, p.78.

제일 민감하게 머문 곳이기도 합니다. 그 대목은 다음과 같습니다.

> 카프문학을 사회주의적 사실주의로 규정하면 우리의 혁명적 문학예술 전통에 대한 해석에서 혼란이 생길 수 있다고 생각하는 것은 잘못이다. 우리 나라 혁명적 문학예술의 시원으로 되는 항일 혁명문학예술은 처음부터 주체사상을 세계관적 기초로 하여 우리식의 새로운 사회주의적 사실주의 문학으로 발생하였다. 오늘 우리의 문예는 우리 식의 사회주의적 사실주의이며 그 역사적 뿌리도 항일혁명투쟁 시기에 마련된 우리 식의 새로운 사회주의적 사실주의로부터 내리기 시작하였다. 새로운 우리 식의 사회주의적 사실주의가 우리 나라 혁명 문예의 시원으로 되는 조건에서는 카프의 사회주의적 사실주의의 경향을 인정한다고 하여 유산과 전통의 계선이 모호해지는 것도 아니며 혁명적 문예 전통에 카프가 포함되는 것도 아니다. 카프는 선행한 사회주의적 사실주의의 창작방법론에 기초하고 있음에도 불구하고 의연히 우리의 우수한 과거 문학유산에 속한다.17)

유일사상으로서의 주체문학론을 주체 리얼리즘이라 하며 20년 동안 엄격히 지켜온 북한 문예론이 카프 전통을 이처럼 완곡한 표현을 통해 인정하고 있음은 주목되는 일이 아닐 수 없지만, 한편으로 보면 자연스런 일이라 하지 않을 수도 없지요. 어째서 그러한가. 주체문예론이 김일성 유일사상의 표현에 국한된 것이라면 김일성의 존재 자체의 유한성이 그 이론의 한계가 될 수밖에 없기 때문입니다. 긴 역사의 시선에서 보면 항일 혁명전통이란 것도 역사의 한 순간에 속하는 특정한 사건의 하나에 지나지 않는 것일 터입니다. 따라서 민족사의 시선으로 보면, 또 시간이 지나면 그럴수록 그 순간은 점점 축소되고 약화되고 소멸될 운명에 놓여 있지 않겠습니까.

---

17) 앞의 책, pp.79-80.

한편 이에 비할 때 카프문학은 좀 더 역사적이며 전통적이라 할 수 없겠습니까. 카프문학이란 바로 전대의 전통과 유산을 이은 것이 아니고 무엇이겠습니까. 1920년대 초반에 신경향파 문학이 있었고, 그 앞 단계에는 이광수와 최남선의 계몽주의가 있었으며, 그리고 그것은 다시 개화기의 애국계몽주의와 신소설로, 더 나아가 저 조선조의 실학 사상으로 이어지는 것이 아닙니까.18)

이렇게 볼 때, 카프문학의 위치가 항일혁명문학과 동등한 수준으로 인식되는 것은 시간 문제이며, 거기서 조금만 시간이 더 지나면 둘 사이에 관계의 역전이 벌어질 것으로 예상해볼 수는 없겠습니까. 이러한 변화 혹은 관계의 역전을 문학사적 시각에서 보면 원점으로 되돌아간 형국이라 할 수 있습니다. 『조선문학통사』(1959)의 자리로 되돌아갈 수 있는 길이 이로써 열려져 있지 않겠습니까.19)

5. 역사의 종언과 문학사 기술

통일문학사는 가능한가. 이런 물음을 제가 앞에서 제기하지 않았

---

18) 북한에서 이광수의 「개척자」를 특히 기리는 것은 중학 시절의 김일성이 이 작품에 감명을 받은 까닭으로 되어 있다. 『주체문학론』, p. 88. 참조.
19) 류만이 집필한 『조선문학사(8)』은 1992년 11월에 간행되었음에도 불구하고 카프 문학이 전혀 다루어져 있지 않으며, 오정애 집필의 『조선문학사(10)』(1994.2)도 정명옥・이근실・김선려 집필의 『조선문학사(11)』(1994.3)도 종래의 입장에서 변화가 없다. 추측컨대 타성에 의한 집필이거나, 아직도 보급용으로는 종래의 시각이 지닌 유효성을 인정하고 있지 않은가 한다. 그러나 이러한 입장이 변화할 것은 필연적이며, 단지 시간 문제로 볼 것이다. 『조선문학사』 9권이 간행된다면 이 점이 좀더 분명해질 것이다.

습니까. 새로운 문학사 집필이란 위기의식에서 출발한다는 것, 따라서 집필 당사자나 당면 대상이 어떤 위기의식을 느끼지 않으면 결코 씌어질 수 없다고 저는 생각합니다. 그렇다면 북한문학사의 경우 그 위기의식은 무엇일까. 이런 물음에 제가 어찌 만족할만한 대답을 할 수 있겠습니까. 제가 할 수 있는 것은 다만 약간의 추측일 따름입니다.

새로운 시대에 대처하기 위해 북한문학도 변해야 한다는 것, 바로 이것이 그들이 당면한 위기의식이라 할 수 없겠습니까. 그러한 위기의식의 산물이 김정일이 쓴 『주체문학론』이라고 저는 생각합니다. 이 저술에서 드러나는 위기감각은 문학예술의 전통성에 대한 감각입니다. 『주체문학론』을 분석해 보면, 70~80년대에 걸쳐 북한문학계가 일사분란하게 고수해 온 항일혁명문학의 정통성이 이제는 상당히 불안한 처지에 놓인 것을 알 수 있습니다. 이제는 카프문학 역시 정통성으로 인식될 수 있는 단계가 된 것입니다. 주체문예론이 대두되기 이전 약 20년간 북한문학의 정통성은 엄밀히 말해 카프문학에 보다 많이 기울어져 있었던 것이며, 따라서 오늘날 북한문학의 위기감각은 이 두 정통성의 공존 가능성에서 말미암은 것이 아니겠습니까.

만일 이렇게 보는 시각이 타당하다면, 북한문학사의 정통성은 시간이 지나면 그럴수록 카프문학 쪽으로 기울어질 가능성이 크다고 볼 것입니다. 그 정통성은 이른바 <우리 식의 사회주의적 사실주의>로 요약될 터이지요. 그러나 아무리 <우리 식>이라 할지라도 <사실주의> 범주에 드는 것이라면 그것은 엄밀하게 따져 <근대성> 범주에 속하게 되겠지요. 이성중심주의로 요약되든, 헤겔주의로 말해지든 그것은 이성의 힘으로 세계를 바람직한 방향으로 바꿀 수 있다는 신념 위에 선 사상이겠지요. 북한문학사는 일단 이 헤겔주의로 회귀함으로써 드디어 그 위기의식의 한 단계가 극복된다고 볼 수 없겠습니까. 말을 바꾸면, 장차 씌어질 북한문학사는 (1) 혁명전통문학과 카프문학의 공존 단계, (2) 카프문학의 우위성의 단계를 거칠 것이 예상됩니다. 주체문학사론은 시간이 지날수록 상대적으로 쇠약해질 것이겠지요. 큰 산을 바라보며 한참 뒷걸음질하다 보면 그 산 너머로 거대한 산들이 솟아오를 것이며, 카프문학·신경향파문학·계몽주의·그리고 실학파의 문학이 그것들이겠지요. 이러한 시각에 입각한 문학사를 두고 저는 <근대문학사>라 부릅니다. 이에 견줄 때 주체문학사론이란 초역사 그러니까 초근대 혹은 몰근대에 해당하는 것이 아니겠습니까.

한편 남한 문학사는 어떻게 다시 써야 할 것인가. 이러한 물음에 대한 해답은 바로 남한문학이 직면한 위기의식의 감지에서 주어질 것입니다. 이런저런 논의가 가능하겠지만 남한문학의 위기의식이란 <근대성>(거대이론)에 대한 신념 상실에서 비롯된 것이라고 저는 봅니다.

그 동안의 남한문학사는 근대문학사로 규정된다고 범박하게 말할 수 있겠지요. 카프문학은 물론 모더니즘문학까지 포함해서, 이를 통틀어 민족문학이라 규정한다면 말입니다. 이런 범주의 민족문학사란, 그것을 형성하고 움직이게 하는 힘의 근거란 것이 이성의 신뢰에 있다고 볼 수 없겠습니까. 이성의 힘으로 세상을 바람직한 방향으로 바꿀 수 있다는 신념(거대이론의 신앙)의 유효성이 근대문학사를 가능케 한 근거라면, 양극체제 소멸 이후의 세계사란 어떠한가.

위기상황이 아닐 수 없지 않겠습니까. <역사의 종언>이라는 명제가 이를 잘 말해주고 있는 것 아닙니까[20].

남한문학의 위기감각이란 그러니까 <근대의 종언>으로 요약될 터입니다. 역사(근대)의 종언의식이 과연 탈근대주의를 가리키는 것인지, 해체주의를 말하는 것인지 혹은 포스트모던한 상황을 지칭하는 것인지에 대해서는 제가 쉽게 말할 수 없다 해도, 좌우간 근대에 대한 믿음의 상실임은 분명하다고 할 수 있습니다.

남북한의 현대문학사 집필을 두고 이 글에서 제가 말하고자 한 것은, 글머리에서 언급한대로, 그 집필의 필요성에 대한 사색일 따름입니다. 역사가 끝났다는 인식이랄까 현실에 대한 위기감각이 역사에 반영되는 것, 그것이 역사 집필의 동기인 것이지요. 새 역사의 전개 말입니다. 이점에서 보면 북한문학사의 그것은 초역사 곧 초근대 혹은 몰근대라고도 부를 수 있는 주체문예론에 기반한 것 아닙니까. 북한문학사의 이러한 몰근대성에서 오는 위기의식이 근대로 회귀하려는 지향성을 낳게 되는 요인이라 할 것입니다. 한편 남한문학사의 그것은 이른바 역사의 종말의식에 입각한 근대의 해체에서 오는 것이 아니겠습니까.

남북한의 문학이 함께 위기의식을 그 내부에 가지고 있다는 사실로 인해, 북쪽도 남쪽도 각각 새로운 문학사를 나름대로 모색해야 되리라고 저는 생각합니다. 그럴 경우 북한문학사는 아마도 그 첫단계가 근대문학사로 체계화되어야 할 것으로 예상되지요. 한편 남한문학사는 어떠할까. 포스트모던한 상황을 염두에 두면서 새로운 문

---

[20] 헤겔주의자인 코제브에 이어 『역사의 종언과 최후의 인간』(1992)에서의 프란시스 후쿠야마의 생각이 이를 전형적으로 보여주고 있다.

학사를 써야 할 것으로 예상됩니다21). 카프문학과 모더니즘(근대주의와 해체주의의 공존상태의 문학)을 동시에 수용하는 문학사의 체계화가 그러한 작업에 해당될 지 모르지요.

이처럼 남북한이 각각 당면한 위기의식의 극복 방식으로 제출한 제 일단계의 문학사가 나온 다음에야 비로소 우리는 통일문학사라는 것을 모색할 수 있을 것입니다. 통일문학사의 체계화 및 기술에 놓인 기본항이 <근대성>에 대한 폭넓은 논의라 함은 이런 문맥에서입니다.

(1995)

---

21) 남한 역시 근대 미달인지도 모르지만 그러한 근대결여 상태까지 포함해서 포스트모던한 상황이라 부를 것이다.

2. 50년대 북한문학의 동향

1. 50년대 북한문학의 세 가지 문제점

　50년대 북한문학의 동향을 분석 검토하는 것은 일차적으로 그 자체의 전개과정을 알아보기 위해서이다. 그 자체의 전개과정이란 구체적으로 무엇을 가리키는가. 다음 사실이 그 속에 포함되는 바, 조선 민주주의 인민공화국이라는 특정 국가에서 50년대에 벌어진 문학 전개의 측면이 그것이다. 이른바 제삼세계권의 분단국가로 출발한 북한에서, 그들의 표현대로 하면, 가장 바람직한 나라 만들기의 실상이 어떠했는가를 문학을 통해 알아보는 일은 그 자체로 의미를 가질 수 있다. 국가 사회주의에 속하는 소련, 중국 등에서의 문학 예술의 전개과정과 북한의 그것 사이에 어떤 이동점(異同點)이 있는가를 알아보는 것은 그 자체로 학문의 대상이 될 것이다. 이 경우 물론 그 방법론은 광의의 비교문학의 범주에 해당된다. 즉 '내용은 사회주의적, 형식은 민족주의적'이라는 문학 예술의 창작 및 해석의 기본틀이라든가 사회주의적 사실주의라 불려지는 미학원리라든가 계급성·인민성·당파성으로 말해지는 이념 노선 등을 공유하고 있는 국가 사회주의에서의 문학예술론이 북한문학에서도 얼마나 잘 발휘되었는가를 점검하는 일이 북한문학 이해의 기초라 할 것이다. 그 이동점을 점검하는 구체적 방법론이 은밀히 드러난 곳은 작품 자체 속에서이겠지만, 어떤 특정한 사건을 통해서도 엿볼 수 있다. ≪응향≫ 사건이 그러한 사례의 하나이다.[1] 전후 소련문단에서 벌어진, 잡지 ≪별≫, ≪레닌그라드≫를 비판하던 당정책이 북한문단에서도 그대로 적용되었거니와, 이 두 사건을 비교해보는 것은 비교문학적 과제에 속할 것이다.

이러한 비교문학적 과제가 종주국 소련문학에만 멈추지 않음도 주목해야 할 것인 바, 토지개혁을 다룬 이기영의 「개벽」과 「땅」 (1949) 등을 중국의 작품들과 비교해 보는 일이 불가피할 것이다. 토지개혁이야말로 혁명의 중요한 단계라면 중국과 북한의 이를 둘러싼 혁명단계와 그 작품화의 관계를 비교하는 것은 작품 분석 및 해석에 커다란 유연성이랄까 준거의 하나를 제공할 수 있다.[2]

50년대 북한문학이 안고 있는 두번째 측면은 바로 6·25와 관련되어 있다. 한국전쟁으로도 말해지는 6·25의 이중성이 암시하듯, 그것은 한편으로 냉전체제의 산물이기에 냉전체제라는 세계사 속의 시각에서 분석 검토될 성질의 것이며, 다른 한편으로는 동족상잔이라 말해지는 분단국가의 과제이기도 하였다. 이 이중성은 강조되어야 하겠거니와, 그 중에서도 분단과 직결된 동족간의 싸움이라는 점에 주목할 것이다. 6·25를 가운데 둔 문학 연구는 냉전체제의 산물이란 시각에서 보면 세계 문학사의 과제이며, 따라서 전쟁문학 범주

---

1) 김윤식, 『해방공간의 문학사론』, 서울대 출판부, 1989, p.45.
2) 김윤식, 「이기영론」, 『한국현대현실주의소설연구』, 문학과지성사, 1990 참조.

에서 크게 벗어나지 않겠으나, 분단문학의 시각에서 보면 남북한문학사의 과제로 되지 않을 수 없다. 1천만을 헤아리는 이산가족이 말해주듯 6·25는 민족대이동을 초래했으며, 삼팔선으로 인해 만들어진 분단을 넘어서는 새로운 민족 재편성을 낳은 바 있다. 인명피해(사상자) 유엔군 33만명, 인민군(중공군 포함) 180만명을 헤아리는 6·25를 문학적 범주에서 다룰 때 가능한 방법론은 여러가지가 고려될 수 있겠거니와, 그 중의 하나로 남북문학의 비교론을 들 수가 있으리라. 비교론이 가능하기 위한 전제로 내세울 수 있는 것이 무엇인가. 두 가지 점이 고려될 터인 바, 인민군에 의한 서울 점령 삼개월과 유엔군에 의한 평양 점령 삼개월에 대한 문학적 대응을 그 하나로 들 것이다. 일시적이긴 하나, 이러한 역사적 사실은 이데올로기 못지않게 소중한 것으로 간직하고 있는 문학인의 고향에 대한 정서적 반응을 알아본다는 점에서 유력한 비교 근거로 볼 수 있다.[3] 한설야의 장편 「대동강」(1955)과 염상섭의 장편 「취우」(1953)를 이런 점에서 비교할 것이다. 남북문학 비교의 또 다른 한 측면은 문인이 제일 잘 할 수 있는 종군기 쓰기를 들 것이다. 종군기를 넓은 뜻의 전쟁에 대한 기록으로 간주한다면 전쟁을 휴머니즘의 시각에서 비판적으로 바라보는 남한 문학자의 태도와 「바다가 보인다」[4]로 대표되는 북한 문인의 그것은 썩 대조적이라 할 만하다. 문학을 투쟁의 무기로 보느냐 아니냐에 따라 생긴 당연한 결과라 할지 모르나, 이러한 차이점은 역으로 보면 6·25가 남북 문인의 공통 관심사에 속함을 뚜렷이 보여주는 것이다.

---

3) 「북조선 문화의 전모」, ≪민성≫, 1947.2에서의 평양중심주의 확립 과정 참조.
4) 김사량, 『김사량 작품집』, 문예출판사, 1987 참조.

50년대 북한문학이 안고 있는 세번째 측면은 아직도 남북한이 민족적 국가적 동질성을 비교적 많이 안고 있다는 사실에 관련된다. 말을 바꾸면, 50년대의 북한문학은 아직도 한국근대문학사의 연속성 위에서 논의될 수 있는 가능성을 상당한 범주에서 확보하고 있었던 것이다. 두루 아는 바와 같이 유일사상(주체사상)이 확립된 것은 1967년의 일이며, 이를 고비로 하여 북한 체제는 그 이전과는 상당히 다른 것으로 변모해 간다. 유일사상 체제의 확립이란 막바로 김일성 중심의 사상 체계의 확립을 가리키는 만큼 문학 예술의 경우도 예외일 수 없었다. 4·15창작단의 창설과 그들에 의한 집체작의 성격을 띤 『불멸의 역사 총서』의 간행이 이 사정을 잘 말해준다.[5] 유일사상을 고비로 하여 그 이전과 이후를 나눌 수 있다 함은, 유일사상 이후의 북한문학을 한국근대문학사의 연속선상에서 논의하기에는 상당한 무리가 따른다는 것으로 해석할 수 있겠다. 물론 상대적인 평가이겠지만 유일사상 이전의 북한문학은 체제의 다름과 여러가지 곡절에도 불구하고 아직도 남북한 동질성의 바탕이 상당한 수준에서 남아 있었으며, 그러한 것을 한층 충격한 사건이 6·25였던 것이다. 그러므로 전쟁이라는 극한 상황이 모든 삶을 뿌리째 흔들어 놓았으며, 이 점에서 남북한 주민이 함께 원점으로 돌아간 측면이 많았다고 보는 것이 자연스럽다고 할 것이다. 50년대 북한문학의 강점이 여기에서 말미암는다. 물론 유일사상 이전에 속하는 60년대와 50년대의 차이점도 문제가 되지 않는 것은 아니지만, 이를테면 60년대란 50년대의 연속성과 유일사상으로 나아가는 중간지점으로

---

5) 사회과학원 문학연구소, 『주체사상에 기초한 문예이론』(1975), 인동판, 1989. 유일사상의 체계화가 이 책으로 정리되었다.

평가될 수 있음을 상기한다면 위의 사정이 선명해지리라 믿는다. 또 50년대라 하지만 그 속을 자세히 들여다 보면, 제2차 작가대회(1956.10)를 고비로 하여 도식주의 및 교조주의에 대한 비판이 대규모로 행해졌음이 밝혀진다. 이 경우 도식주의라든가 교조주의란 무엇이었던가. 이 물음 속에는 50년대 북한문학의 특징에 대한 해답의 일부가 잠겨 있다. 이데올로기의 도식적 적용과 권위주의로의 전락으로 인해 미학적 성과를 거두지 못했음에 대한 자기비판이 제2차 작가대회를 고비로 하여 대두되었던 사실은 50년대 북한문학의 자체 내의 성격 규정으로도 볼 수 있기 때문이다.

이 글은 위에서 살핀 세 가지 문제점을 고찰, 분석한 것인 만큼 50년대 북한문학에 대한 전면적 논의라는 할 수 없다. 필자가 현재 확보 할 수 있는 자료의 범위 내에서의 논의일 뿐이다.

2. 계급문학으로서의 민족문학—안함광과 임화

6·25가 발발한 지 일년 몇개월이 지난 시점에서 평론가 안함광은 싸우는 조선의 시문학에 대한 총평을 쓴 바 있다. 그가 내세운 서정시의 평가기준은 (1) 경향성과 호소성이 서정성과 모순되지 않는다는 것, (2) 형상성에 관한 것으로, 시창작에 있어 감상적 요소는 발전된 것이 아니라 극복해야 할 것, (3) 시의 설화성(서사적 요소)는 배격되어야 할 것 등이었다. (1)을 증명하기 위해 내세운 시집은 조기천이 6·25 이후에 발표한 7편을 모아 펴낸 시집 『조선은 싸운다』이다. 소련군 출신인 조기천은 「백두산」으로 혜성같이 등장한 시인이거니와, 6·25 속에서 그의 시는 어떠했던가. 시에 종사하는 문

인이라면 누구도 조기천의 작품에 무관심할 수 없었는데, 그의 존재가 그대로 어떤 준거로 작동하고 있다고 믿었던 까닭이다. 조기천의 시는 경향성과 호소성이 서정성과 모순된다는 종래의 견해를 극복한 표본작이라는 사실이 6·25 속에서 한층 확인되었다는 것이 안함광의 지적이었다. 전투적 경향성과 호소성이 얼마나 서정의 풍부성과 형상의 우수성을 돕느냐에 대한 '교훈적 실례'가 조기천에 의해 달성되었다고 보는 안함광의 논조에는 한 치의 흔들림도 없다. 이러한 교훈적 사례로 안함광은 조기천 다음으로 시집『너 어느 곳에 있느냐』를 낸 임화의 작품「밝으면 아직도 뜨거운 모래밭 건너」를 들었다. 그러나 (2)를 문제삼기 위한 표준 역시 안함광에겐 조기천뿐이었다. 임화의 경우는 설사「너 어느 곳에 있느냐」,「바람이여 전하라」등이 부정적 의미로서의 센티멘탈리즘적 성격을 지니고 있다 하더라도 그러한 이름으로 그의 작품의 모든 성격을 규정지울 수는 없었는데, 왜냐하면 임화는 그러한 감정적 요소를 다분히 가지는 작품에 있어서도 미래를 향해 돌진하는 서정적 인물을 통해 감정을 인민적 의의에까지 끌어올리고 있기 때문이다. 이는 두말할 것도 없이 아주 귀중한 것이긴 하나, 그럼에도 불구하고 "이 감상적 특질을 시 창작에 있어 발전시킬 것인가 극복해야 할 것인가"하고 문제를 제기한다면 물론 "후자의 편에 선다"고 안함광은 서슴없이 말한 뒤 이런 지적까지 하고 있다.

> 「너 어느 곳에 있느냐」에 있어서와 같이 딸에 대한 아버지의 관계 정서, 회억, 격려, 결의 등을 싸우는 인민의 입장에서라기보다는 보담 많이 한낱 인테리의 입장에서 노래부르고 있으며「바람이여 전하라」에 있어서와 같이 행동과 사상에 있어서만이 아니라 심리

와 감정과 사고방식에 있어서까지도 전사의 특질을 통했어야 할 그 자리에 전사 아닌 인테리의 잠재적 관찰을 통하여 그 심리와 감정과 사고방식 그리고 감각의 특질 등을 성격지우고 있음으로 해서 싸우는 후방 인민들 손에서 '불타 허물어진 폐허 위를 외로이 걸어갈 머리 흰 사람' '애처러운 사람' '이길 수 없는 원한과 분노에 머리 더욱 희고 가슴 더욱 앓아진' 사람들만을 주로 크로즈엎 하는 결과를 보여주고 있는 것이다.6)

임화시에 드러나는 이러한 감상적 요소가 발전시킬 것이 못되며, 극복 대상이어야 한다는 점은 이로써 분명해진 셈이다. 한편 안함광이 (3)의 설화성을 배격하고자 한 것은 그것이 시의 경향성과 호소성의 고갈을 설화성으로 호도하고 있다는 판단에서이다. 그것은 호소력을 격정적 언어의 나열로 호도하려는 경향과 궤를 같이 하는 것이기도 하다. 김북원의 「진격의 밤」, 상민의 「고향길」 등이 이러한 과오를 범하고 있다고 안함광은 비판하고 있다.

6·25를 다루고 있는 시에 대한 안함광의 이러한 비판에서 드러나는 문제점은 무엇인가. 물론 안함광의 이 평론을 통해 6·25를 다룬 북한 시의 특질을 엿볼 수도 있을 것이다. 이 경우 그 특질은 (1) (2) (3)의 문제점으로 정리될 성질의 것이리라. 그러나 만일 이 글을 다른 시각, 가령 임화에 초점을 맞추어 분석한다면 어떠할까. 이러한 시각은 단순히 호사가의 흥미거리에 멈추지 않는다. 이른바 카프시대의 동지이자 경쟁자였으며, 남로당의 최고 비평가인 임화와 <북조선문학예술총동맹>의 최고 이론가인 안함광이 지닌 시에 대한 견해의 이동점을 1951년 8월 즈음의 시점에서 엿볼 수 있는 구체적

---

6) 안함광, 「싸우는 조선의 시문학이 제기하는 주요한 몇가지 특질」, 『현대문학 비평 자료집 이북편 2』, 이선영 외 편, 태학사, 1993, pp.137~138. 이하에서 이 책은 『자료집』이라 함.

자료의 하나가 바로 이 글이라 할 수 있다. 이 글에서 지적될 수 있는 것은 (1) (2) (3)으로 요약되는 서정시에 대한 안함광의 준거들이 모두 임화의 시집 『너 어느 곳에 있느냐』7)에 걸쳐 있음이 발견된다는 점이다. 조기천의 시는 교훈적이자 표준적이므로 조금도 비난의 대상이 될 수 없어서 (1)의 유형을 대표하거니와, 이 유형에는 임화의 시도 포함된다고 안함광은 보았다. (2)의 범주는 거의 임화의 시에 대한 것으로 채워져 있는데, 그것은 훌륭하기는 하나 극복의 대상이라는 것으로 요약되고 있다. (3)의 경우는 어떠한가. 설화성의 배격이 그 요점인데, 비판 대상으로 상민이라든가 김북원 등의 작품이 지적되었다. 그렇다고 이 (3)에 임화의 시가 관련되지 않았는가 하면 결코 그렇지 않다. 가령 임화씨의 「밟으면 아직도 뜨거운 모래밭 건너」와 같은 작품에도 "우리들은 놈들의 사단과 연대와 대대와 중대와 소대와 분대와 그 밖에 아무리 적은 무리의 머리 위일지라도 포탄의 빗발을 퍼부어야 하겠고" 하는 표현이 있지만은 "이런 것은 결코 본받을 수 있는 좋은 수법이 아니라는 것을 알아야 하겠다"8)라는 지적으로 미루어 보면, 안함광은 (1) (2) (3) 모두에 걸쳐 임화의 시를 논의하고 있었음이 판명된다. 그런데 더욱 이해하기 어려운 것은 임화의 시를 극복의 대상이라 서슴없이 말해놓은 바로 그 다음 대목이다.

　　　나는 이 시인의 그러한 특질을 작가의 체질이라는 문제와도 관

---

7) 전선문고의 하나로 문화전선사에서 1951년 5월에 5천부 간행. 발행인은 김남천. 「서울」을 비롯한 8편이 수록됨.
8) 안함광, 「싸우는 조선의 시문학이 제기하는 주요한 몇가지 특질」, 『자료집』, p.139.

련시켜 생각해 보기는 하였다. 그러나 이 시인의 경우에 있어 그것을 작가의 체질 문제에 귀착시킬 수는 없는 일이다. 왜냐하면 그러한 감상적 특질의 극복은 이 시인의 풍부한 감정이나 예리한 감각에 손상을 주는 것이 아니며 시적 형상력에 어떤 감가를 초래할 것이 아니라 그것과는 정히 반대의 것일 것이기 때문이다.[9]

임화의 감상적 특질이란 발전시킬 것이 아니라 극복해야 할 것이라고 조금 앞에서 말한 것을 어째서 안함광은 뒤집어 놓고 말았을까. 바로 이 모순된 심정 속에 민족문학론에 대한 임화·안함광 사이의 미묘한 대립의 흔적이 깃들어 있는 것이다.

민족문학이란 무엇인가? 카프까지 포함하여 일제 강점기에 전개된 한국문학을 민족해방투쟁의 일환으로 본다면, 해방 후의 그것은 나라 만들기의 문학으로 규정할 수 있을 것이다. 이 나라 만들기 문학의 다른 명칭이 바로 민족문학이다. 어떻게 하면 가장 바람직한 나라 만들기가 가능할 것인가? 이 물음 속에는 어떤 나라가 가장 바람직한 모델일 수 있는가 하는 물음이 내포되어 있다. 그만큼 이 문제는 가슴 설레는 열정이 깃들지 않을 수 없는 해방공간 최대의 과제였던 것이다. 이 과제를 분석하는 데는 두 가지 접근방식이 있을 수 있겠는데, 2차 세계대전 직후부터 형성되기 시작한 양극체제의 시각에서 접근하는 것이 그 하나이다. 해방공간의 상황은 전승국 미국과 소련의 대결에서 비롯된 양극체제가 바야흐로 형성되는 와중에 해당되는 만큼 불투명할 수밖에 없었는데, 신탁통치안(1945~1946)이 제기된 것을 그러한 사례의 하나로 볼 것이다. 이러한 접근방식이 그 나름의 한계를 가질 수밖에 없음은 새삼 말할 것도 없는데, 왜냐하면 양극체제에 대한 적응방식이란 항시 시대적, 지역적,

---

9) 위의 글, p.138.

종족적 특성의 제약 아래 놓이기 때문이다. 이처럼 제한된 접근방식을 앞의 것과 구별하여 자생적인 접근방식 또는 내면적 접근방식이라 부를 수 있겠다. 민족문학론에서 이러한 두 가지 접근방식이 어떻게 서로 작용하면서 이론적으로 전개되어 나갔는가를 살피는 길이 가장 바람직한 것이겠으나, 여기서는 다만 자생적 접근방식으로 살펴보기로 한다.

3. 평양중심주의의 정립

널리 알려진 바와 같이 해방공간에서 가장 먼저 결성된 문학조직은 임화, 이원조, 김남천 중심의 <조선문학건설본부>(문건)이다. 이보다 한 달 늦게 이기영, 한설야를 머리에 이고 한효, 윤규섭(세평)이 중심이 되어 발족한 <조선프롤레타리아문학동맹>(프로문동)이 <문건>에 맞서는 형국을 빚었는데, 이는 구 카프 문인들의 내분에 해당되는 것이기도 하였다. 카프가 1935년에 해체되었을 때 구 카프 문인들의 역사에 대한 전망은 대략 두 가지로 나눌 수 있다. 카프 이념이 더 이상 나아갈 방향이라고 보지 않았던 부류가 그 하나인 바, 임화, 김남천 등이 이에 해당된다. 다른 한 부류는 안함광으로 대표되는 바, 카프 이념을 나아갈 방향성으로 바라보기는 하였으나 그 구체적 전개방식을 찾아내지 못한 경우이다.[10] <문건>과 <프

---

10) 해방 후에 <해소파>, <비해소파>라는 용어가 처음 쓰인 것은 홍효민의 글「문학계 동향」, 『1947년도 예술연감』, 예술신문사, 1947에서였고, 여기서는 비해소파로 윤기정, 홍구, 박아지, 박세영 등이 지적되었다. 한편 이 개념을 본격적으로 검토하여 문학사적 의의로 본 것은 김재용의 『민

로문동>의 대립의 근거는 이처럼 구 카프 이념에까지 소급될 수 있는 것이었다. 이를 극복하기 위한 노력이 두 측면에서 있었는데, 한설야, 이기영, 한재덕의 서울 방문이 그 하나이고 조선공산당(조공) 측 문화 담당책인 김태준의 조정이 다른 하나이다. 그 결과, 두 단체는 표면상 전국문학자대회(1946.2)를 계기로 통합되어 이른바 <조선문학가동맹>(문동)을 낳게 된다. 조공(남로당)의 외곽단체인 <문동>의 이념이 어떠한 것이었는가는 순전히 남로당의 이념에 좌우되는 것일 수밖에 없었는데, 그것은 당의 문학측 이론분자인 임화와 <문동>의 초대 서기장 이원조에 의해 전개되었다. 그런데 이 두 이론가 중에서도 특히 임화의 민족문학론에 주목할 필요가 있다. 해방 직후 임화는 장차 건설될 문학을 '인민의 문학'[11]이라는 수준에서 이해하였으나, 그가 이 단계에서 '민족문학'으로 이행한 것은 전국문학자대회에서 발표한 「조선 민족 문학 건설의 기본과제에 대한 일반보고」를 통해서이다. 이 논문에서 임화가 부딪친 제일 큰 곤란은 '계급문학'과 '민족문학'의 관계였다. 어째서 '계급문학'이 막바로 '민족문학'일 수 있느냐를 설명할 수 있는 논리적 정합성에 이르기까지 임화에게는 상당한 기간이 필요하였다. 그리하여 그가 노동계급의 이념에 기초한 문학은 결국 '민족문학'이 아닐 수 없다는 인식에 도달한 것은 식민지 노동계급의 자기 해방 논리에 대한 통찰을 통해서였다. 그에 의하면, 식민지의 노동계급은 먼저 자기 민족을 제국주의와 봉건 유제의 속박으로부터 해방하지 않으면 그 자신도 해방될 수 없다. 즉, 노동계급에 있어 민족해방은 계급해방의 불가결한

족 문학 운동의 역사와 이론』, 한길사, 1990에서이다.
11) 임화, 「문학의 인민적 기초」, ≪중앙신문≫, 1945.12.10.

전제요 그 제일보였던 것이다. 이런 과정을 거쳐 결국 그가 "노동계급의 이념은 인민의 반제국주의적 결합의 유대이며 반봉건적 결합의 유대이며 민주주의적 결합의 유대이며 민족적 결합의 중심이 됨으로써 민족의 이념이 된다"[12]고 했을 때, 이 표현은 <문학가동맹>이 도달한 민족문학론의 최고 수준이 되었다. 그렇다면 임화에 있어 이와 같은 계급문학과 민족문학의 무모순적 이해에서 주목되는 것은 과연 무엇인가. 이 물음은 안함광이 도달한 민족문학론과 대비시켜 볼 경우에 한층 그 중요성이 증대된다. 이른바 남로당과 북로당의 문학이념의 도달점이 설사 같은 민족문학론이라 할지라도 거기에까지 이르기 위한 여러 곡절과 과정 속에는 미묘한 차이가 깃들어 있는 바, 이 미묘한 차이의 인식이야말로 주목할 대상이다.

<문학가동맹>이 전국문학자대회를 계기로 체제 정비에 들어갈 무렵, 이를 서울중심주의라 규정한 북한 문인들은 평양중심주의를 표방하면서 <북조선예술총연맹>(1946.3.25 결성, 위원장 한설야)을 조직하게 된다. (1) 진보적 민주주의에 입각한 민족예술의 수립 (2) 조선 예술운동의 전국적 통일조직의 촉성 (3) 일제적 봉건적 민족반역적 파쇼적 및 반민주주의적 반동예술의 세력과 그 관념의 소탕 (4) 인민 대중의 문화적 창조적 예술 개발을 위한 광범한 계몽운동의 전개 (5) 민족 문화 유산의 정당한 비판과 계승 (6) 우리의 민족문화와 국제문화와의 교류 등을 강령으로 내세운 이 단체는 긴급확대회의(1946.7.17), 그리고 제2차 대회(1946.10.13)를 거쳐 <북조선문학예술총동맹>으로 명칭을 고치고, 위원장에 이기영, 부위원장에 안막,

---

[12] 임화, 「민족문학의 이념과 문학운동의 사상적 통일을 위하여」, 《문학》 3호, 1947.4, p.15.

서기장에 이찬, 중앙상임위원에 이기영, 한설야, 안막, 이찬, 안함광, 한효, 신고송, 한재덕, 최명익, 김사량, 선우전 등을 뽑았다. 이 산하 단체에 <북조선문학동맹>이 놓여 있었는데, 위원장에 이기영, 부위원장에 안함광, 한효, 서기장에 김사량, 중앙상임위원에 이기영, 한설야, 안막, 안함광, 김사량, 한효, 이철, 윤세평, 최명익, 이동규, 박석정, 김조규, 박세영 등이 선출되었다. <북조선문학예술총동맹>이란, 이로 보면 <북조선문학동맹>이 주축을 이루고 있음이 판명된다. <북조선문학예술총동맹>의 기관지 ≪문화전선≫(발행인 한설야, 창간호 1946.7) 역시 문학인 중심으로 기획되어 있거니와, 위에서 내세운 (1)~(6) 항목에 걸치는 거창한 이념 설정에도 불구하고 그들의 내면에 도사리고 있는 심정적 핵은 다름아닌 평양중심주의였다. 이 평양중심주의는 표층의식으로서의 이념 제시와는 달리 심층의식으로서의 심정적인 영역이라 하겠거니와, 이 사실은 「북조선 문화의 전모」(1946.11.20. 평양 신영 예술가후원회 식당)에서 공공연히 드러나고 있다. <문학가동맹>이 열었던 전국문학자대회와 비견되는, 이찬의 사회로 열린 이 대회는 그 규모에서도 가히 북조선의 문화 전체에 걸쳐 있는 것이었음은 참석자의 면면을 보아서도 증명된다. 안막(북조선노동당 중앙본부 문화인부대 부위원장), 김사량(북조선문학동맹 서기장, 김일성대 강사), 나웅(중앙예술공작단장, 연출가), 이기영(조소문화협회 위원장, 북조선문학예술총동맹 위원장), 안함광(북조선문학동맹 부위원장), 유항림(북조선문학예술총동맹 출판부), 선우전(북조선미술동맹 위원장), 최명익(북조선예술총연맹 평남도위원회 위원장), 그리고 한설야 등이 참석한 이 대회는 가히 북조선 문학 예술의 중심인사들의 모임이라 해도 결코 지나치지 않은 대회였다. 첫번째 발표자는 한설야였는데, 그의 주장 중에서 제일 힘들인 대목이자 의미심장한 것은 서울중심주의 배격이었다. "여기서 한가지 특히 지적해 둘 것은 서울중심주의의 극복"이라고 전제한 한설야는 그것이 북조선의 독선적 견지에서가 아니라 서울중심주의의 사상적 근거를 구명함으로써 제기되는 문제라 했다. 이조 봉건 사회의 중심지로서뿐 아니라 일제 시대의 나쁜 잔재가 모여진 중심지가 서울이라는 것, 이러한 성격이 구명되고 해결되어야 한다는 것, 그렇다고 북조선의 독선적 위험성도 고려해야 한다는 것이 한설야의 주장이었다. 이러한 주장이 가장 영향력 있는 한설야에 의해 특별히 제기된 것은 다분히 지방주의적이요 특수한 심정적 성격의 반영으로 분석된다. 나라 만들기의 이념 제시가 한결같이 진보적 민주주의라든가 이러저러한 조건(일제 잔재 소탕, 전통 계승, 국제화)으로 표상되는 추상적 이념의 설정에 있었던 점을 염두에 둔다면, 서울중심주의 배격은 썩 이질적인 것이라 하지 않을 수 없다. 이 뿌리깊은 지역감정이 표층적으로 제시된 이념 못지않게 은밀히 깔려 있었으며, 이러한 사실이 출발점부터 비롯되었음에 주목할 필요가 있다. 서울중심주의 배격이란 물을 것도 없이 평양중심주의의 선언에 다름 아니었거니와, 이러한 주장이 향후 15년여 동안 <북조선문학예술총동맹>의 최고 실권자로 군림한 한설야에 의해 일찍부터 제기되었음은 참으로 의미심장한 대목이 아닐 수 없다. 일종의 사투리에 지나지 않는, 두음법칙을 거부하는 평양말을 그 뒤 표준어로 삼아야 한 사실도 이로써 충분히 설명될 수 있을 것이다.13)

---

13) 정순기, 「조선어의 통일적 발전을 위한 몇가지 이론 문제」, AKSE 제17차 대회 발표문, 1995.4. 북한은 1946년부터 한자어의 두음 ㄹ, ㄴ을 고정시켰었다.

4. 계급문학으로서의 민족문학의 성립

한편 북조선문학동맹의 이론가로 손꼽히는 안함광의 견해는 어떠했던가. (1) 북조선 문학은 붉은 군대에 의해 해방된 사실에 감격해야 한다는 것, (2) 진보적 민주주의의 환경 아래 살고 있다는 것, (3) 김일성 사상으로 통일되기 위해 분투 노력한다는 것 등의 대전제하에 놓인 북조선 문학은 (1) 제재의 넓고 새로움 (2) 주제의 현대성과 적극성 (3) 시야의 넓어짐 (4) 신인의 등장 등을 특색으로 한다고 주장한다. 그리고 끝에다 안함광은 서울중심주의를 배격한다는 점을 "여러 동지들이 누누히 지적한 바 있다"[14]고 하여 더 이상 언급하지 않겠다는 것이었다. 그렇다면 안함광의 이론가다운 면모는 어디에 있는가? 이 물음에 대한 해답의 실마리는 그만이 북조선의 문학노선을 '민족문학'이라 규정하고자 한 점에서 찾을 수 있다. 장차 수립하려는 북조선의 문학노선이란 "근대적 의미의 민족문학인 것이 아니라 진보적 민주주의 민족문학"[15]이라 안함광은 주장했거니와, 이 경우 '근대적 의미의 민족문학'이란 물을 것도 없이 <문학가동맹>에서 제기한 임화의 초기 단계의 민족문학론을 가리킨다. 북조선이 수립하려는 국가가 근대적인 의미의 민주주의 국가인 것이 아니라 진보적인 의미의 민주주의 국가인 것과 마찬가지로 문학 역시 근대적인 의미의 민족문학인 것이 아니라 진보적 민주주의 민족문학이어야 한다는 안함광의 논리에 촉발되고, 또 자기의 오류를 극

---

14) 「북조선 문화의 전모」, 앞의 글, p.8.
15) 위의 글, p.8.

복하기 위해 씌어진 것이 임화의「민족문학의 이념과 문학운동의 사상적 통일을 위하여」(1947.4)라 할 것이다. 이 논문에서 임화가 도달한 민족문학론은 그가 처음에 섰던 근대적 의미의 민족문학론에서 진일보한 것이었다. 근대 서구에 있어서는 시민계급이 노동자, 농민, 소시민을 인솔하고 반봉건 혁명을 영도한 전형적인 자본주의 국가 건설 운동이었기 때문에 시민계급의 이념이 민족 형성의 이념으로 될 수 있었다. 그러나 오늘날 식민지에 있어서의 혁명은 시민계급 대신에 노동자계급이 농민과 소시민들을 인솔하고 반제, 반봉건 투쟁을 영도하는 민주주의적인 국가 건설 운동이기 때문에 노동자계급이 민족을 대표하고 노동자계급의 이념이 곧 민족 형성의 이념으로 되는 것이다.16) 안함광은 임화보다 먼저 이 사실을 간파하고 있었는데, 두 가지 점에서 이를 설명할 수 있겠다. 카프의 이념에 대한 투철한 신념이 그 하나인데, 물론 이 신념은 어디까지나 주관적인 것이어서 카프 해체 이후에는 문학적 이념으로서의 구체성을 획득하지 못한 채 신념 자체에 머물렀다. 그 후 해방공간의 북조선의 현실이 안함광으로 하여금 신념의 실현(과학화)을 가능케 하였는데, 이른바 토지개혁이 그 다른 하나이다. 북조선에서의 토지개혁(1946.2)이 무상몰수 무상분배 원칙에 의해 전면적으로 실시된 것은 진보적 민주주의 국가 건설의 가장 기본적인 실천이었으며, 이 실천을 매개로 하여 비로소 시민계급 중심의 국민국가(nation-state)를 넘어설 수 있었다.17) 그리하여 카프의 이념을 신념으로 지녔던 안함광의 관념(주관성)은 비로소 구체적 현실과 일치할 수 있었고, 이 문

---

16) 임화,「민족문학의 이념과 문학운동의 사상적 통일을 위하여」, 앞의 책, p.12.
17) 안함광,「민족문학론」,『자료집 1』, p.9.

맥에서 그가 도달한 곳이 '계급문학과 민족문학의 무모순성'이다. 또한 안막, 윤세평 대 이원조 사이에 벌어진 민족문학논쟁에서 드러난 우익적 편향과 극좌적 편향을 동시에 비판한 것도 안함광이었다. 결국 그가 다음과 같이 계급문학과 민족문학의 무모순성을 과감히 주장할 수 있고, 또 그 주장이 과학일 수 있었던 것은 물론 토지개혁의 실현이라는 현실적 기반이 뒷받침하였기 때문이다.

> 근로 인민 대중의 진보적 민주세력이 영도하는 반일제, 반봉건의 문학이며 진보적 민주주의의 내용을 민족적 형식으로 표현하는 민족문학은 계급적 현실의 본질을 민족생활의 전적 발전과의 연계 위에서 포착 형상화함에 있어서 아무런 주저도 가지지 않았다는 점에 있어 계급문학과 공통되어지면서 다른 한편에 있어서는 그 당면적인 방향과 목적이 무산계급 독재정치의 실현에 있는 것이 아니라 진보적 민주주의 국가 수립에 있다는 점에 있어 그것과 구별되어지는 것뿐이다.18)

안함광의 이러한 민족문학론은 국가 사회주의 건설을 앞둔 1947년의 단계에서 북조선이 도달한 최고 수준의 것이라 할 것이다. 무산계급의 독재정치의 실현에 당면한 방향과 목표가 있지 않다는 것이 계급문학과 민족문학의 무모순성에 대한 논리적 해명이라면, 그 논리를 뒷받침한 것은 토지개혁의 전면적 실현이라는 현실적 조건이었다. 남로당의 외곽단체인 임화 중심의 <문학가동맹> 측이 1947년을 고비로 하여 월북하게 되고 또 거기서 수용된 것도 이러한 현실적 여건의 성숙에 말미암았던 것이다.

---

18) 안함광, 「민족문학재론」, 앞의 책, p.192.

5. 시집 『너 어느 곳에 있느냐』의 쟁점―한설야와 임화

　지금까지 우리는 민족문학론에서 계급문학과 민족문학의 무모순성이 어째서 가능하며, 그것이 어째서 해방공간의 최대 과제였던가를 살펴 왔고, 그 한가운데에 안함광과 임화가 놓여 있었으며, 이런저런 곡절을 겪어 마침내 두 이론가의 의견이 접근하는 과정을 살펴 보았다. 그렇다면 안함광으로 대표되는 논리와 임화로 대표되는 논리 사이에는 어떤 차이가 있었던가를 검토할 필요가 없을까? 이런 물음은 다분히 문학적 과제인데, 인간의 내면에 존재하는 미미한 차이가 문학의 본래적 과제에 속하기 때문이다. 그러한 차이를 엿볼 수 있는 계기가 바로 6·25였다.

　앞에서 살폈듯 6·25를 읊은 임화의 시집 『너 어느 곳에 있느냐』에 대한 안함광의 분석이 보여주는 것은 6·25 전쟁시의 기본 성격이 임화의 시를 가운데 두고 규정되었다는 사실이다. 말을 바꾸면 임화의 시가 6·25를 다룬 전쟁시를 평가하는 시금석 역할을 하고 있었다는 것이다. 6·25를 다룬 북한의 시는 (1) (2) (3)의 범주로 구분되며, 안함광에 있어서 이 모두는 좋든 싫든 옳든 그르든 임화의 시를 표준으로 하여 논의되었다. 이러한 관계는 민족문학론에 이르는 안함광과 임화의 관계에 은밀히 대응된다. 민족문학론에 대한 두 사람의 미미한 차이가 문학적 과제에 속한다는 것은 이런 의미에서이다.

　그렇다면 임화와 한설야의 관계는 어떠할까? 다시 말해 이 두 사람 사이에도 근소한 차이로서의 문학적 과제가 성립하는 것일까? 이 물음 속에는 문학적 과제로서의 평양중심주의가 가로놓여 있는 것처럼 보인다. 지난날, 카프의 중앙위원 자리를 내내 지켰던 함경도 출신의 지방파 한설야는 카프의 중앙파라 할 수 있는 임화 등에 의해 소외되고 있었다. 당시의 한 증언에 따른다면, 전주사건을 전후한 무렵 한설야는 임화를 '배신자' 또는 '계집애같이 간사스런 자식'이라 부른 일까지 있었다.19) '입명주의자'(立名主義者)라 불린 임화와 '시골뜨기'라 불린 한설야 사이의 불화란 생리적이라 할 것인데, 또 그것은 서울중심주의와 평양중심주의로 요약되는 지방주의적 성격의 근거이기도 한 것이다.20) 이를 뒷받침할 수 있는 작품으로 임화의 『너 어느 곳에 있느냐』에 수록된 첫번째 작품 「서울」을 들 수 있다.

> 어떠한 슬픔이 있어도 영구히
> 서울은 우리 인민의 거리이고
> 어떠한 먼 미래에도 또한 영구히
> 서울은 우리 조국의 수도이다
>
> 아 아름다웁고 영광스러우며
> 자랑스러운 우리들의 서울이여!21)

1950년 7월에 쓴 이 시의 결말 부분이거니와, 서울 종로 낙산 밑에서 자란 임화에게 있어 서울이란 그 자체가 문학적인 원천이라 할 것이다. 깊이 따져보면 시집 표제로 삼은 작품 「너 어느 곳에 있느냐」(1950.12) 역시 임화의 시심에 핵으로 작동하는 「네거리의 순이」 계열의 일종이다. 임화 문학은 종로 네거리를 떠날 수 없게 되어 있었다고 볼 것이다.22) 6·25를 가운데 두고 볼 때, 나라 만들기

---

19) 백철, 『문학자서전 (상)』, 박영사, 1975, p.425.
20) 김윤식, 『임화 연구』, 문학사상사, 1989, 제13장 참조.
21) 임화, 『너 어느 곳에 있느냐』, 문화전선사, 1951, p.14.
22) 김윤식, 『임화 연구』, 앞의 책, pp.613-615.

의 이념인 민족문학론의 향방은 뒤로 물러나고, 무의식 속에 깔려 있던 지방주의가 문학적 과제로 부상했음이 이로써 판명된다. 이러한 현상 앞에 이념으로서의 민족문학이 반응할 수 있는 방식의 하나가 앞에서 살펴본 안함광의 평론이었다.

임화의 이러한 서울중심주의 노출이 시 창작에서 드러난 현상이라면 소설의 경우는 어떠할까? 한설야의 「대동강」(1955), 「설봉산」(1956), 황건의 「개마고원」(1956), 이기영의 「두만강」(1954~1961), 박태원의 「갑오농민전쟁」(1977~1980) 등과 더불어 전후 최대의 역사소설로 평가받는 최명익의 「서산대사」(1956)가 이에 대응된다. 유엔군이 수도 평양을 삼개월 동안 점령한 사건이 평양중심주의자들의 무의식에 얼마나 커다란 충격을 가했는가를 보여주고, 해방동이들(신문사 근로자)을 주인공으로 내세워 조국 방어 전쟁이 곧 평양 방어전임을 형상화한 작품이 「대동강」 삼부작이라면, 비록 임진란을 다루기는 했지만 「서산대사」 역시 그 소설적 구성의 중심은 「대동강」과 한 치도 다르지 않은 조국 방어 전쟁이자 평양 방어전으로 되어 있음이 판명된다.23) 임진왜란과 6·25를 동격에 놓고 이를 형상화한 작가 최명익에 있어 작품 운용 방식은 평양인만이 고유하게 가질 수 있는 평양에 대한 애착이다. 이 무의식에 놓인 평양이란 무엇인가. 그것이 미(美) 자체였음을 작가는 평양성을 정복한 왜장 소서행장(小西行長)의 입을 통해 다음과 같이 적었다.

> 원경으로 바라보는 평양성은 역시 영원히 아름다운 성시였다. 서북으로 연연 십리에 걸쳐 혹은 안에 안기고 혹은 성벽을 에워싼 낙락장송의 울창한 송림. 동남쪽에 천작으로 금성탕지를 이루어놓

---

23) 김윤식, 「최명익론」, 『한국현대현실주의소설연구』, 앞의 책 참조.

은 청류벽 줄기와 그 깎아지른 석벽을 스쳐 유유히 흐르는 대동강. 그 안에 들어 앉은 만호장안은 복잡한 성시라기보다는 집 절반 녹음 절반으로 휘늘어진 버드나무 사이사이로 빼어난 추녀, 붉은 기둥들의 누대와 전각들이 은현하는 시가. 그것은 옛날의 도원경인 듯도 했다. 멀리서도 알아볼 수 있게 곳곳에 유록장을 둘러친 듯한 버드나무 가운데로 거울같이 드러나는 맑고 잔잔한 연못들! 그 한 가운데는 조산이 있고 조산 위에서는 날 듯이 추녀가 들린 누각이 섰고 ……(중략)…… 오랜 세월을 두고 운치를 사랑할 줄 아는 사람들의 손으로 이룩되고 매만져진 아름답고 평화로운 성시였다.24)

이로써 작가가 「서산대사」라는 이름으로 드러낸, 임진왜란을 통한 평양 방어전이란 미의 방어전에 다름아니었음이 드러난다. 평양 쟁탈전이란 그러니까 미의 쟁탈전에 다름아니었다. 임화에 있어 시의 원천이 서울이듯, 최명익에 있어 소설의 근원은 평양이었던 것이다. 평양중심주의가 6·25를 통해 미학 자체로 부각되어 관념의 수준에서 작품 위에 군림한 사실이야말로 50년대 북한문학의 문학적 성격으로 규정된다.

이러한 성격 규정을 어느 수준에서 보증하고 있었던 것이 위에서 살핀 안함광의 평론이었으며, 엄호석의 평론 「조국 해방 전쟁 시기의 우리 문학」(1952) 역시 그러한 부류에 든다. 임화의 시 「흰 눈을 붉게 물들인 나의 피 위에」에 대해 엄호석이 '새 시대의 영웅상'이라 평가함으로써, 박웅걸의 「상급 전화수」(1951)에 형상화된 인천상륙작전에서 싸우는 영웅상이라든가 평론가 한효가 쓴 소설 「서울 사람들」(1951)의 영웅상인 서대문 구역 방위대원과 나란히 놓은 것도 근본적으로는 안함광과 같은 자리에 선 것이다.

이러한 평양중심주의와 서울중심주의의 공존이 한동안 아슬아슬

---

24) 최명익, 『서산대사』, 동광출판사, 1989, p.224.

하게 균형감각을 유지한 시기는 별로 길지 않았는데, 그것은 『너 어 느 곳에 있느냐』가 출간된 때로부터 두 해 뒤인 1953년을 전후해서 였다. 안함광, 엄호석에 의해 그 나름의 균형감각을 유지해 온 임화 의 「바람이여 전하라!」라든가 「흰 눈을 붉게 물들인 나의 피 위에」 등이 용납못할 반동적인 작품으로 평가되는 순간 미학으로서의 또 는 문학적 과제로서의 평양중심주의는 이념의 차원으로 돌변하기 시작한다.

> 그에게는 가슴이 종이처럼 얇아지고 이길 수 없는 슬픔에 지치 고 머리가 더욱 희고 아무 돌보는 사람도 없이 외로운 그런 어머 니만이 보이는 것이다. 이것이 과연 우리의 전투 영웅들의 어머니 들일까? 만일 우리 어머니들이 이렇듯 무기력하고 초조에 떨고 고 독에 잠겨 있다면 후방은 어떻게 되는가? 분명히 임화에 있어서는 참을 수 없이 커다란 슬픔을 깨물어 삼키며 원수에 대한 증오심과 복수심으로 더욱 억세어지고 더욱 강철로 다지어진 우리 어머니들 의 싸우는 모습이 기적으로밖에 생각되지 않을 것이며, 아들의 죽 음 앞에 통곡할 대신에 더욱 힘을 다다듬어 후방의 공고화를 위하 여 떨쳐 일어난 숱한 어머니들의 참된 모습이 이해될 수 없는 진 기한 일로 간주될 수밖에 없는 것이다.[25]

한효에 의해 씌어진 이 글은 ≪문학예술≫(1953.1~4)에 실린 장 문의 평론이거니와, 임화를 중심으로 한 남로당일파의 숙청에 관련 되어 있는 만큼 벌써 문학적 과제를 넘어서는 것으로 볼 것이다. 한 효가 이 평론의 중심과제로 삼은 것은 '자연주의는 우리문학의 적이 다'로 정리된다. 이 경우 자연주의란 리얼리즘에 반대되는 것이며, 또 임화 중심의 카프 해소파와 비해소파에 각각 대응되는 것이기도

---

25) 한효, 「자연주의를 반대하는 투쟁에 있어서의 조선문학」, 『자료집 2』, p.493.

하였다. 한효의 이러한 견해에 의해 안함광까지 비판당한 형국임은 새삼 말할 것도 없다.26) 한효의 이 평론이 발표된 지 겨우 몇 개월 뒤에 임화 일파들이 처형되었다. 그리고 다시 그로부터 몇 개월이 채 지나지 않아 전국 작가 예술가대회(1953.10)에서 <북조선문학예술총동맹>의 위원장 한설야는 "임화 도당은 문학에서 당성과 계급성을 거세하며 우리 문학의 사상적 무장해제를 획책하였으며 현실을 왜곡 비방하는 것을 주안으로 하는 자연주의 및 형식주의를 백방으로 부식시키려고 기도하였다"27)라고 요약한 바 있다.

이로써 민족문학론의 이념과 평양중심주의, 서울중심주의로 말해지는 문학적 과제가 그 의미를 상실하고 그들이 섰던 자리에 새로운 이념이 군림하게 되었던 바 '혁명적 로맨티시즘을 구성요소로 갖춘 사회주의 리얼리즘'이 그것이다.28) 이 새로운 이념이 과연 어떤 방법론이냐를 따지는 것은 별다른 의미가 없다. 6·25가 끝나는 시점에서 전후 복구사업에 문학 예술이 어떻게 대처할 것인가에 대한 모색이 그 해답일 터이다. 그것은 당연히도 과격한 투쟁성을 띨 것인데, 이러한 투쟁성이 혁명적 로맨티시즘의 강조로 나타났다. 그로 말미암아 생겨난 도식주의와 교조주의를 다시 비판, 극복해야 했던 제2차 작가대회(1956.10)로부터 <조선작가동맹> 중앙위원회 제4차 전원회의에서 행한 한설야의 연설「공산주의 교양과 우리 문학의 당면과업」(1959)까지 이 혁명적 로맨티시즘을 내포한 사회주의 리얼

---

26) 한효는 "안함광 동무는 사실주의와 자연주의의 적대관계를 덮어버리려고 하였다"라고 비판했다. 위의 책, p.394.
27) 한설야,「전국 작가 예술가 대회에서 진술한 한설야 위원장의 보고」,『자료집 3』, p.25.
28) 위의 책, p.37.

리즘이 전후 북한문학의 이념으로 군림하게 된다.

6. 사회주의 리얼리즘론―소련과 북한의 관계

민족문학론이 6·25 와중에서 그 의미를 잃은 이후로부터 유일사상(주체사상)이 정식으로 대두된 1967년 이전까지의 북한문학의 이념은 사회주의 리얼리즘의 모색으로 설명될 수 있다. 사회주의 리얼리즘이란 무엇인가? 이런 물음은 그러므로 전후문학 전기간을 울리는 명제가 아닐 수 없다. 이 물음은 전후 인민경제 복구 건설기에 놓인 북조선 문학 예술의 방향설정에 직접 간접으로 관련된다는 점에서 보면 현실적이자 구체적이지만, 정작 그것을 모색하는 측에서 보면 이상적이자 추상적이다. 북조선문학의 전통을 혁명문학에다 둔 한설야, 안함광, 한효 등 카프 출신들의 처지에서 보면 사회주의 리얼리즘은 물을 것도 없이 카프문학에서 구함이 필연적이며, 또한 자연스런 일이라 할 것이다. 그러나 엄호석 등 일부 온건파들은 카프와는 아무 관련이 없거나 해방 이후에 등장한 새로운 세대의 비평가들이므로, 그들에게 있어서 사회주의 리얼리즘이란 카프에서 연유, 모색되는 것이 아니라 소련에서 그 모델이 구해지는 것이 필연적이고 자연스런 일로 된다. 「사회주의 리얼리즘과 우리 문학」(1955.3)이라는 매우 중요한 평론을 발표한 엄호석이 이 글의 첫 줄에다 다음과 같이 쓰고 있음은 이 점에서 주목되지 않으면 안 된다.

> 제2차 쏘베트 작가대회 연단에 귀를 기울인 모든 조선작가들의 일치한 심정은 거기에서 울려오는 쏘베트 문학 20년간의 총화의

목소리 속에서 우리 문학 10년간의 성과와 약점을 엿보려는 그런 흥분과 감동에 싸인 기대였다.29)

종주국 소련의 문예정책이 사회주의 리얼리즘으로 확정된 것이 1934년이었으며, 그로부터 20여년의 세월이 지난 1954년 12월에 이르러서야 소련은 제2차 소비에트 작가대회를 열어 이에 대한 전면적 수정을 검토하기에 이른 것이다.30) 사회주의 리얼리즘에 이르기까지 소련은 혁명(1917.10) 이래 미래파 및 형식주의파들과의 치열한 이론투쟁을 거쳤는데, 이 사실은 문예정책 수립의 어려움을 실감케 하고도 남는 역사적 사건이라 할 만하다. 그로부터 20년이 흐른 시점에서 바라본다면, 당연히도 소련 사회 자체의 현저한 진보와 발전에서 오는 현실 감각의 차이가 있었다. 이를 어떻게 해결할 것인가를 논의하는 일은 따라서 불가피한 것이다. 그러므로 제2차 전연방 소비에트 작가대회의 가장 중심적인 과제가 사회주의 리얼리즘 개념에 대한 가일층의 심오화와 풍부화였음은 의심의 여지가 없다. 원리적으로 보아 사회주의 리얼리즘은 고정 불변의 어떤 공식이나 처방이 아니라고 할 수 있다. 사회주의 리얼리즘은 러시아에 있어 소비에트 시대에 와서 확립되었지만, 그 발생은 이미 자본주의 시대에 비롯하고 있었다. "그것은 러시아 프롤레타리아트의 승리를 믿었고 사회주의의 승리가 결코 공상이 아니라 가장 절실한 희망으로 된 고리키의 혁명적 창작에서 탄생되었다"31)라는 지적에서 보듯, 사회주의 리얼리즘은 사회주의를 건설하는 사람들의 문학인 동시에

---

29) 엄호석, 「사회주의 리얼리즘과 우리 문학」, 위의 책, p.358.
30) 김성수 엮음, 『우리 문학과 사회주의 리얼리즘 논쟁』, 사계절, 1992 참조.
31) 엄호석, 「사회주의 리얼리즘과 우리 문학」, 앞의 글, p.359에서 재인용.

사회주의를 지향하고 그 승리를 위하여 투쟁하는 사람들의 문학으로 규정된다. 그럼에도 방법으로 말해지는 까닭은 무엇인가? 작가들이 그것에 창작을 들어 맞추는 일이 없이, 그것이 작가 고유의 다양한 예술적 수법들을 가리키는 말로 쓰이는 까닭에 넓은 뜻의 방법론이라 할 수 있게 되는 것이다. 이렇게 보아올 때 그것은 일종의 방법론이자 세계관(이데올로기)이어서 당대 현실의 수준에 따라 얼마든지 융통성 있게 해석될 수 있게 된다.

엄호석으로 대표되는 해방 이후에 등장한 비평가들에게 있어, 소련의 이러한 사회주의 리얼리즘에 대한 반성과 폭넓은 해석이 중요한 까닭은 어떤 시각에서 보면 매우 당연한 일이다. 6·25를 겪고 전후 복구기에 접어든 이른바 전후문학의 방향성은 어떤 것인가. 이런 물음에 모두가 봉착했거니와, 비카프파인 엄호석 등의 처지에서 보면 그 방향성의 모델이 소련의 제2차 작가대회에서의 사회주의 리얼리즘 논의의 확대였다. 그들이 기댈 수 있는 모델(표준)이 소련밖에 없었던 만큼 이 권위를 빌어 그들은 다음처럼 좀더 과감히 종래의 굳어진 비평태도를 도식주의라 하여 비판에 나섰던 것이다.

> 사회주의 리얼리즘은 어디까지나 방법이며 매개작가들에게 고유한 조류와 스찔의 다양성을 한 가지 기준 밑에 통합시키려는 유일화와는 아무런 공통성도 없다. 바로 이러한 유일화의 그릇된 견해가 우리 문학에 있어서도 또한 유일한 성격의 긍정적 주인공, 유일한 슈제트, 유일한 구성을 작가들에게 강요하는 형태로서 일부 문학가들 사이에 존재하고 있다.[32]

여기서 말하는 일부 문학가란 곧 도식주의자들인 셈인데, 구체적

---

32) 위의 글, p.362.

으로 말해 그들은 누구인가. "나까지 포함한 우리의 일부 문학 평론가들은 이 교조주의적 도식주의적 경향에 함께 가담하고 있다"라고 중견 평론가 엄호석이 말하고는 있지만, 실상 따지고 보면 그에 의해 비판당한 비평가들은 당의 문예정책을 이끌고 있는 이른바 주류세력쪽이다. 그 중심부에 놓인 것이 <조선작가동맹> 중앙위원회(위원장 한설야) 속의 주도권을 쥔 카프계들임은 물론이다.

엄호석의 이 평론에 대해 즉각적인 반응을 보인 것은 홍순철의 「근로자들의 계급적 교양과 문학평론」(1955.4)이거니와, 이어서 김명수, 이정구 등의 평론이 이듬해까지 이어진다. 이 논쟁은 표면상으로는 1956년 10월에 열린 <조선작가동맹> 제2차 작가대회에서 행한 한설야의 보고 「전후 조선문학의 현상태와 전망」으로 일단락되었다. 이 보고문은 6·25 이후의 문학에 대한 총정리이자 새 출발을 의미하는 것으로 되어 있으나, 거기에는 소련의 제2차 작가대회에서 논의된 사회주의 리얼리즘에 대한 대응책의 의미도 포함되어 있다. 그만큼 이 시기는 이론에 대한 유연성이 부여되었던 시기라 할 것이다. 한설야조차 "나의 견해에 의하면 이것은 작가들 대부분이 창작방법으로서의 사회주의 사실주의를 교조주의적으로 인식하거나 일면적으로 보는 데 첫 원인이 있다고 생각합니다"[33]고 할 정도였다.

이러한 논의는 엄호석의 「문학평론에 있어서의 미학적인 것과 비속 사회학적인 것」(1957.3)을 고비로 하여 새로운 국면에 접어드는데, 엄호석으로 대표되는 도식주의 비판이 한효, 안함광에 의해 새로운 도전을 받게 되기 때문이다. 엄호석에 대한 안함광의 비판이

---

33) 한설야, 「전후 조선문학의 현상태와 전망」, 『자료집 4』, p.55.

갖는 의미는 단순한 논쟁 이상의 의미를 갖는다. 안함광이 카프 이념을 지켜온 정통파의 이론가이자, 민족문학론에서 드러난 그의 역량이 잘 말해주듯 북조선 문학의 정통성을 카프의 이념에 두고 있는 한설야 중심의 당의 이념을 대변하고 있었던 점에서 이 사정이 잘 설명될 수 있다. 엄호석, 안함광 논쟁이 단순한 이념 논쟁 이상의 의미를 갖는다 함은 구체적으로 무엇을 가리키는가. 문제는 구체성에 있다. 그 구체성은 카프문학이 어째서 북조선 혁명문학의 정통성이냐를 확인하는 것에 직접 간접으로 관련되는데, 한설야라는 존재가 그 한 가운데에 놓여 있다.

7. 카프의 정통성(1)―「설봉산」

50년대 북한문학을 전후기로 나누어 전기의 특징으로 민족문학론을 내세울 수 있다면 후기의 그것은 사회주의 사실주의에 대한 논의라 할 것인데, 이 전후기를 꿰뚫는 기본선은 카프문학에 대한 정통성의 인식 문제이다. 한설야가 논의의 심층부에 놓였음이 그 움직일 수 없는 증거이거니와, 엄호석과 안함광의 논쟁에서 이 사실을 분석해 보기로 한다.

소련의 제2차 작가대회의 영향을 받은 북조선 문학계의 전반적인 분위기는 앞에서 보았듯 그동안 전개되어 온 북한문학계의 도식주의, 교조주의에 대한 반성 및 비판으로 요약될 수 있겠다. 북조선 제2차 작가대회가 소집되었다는 것 자체가 이를 증거하며, 이 대회의 보고문에서 중앙위원장 한설야조차도 그 동안의 창작계의 무미건조함을 들어 "나의 견해에 의하면 이것은 작가들 대부분이 창작방법으로서의 사회주의 사실주의를 교조주의적으로 인식하거나 일면적으로 보는 데 첫 원인이 있다고 생각합니다"라고 지적한 바 있다. 이러한 사실을 통해 북조선 문학계에서 한 단계의 변화가 1955년과 1956년을 고비로 하여 진행되었음이 판명된다. 엄호석이 이러한 변화에 앞장선 평론가였음은 앞에서 이미 검토했거니와, 도식주의와 교조주의에 대한 엄호석의 비판은 어느 수준에서는 건강하고 참신함으로 인식되었다. 하지만 시간이 지날수록 그 참신성을 잃어갔을 뿐만 아니라 지속적이고도 집요한 비판을 받기에 이른다.

한효, 홍순철, 김명수 등의 엄호석에 대한 비판은 그 문제가 많건 적건 또 알게 모르게 자기들에 관여된 것이어서 자기 생존을 위한 몸부림으로 볼 수도 있겠지만, 안함광의 엄호석에 대한 비판의 경우는 이러한 차원을 넘어서는 것이어서 치밀한 분석이 불가피하다. 「문학전통의 심의와 도식을 반대하는 투쟁에서의 새로운 도식들을 중심으로」(1957.4)라는 안함광의 본격적인 평론은 도식주의를 반대하는 투쟁이 오히려 새로운 도식주의를 낳기에 이르렀다는 것, 이를 극복하기 위해서 할 수 있는 투쟁은 무엇인가를 문제삼고 있다. 도식주의를 비판하기 위한 투쟁이 새로운 도식주의를 낳았다면, 이러한 현상은 앞으로도 수없이 되풀이될 성질의 것이 아닐 수 없다. 엄호석에 의해 제기된 도식주의에 대한 투쟁이 새로운 도식주의를 낳았고, 이를 비판하는 안함광의 이론이 또다시 새로운 도식주의를 낳지 않는다는 보장은 어디 있는가? 만일 그렇다면 비판에 대한 비판, 투쟁에 대한 투쟁의 연속이 있을 뿐이 아니겠는가? 만일 이러한 투쟁의 투쟁, 비판의 비판의 연쇄가 현실 조건의 진보와 변화에 따른 변증법적 과정이라면 당연한 것으로 받아들일 수 있겠으나, 이와는 달리 종주국이긴 하나 남의 나라인 소련의 변화를 표준으로 한 비판이나 투쟁이라면 사정이 썩 달라질 성질의 것이라 하지 않을 수 없다. 안함광의 평론이 지닌 특징은 이러한 비판의 비판이라는 순환고리를 끊는 방법으로 '문학전통'을 내세운 점에 있다. 그가 말하는 문학전통이란 카프를 가리키는 것이며, 이 자국의 혁명문학의 전통에 근거를 둘 때 비로소 도식주의 비판의 연쇄적 고리를 끊을 수 있다는 것이다. 물론 50년대 전기간에 걸쳐 문학전통의 주류가 이원적인 것이었다고 볼 수 없는 것은 아니다. 카프문학의 전통과 김일성의 항일혁명문학의 전통이 그것인데, 카프를 문학상의 정통으로 보고 다만 그 배경으로 김일성의 항일혁명을 결합시킨 형국이 50년대 <북조선문예총>의 기본노선이었다. 이를 증명하는 작품이 한설야의 대작 「설봉산」(1956)이다.

> 북으로 뻗어오른 설봉산의 조그만 곁발이 임명벌 북녘으로 잔주름을 지어 내린 그 남쪽 기슭을 에돌아 남북으로 통한 철둑 좌우에 송하, 송상 두 마을이 낮은 버덕을 깔고 앉아 있었다. 두 마을을 합해서 300호가 넘는 큰 마을들이었다. 이 마을을 뒤로 뻗어오른 산발이 설봉산 깊은 곬으로 통해 있어 비밀회합, 또는 피신하기 좋은 점을 고려하여 지금 여기를 농조운동의 중심지로 하고 있었다.[34]

1930년대 설봉산을 중심으로 벌어진 적색 농조운동을 다룬 이 장편에서 주목되는 것은 길남을 내세운 소년 레포대의 활동이라든가, 자식의 구출을 위해 동지를 팔아넘겨야 했고 그 괴로움으로 말미암아 우물 속에 몸을 던져야 했던 경덕의 모친도 아니며, 이른바 적색

---

34) 한설야, 『설봉산』, 동광출판사, 1989, p.69.

농조운동이 혁명적 낙관주의로 치달을 수 있었던 근거를 발견해 낸 점에 있다. 설봉산에 농조 아지트를 구축하여 지하 운동화하게 되고 또 지속화할 수 있었던 근본 이유란 무엇인가? 아지트 지도자 학철의 형 학수로부터 확인한 김일성 부대의 활약상에서 말미암았다는 사실이야말로 이 물음에 대한 대답이다. 「설봉산」이 한편의 "장대한 서사시"의 구도를 갖추게 된 근본이유인 "해와 달과 같은 김 장군"의 소식이 설봉산 아지트에까지 들려온 것은 이 작품의 중반부에 와서이다. 마을에서 쫓겨 설봉산 토굴 속으로 본부를 옮긴 농조운동이 유격대와 연결될 수 있는 고리 역할을 한 것은 바로 김일성의 동북항일연군의 전설적인 영웅담의 과학화였다. "마르크스가 한 일도 그렇고 레닌이 한 일도 그렇고 또한 위대한 혁명가들이 한 일들도 자기 아는 옅은 과학지식으로는 이해하기 어려운 것이 많았다. 그러나 그것은 사실이요 높은 과학이었다"35)라는 주인공 경덕의 입을 빌린 이 대목이 작가 한설야의 작품 구성원리이자 창작방법론이기도 하였다. 경덕이 마침내 김 장군을 찾아 두만강을 건너기로 결심하는 대목에서 이 작품이 끝나는 것은 자연스런 일이 아닐 수 없다. 주인공 경덕은 작가 한설야에 있어 과연 무엇인가? 「과도기」(1929)의 창선, 「씨름」(1929)의 명호에 이어지는 직접적인 인물이라 함이 그 해답이다. 카프 시대의 대표작의 하나로 꼽히는 「과도기」나 「씨름」에 「설봉산」이 그대로 이어진다는 것, 그러한 역사적 단계가 「설봉산」을 낳은 1956년 무렵이었던 것이다. 「설봉산」이 어째서 50년대 북한문학의 기본 방향성인가는 이것으로 뚜렷해졌던 것이다. 김일성 투쟁만을 장편으로 다룬 한설야의 「역사」(1953)보다 「설봉

---

35) 위의 책, p.220.

산」이 중요한 이유는 이로써 설명된다.

　이러한 한설야의 문학관은 카프라는 자국 혁명문학의 전통을 토대로 하고 그 위에서 외부의 영향이라든가 김일성의 항일혁명문학도 수용한다는 원칙을 새삼 확인한 것으로 볼 것이다. 물론 우리는 여기서 김일성 항일혁명문학과 카프가 융합되어 있어 외부에서 들어오는 사상과는 구분되는 것으로 볼 수도 있지만, 이 구분도 문학사의 처지에서 보면 별다른 의미가 없다. 김일성 유일사상이 서서히 준비되면서 한설야의 몰락이 뒤따르는 것은 당연한 흐름이라 할 것이다.

8. 카프의 정통성(2)—「황혼」과 「대동강」

　50년대 북한문학이 카프의 전통에서 출발되어 발전했다는 사실을 창작의 측면에서 주도적으로 실천해 온 것이 한설야라면 이를 이론적으로 뒷받침해 온 것이 비평에서의 안함광이었다. 안함광이 제일 두려워 한 것은 엄호석 등의 일부 세력에 의해 제기된 도식주의, 교조주의 비판이 비록 긍정적인 입장에서 출발한 것이긴 하나 자칫하면 카프의 전통 계승에 흠집을 내거나 전통 자체를 무화시킬지도 모른다는 점이었다. 그런 만큼 이러한 풍조를 철저히 제거하는 일이 무엇보다도 급선무였다. 이러한 일을 효과적이고도 궁극적으로 해낼 수 있는 근거란 무엇이겠는가를 문제삼지 않을 수 없는데, 그 방법을 안함광은 제일 정확히 알고 있었다. 엄호석 등의 세대에게 카프의 전통을 문학사적으로 확인시키는 일이었다. 어째서 카프가 사회주의적 사실주의 문학인가를 증명해 보이는 작업이 그것인 바, 이 증명 방법은 구체적인 작품 분석 없이는 불가능하다. 그렇다면 그런 작품은 어떤 것인가? 이 물음에 제일 잘 대답할 수 있는 거의 유일한 존재가 한설야이고 한설야의 발언이며, 한설야의 작품이다. 「과도기」, 「씨름」을 거쳐 「설봉산」에 이르기, 「황혼」(1936)에서 「대동강」(1955) 삼부작에 이르기까지의 구체성이다. 중요한 것은 그 구체성에 이르는 과정에 있다.

안함광이 논증하는 순서를 살펴보면 다음과 같다.

(A) 마르크스 레닌주의적 원칙에 의한 논증 : "작가들이 인간 생활의 다양한 측면들을 포괄적으로 반영하는 그 자체가 인간을 묘사하는 거기에 목적을 두고 있다고 할 수 있다"36)라고 엄호석이 말하고 있는데, 안함광은 이 대목이 마르크스 레닌주의적 시각에서 보아 잘못이라는 것이다. '인간은 사회적 제관계의 총화'라는 마르크스의 명제가 지닌 바른 의미란 문학 예술의 목적이 인간을 묘사하는 그 자체에 있다고 할 것이 아니라 그와는 달리 생활의 진실한 반영을 구체적 성격 창조를 통하여 보여주는 바로 거기에 있다는 사실을 엄호석이 몰랐다는 것이다. 뿐만 아니라 엄호석은 인간과 생활, 인간과 환경을 분리해 놓고 이론을 전개하는 바, 이 역시 마르크스 레닌주의 미학과 무관하다고 보았다.

(B) 구체적 작품을 통한 논증(Ⅰ) : 엄호석을 격파하기 위한 논증의 두번째 단계에는 현재의 제일 권위있는 구체적인 작품을 통하는 방법이 적용된다. 물을 것도 없이 6·25를 다룬 최고작으로 평가받은 한설야의 「대동강」이 선택된다.

---

36) 안함광, 「문학전통의 심의와 도식을 반대하는 투쟁에서의 새로운 도식들을 중심으로」, 『자료집 4』, p.186.

「대동강」은 남한에서 6·25를 다룬 염상섭의 「취우」(1953)에 대응하는 작품으로 「해방탑」, 「룡악산」과 삼부작을 이룬다. 인민군이 서울을 장악한 삼개월간의 일상적 삶을 다룬 것이 「취우」라면, 유엔군이 평양을 장악한 삼개월(1950.10.19~1950.12.4) 동안의 삶을 다룬 것이 이 「대동강」인 만큼 이 두 작품은 6·25를 다룬 남북한의 대가급 작가의 작품이란 점에서 뿐만 아니라 6·25를 바라보는 각기 다른 두 가지의 시각을 보여준다는 점에서도 평가될 수 있는 중요한 작품들이다.37) 젊은 세대들이 어떻게 6·25를 맞아 평양(조국) 방어전에 참여했는가와, 그 고귀한 애국주의와 인간주의가 무엇인가를 보여주었다는 점에 「대동강」의 문학적 의의가 놓여 있었다. 이 작품에 그려진 유엔군에 의한 평양 점령 직후의 모습과 이를 바라보는 18세의 주인공 점순이의 내면을 보이면 다음과 같다.

> 놈들이 갓 들어온 얼마 동안은 전등도 라디오도 감감했는데 발전기를 실은 군함이 오느니 자동차가 오느니 하고 벅짜고아대더니 이럭저럭 전기를 보내게 되었으나 점순이에 대해서는 그 놈들의 불빛이 악마의 눈깔처럼 도리어 몸서리가 쳤다. ……(중략)…… 점순이가 처음으로 머리를 깎고 다 떨어진 남자 로동복에 얼굴을 검데기로 윤내고 무연탄 달구지를 끌고 나선 것을 보았을 때 어머니는 불현듯 명문이 칵 막혔다.38)

피난을 가지 못한 문화 인쇄공장의 근로자 점순이가 같은 또래의 문선공 상락, 태민과 더불어 남한에서 온 사람들에 의해 접수된 평양일보의 제작에 참여하여 비밀공작원 덕준의 도움으로 밤에 벽보

---

37) 김윤식, 「우리 현대 문학사의 연속성」, 『한국 현대 현실주의 소설 연구』, 앞의 책 참조.
38) 한설야, 『대동강』 제1부, 조선작가동맹출판사, 1955, p.4.

붙이기, 신문에 오자 집어넣기, 파업하기 등을 실천하면서 어떻게 평양 쟁탈전에 적극적으로 가담하는가를 이 작품은 제시하고 있다. 만일 6·25를 평양 방어전의 측면에서 바라본다면 이 작품은 평양인의 일상적 삶의 모습이 문학적 수준에서 형상화된 거의 유일하고도 본격적인 작품이라 할 것이다. 이처럼 6·25 전쟁기에 나타난 중요한 사회적 과정들과 생활 현상들을 풍부히 선택한 「대동강」이 작품으로 성공한 비결은 어디서 말미암았는가. 안함광은 그것이 일정한 성격창조를 통했기 때문이라 보아, 성격이 생활적 기초와 환경을 떠나 그것과 분리될 수 없음을 논증하고 있다. "장편 「대동강」의 예술적 가치는 비단 그 인간이 잘 그려졌다는 거기에만 있는 것이 아니라 창조되어진 생동하는 그 성격들을 통해 체현 반영되어지고 있는 그 생활이 사회적으로 얼마나한 의의를 포함하고 있느냐 하는 데 의해 규정"39)된다고 봄으로써 엄호석의 견해를 새로운 도식주의라 비판할 수 있었다.

(C) 구체적 작품을 통한 논증(Ⅱ) : 「대동강」을 통한 논증이 당대의 구체적 작품의 경우라면 「황혼」을 통한 논증은 무엇을 가리키는 것일까? 이 물음이야말로 50년대 북한문학을 규정하는 민감한 부분의 하나이다.

두루 아는 바와 같이 장편 「황혼」은 1930년대 카프문학의 대표적 장편일 뿐 아니라 한설야의 대표작의 하나이기도 하다. 카프 작가의 일제강점기에 이룩한 소설적 성취를 문제삼을 때 이기영의 「고향」(1934)과 이 「황혼」을 들거니와, 그 중에서도 「황혼」이 훨씬 진보적

---

39) 안함광, 「문학전통의 심의와 도식을 반대하는 투쟁에서의 새로운 도식들을 중심으로」, 앞의 글, p.188.

이자 이념적인 것이었다. 북한에서 씌어지는 어떤 장편도 「황혼」을 기본틀로 하여 평가되고 논의될 수밖에 없을 정도로 「황혼」이 원점의 구실을 한 것은 이러한 진보성에서 말미암았다. 이 진보성이랄까 이념을 문제삼을 때 당연히도 「황혼」의 주인공은 여순이 아니라 이념을 지닌 지도적 인물 준식이라 할 것이다. 안함광이 준식을 중심 주인공으로 볼 이유는 이로써 설명된다. 엄호석은 이와는 달리 여순을 중심 주인공으로 보았다. 왜 「황혼」이 여순을 중심으로 꾸며졌기 때문이라는 것이다. 여순에 대한 작가의 사랑, 지지, 동정이 집중되었다는 것, 그 동정, 지지, 사랑 속에 작가의 사상적 경향성이 있다는 것이다.[40]

엄호석의 이러한 주장이 다소 못마땅하더라도 해석상의 차이로 보아 그냥 넘어갈 수 있었으나, 그가 여세를 몰아 준식을 중심 주인공으로 보는 안함광을 비속 사회학적 비평가로 규정하고 나서자 문제는 아주 심각해졌던 것으로 보인다. 엄호석이 말하는 비속 사회학적 견해란 이데올로기로 무장된 자각적 인물이 그렇지 못한 인물보다 더 우위에 놓인다는 것으로 요약될 수 있다. 곧 방황하며 살아 있는 인간형보다는 이념에 투철한 주인공을 우위에 놓고자 하는 견해는 도식주의적이거나 교조주의적이며, 또 이런 것을 두고 비속 사회학적 견해라 본다는 것이다.

> 안함광은 「황혼」의 중심 주인공을 준식이라고 인정하면서 그 이유의 하나로 준식이의 혁명적 생활이 여순의 이야기보다 우위에 있다는 사실을 들고 있다. ……(중략)…… 이 견해에 의하면 작품의

---

[40] 엄호석, 「한설야의 문학과 '황혼'」, 《조선문학》, 1955.11. 안함광의 위의 글, p.189에서 재인용.

중심적 긍정적 주인공은 일률적으로 혁명투사의 긍정적 성격 또는 당적 인간이어야 할 것이다. 왜 그런가 하면 <사회발전의 객관적 법칙과 합치하며 그것을 추동 촉진시켜는 생활을 중심적 위치에서 체현하는 개성적 인물>(안함광)이란 바로 혁명투사이며 또 <작품의 기본 사상을 중심적 위치에서 해명하는 인물>(안함광)이란 작품에 있어서 당적 인간이기 때문이다.41)

「황혼」의 중심 주인공이 준식이냐 여순이냐를 점검하는 것이 바로 누가 비속 사회학적 비평가인가를 판가름하는 기준으로 되고 있음이 이 논쟁에서 분명히 드러났다. 이는 안함광에 대한 중대한 도전이자 카프를 정통으로 삼고 「황혼」을 사회주의 리얼리즘으로 바라보고자 하는 한설야 중심의 정통파에 대한 비판적 성격을 띤 것인데, 왜냐하면 카프의 이념 견지가 중요한 것이었고, 작품적 성과는 그 다음 차례에 온다고 그들이 믿었기 때문이다.

안함광의 반론의 어떠함은 따라서 큰 의미를 띠는 것이 아니다. 그의 반론은 (1) 작품에서 그의 이야기가 많은 스페이스를 차지하는 인물이라고 해서 반드시 중심적 주인공이 되는 것이 아니라는 것, (2) 「황혼」에 있어 사회 발전을 촉진하는 현실적 투쟁을 조직하며 지도하며 전개하는 데 있어서 또는 모든 투쟁역량을 집대성하며 그와 관련된 모든 인간 운명(여순의 인간 성장까지도 포함하여)을 지도 개척해 나가는 데 있어서 여순이보다는 준식이가 중심에 서 있다는 것, (3) 「황혼」의 기본사상이 조선의 노동운동이 경제투쟁에서 정치투쟁으로 발전하던 당대의 현실적 특질의 반영이라는 점 등 세 가지로 요약된다. 이 중에서도 제일 큰 비중은 (3)에 실려 있는 바,

---

41) 엄호석, 「문학평론에 있어서의 미학적인 것과 비속 사회학적인 것」, 『자료집 4』, p.134.

엄호석이「황혼」의 기본사상을 잘못 파악했음을 지적한 것에 이 사정이 관련된다. 엄호석은 1930년대 조선 노동계급의 투쟁 앞에 나선 가장 중요한 과업의 하나가 민족개량주의와의 투쟁이었다고 보았는데, 이는 분명 오류라는 것이다. 엄호석을 비판하는 안함광의 논점 중 (3)이 중요하다고 했거니와, 이 (3)을 논증함에 있어 그가 취한 방식이야말로 카프 세대의 논리 이전의 현실감을 잘 보여주는 것이다. 이 현실감 앞에서는 엄호석의 어떤 해석도 일단 무의미해지지 않으면 안 된다.

> 우리 나라 문학계에 있어「황혼」이 나오던 그 시기에 있어서부터 일반인이 작품의 중심적 주인공은 준식이로 보아 왔고 작가 자신도 자기의 창작과정을 회고하는 글들에서 항상 준식이를「황혼」의 대표적 주인공으로서 이야기하고 있다는 것은 결코 이유없는 일이 아니다.[42]

이어서 안함광은 일제 탄압하에서 매우 어렵게 나와진 인물이 준식이라는 것,「황혼」이 신문 연재소설이었다는 것 등을 들어 준식의 존재에「황혼」의 구성상의 특질 및 문학사적 위치가 놓여 있다고 주장한다. 이러한 주장을 논박하는 일이 엄호석에게 과연 가능할 것인가? 바로 여기에 50년대 북한문학의 특징이 잠겨 있다.

6·25를 치르고 난 북한문학이 전후 복구기의 시대를 어떻게 표현할 것인가를 두고 일어난 이 논쟁의 내용은 이처럼 안함광, 엄호석의 글에서 선명히 볼 수 있었거니와, 그 핵심에 놓인 것은 카프 노선의 전통 계승 문제였음이 판명된다. 작품의 미학적 가치가 인간

---

[42] 안함광,「문학전통의 심의와 도식을 반대하는 투쟁에서의 새로운 도식들을 중심으로」, 앞의 글, p.192.

묘사에 있다고 보고, 선택된 생활 현상은 인간묘사에 복무하는 부차적 의의밖에 없다는 입장에 설 때, 작품 평가의 초점은 인물이 얼마나 잘 그려졌느냐에 놓일 것이다. 준식이보다 여순의 인간상이 더 잘 그려졌고 따라서 여순이를 중심 주인공이라 본 엄호석의 처지에서 보면, 사상성으로 무장하여 여순을 투쟁가로 성장시키는 준식을 중심 주인공으로 상정하고 있는 안함광 및 카프 정통파들의 견해는 도식주의, 교조주의적이자 비속 사회학적인 것으로 된다. 이와 반대로, 인간묘사를 모든 것에 우선시키며 사상성을 부차작으로 보는 견해를 새로 등장한 도식주의라고 규정한 것이 안함광의 논법이었다. 카프 정통파와 신진세력 사이에 벌어진 이 논쟁의 결과는 과연 어떻게 되었는가? 이 물음의 해답은 실력자 한설야의 보고문 「공산주의 교양과 우리 문학의 당면 과업」(1959)에서 드러난다. <조선작가동맹> 중앙위원회 제4차 전원회의에서 행한 이 보고문은 제2차 조선작가대회가 있은 때로부터 2년 반이 지난 시점에서 나온 것이거니와, 제목에서 보듯 '공산주의 교양'을 전면에 내세우고 있음이 특징적이다.[43)]

공산주의의 교양을 목표로 하는 인간탐구의 문학이 바야흐로 전개되고 있다는 것은 무엇을 가리키는가? 6·25를 겪고 복구기에 접어든 북한사회는 제1차 5개년 계획이 2년이나 앞당겨 달성될 정도로 발전하였으며, 이 추세로 가면 공산주의 사회로의 진입은 시간문제로 보였다. 이른바 천리마운동이 그것이다. 문학도 이같은 사회주

---

43) 김성수, 「사실주의 비평 논쟁사 개관」, 김성수 편, 『북한 문학신문 기사 목록』, 한림대 아시아 문화 연구소, 1994에서는 공산주의자를 전형으로 하는 시기가 창작방법으로서의 리얼리즘이라든가 이념으로서의 도식주의 비판 등과 어떤 관련하에 놓이는가를 요령있게 정리하고 있다.

의 건설의 추세에 맞추어 당성 원칙을 고수하여 나가지 않으면 안 되었다. 그리하여 이러한 당성 원칙에 위배되는 요소를 수정주의라 규정한 뒤 그러한 무리들인 최창익, 서휘 도당과 그 추종분자인 홍순철, 한효 등의 해독적 영향을 뿌리뽑고 그 뒤를 이어 안막, 서만일, 윤두헌 등이 보였던 부르주아적 문학의 독소들을 적발, 분쇄하기에 이른다. 뿐만 아니라 「나비」, 「고향에서」의 작가 권재경, 「나의 길」의 작가 조중곤까지 반동적 부르주아적 요소를 내포했다고 해서 비판하기에 이른다. 그렇다면 엄호석은 어떤 비판을 받았을까?

> 평론 분야에서도 도식주의와 비속 사회학적 경향을 반대한다는 구실 밑에 사상성을 홀시하고 소부르주아적 개인 취미를 조성하는 편향들이 나타났는 바, 김명수의 평론은 그 대표적 실례로 됩니다. ……(중략)…… 이와 함께 엄호석도 「김소월론」과 「들」을 평한 평론들에서 들끓는 시대적 빠포스와는 거리가 먼 안온하고 사상성이 희박한 작품들을 내세움으로써 자기의 소부르주아적 미학 취미를 발로시켰습니다.[44]

제2차 조선 작가대회 이후 <문학예술총동맹>이 도식주의 극복과 스타일의 다양성을 요구한 것 자체는 그 때도 지금도 정당하나 그것을 빙자하여 '사상성'을 홀시하는 것은 사회주의 리얼리즘에 위배되는 부르주아적 반동으로 된다는 것이 한설야가 행한 보고문의 골자이다. "공산주의 문학 그것은 가장 새롭고 가장 아름다운 문학이며 가장 혁명적 내용과 가장 완미한 형식으로 통일된 문학"[45]인데, 이러한 문학을 창조할 수 있는 사회적 여건이 바로 불길처럼 일고 있는 '천리마운동'이라고 한설야는 보았다. 한설야가 의미하는 공산

---

44) 한설야, 「공산주의 교양과 우리 문학의 당면과업」, 『자료집 5』, p.27.
45) 한설야, 위의 글, p.29.

주의적 인간상이란 공산주의 사상으로 무장한 인간을 가리키며 일찍이 김일성은 이를 두고 '고상한 인간상'이라 부른 바 있다.[46] 그 고상한 인간상의 문학적 적용이 고상한 리얼리즘이라면 그 가능성이 50년대 말의 천리마운동에서 새로운 의미를 획득한 것으로 볼 것이다.

9. 카프의 정통성과 공산주의 인간형

50년대 북한문학이 지닌 한국 문학사적 의의란 무엇인가. 이러한 시각에서 지금껏 50년대 북한문학을 살펴왔다. 서론에서 밝혔듯, 50년대 북한문학을 북한문학사의 시각에서 다루지도 않았지만 그렇다고 남한 문학사의 시각에서 다룬 것도 아니었다. 한국 근대 문학사의 연속선상에서 50년대 북한문학을 바라보고자 했던 것인데, 이러한 시각은 다음 두 가지 제약에서 말미암았다. 하나는 물을 것도 없이 논자의 자기 한계이며, 다른 하나는, 이 점이 중요하거니와, 50년대 문학의 한가운데에 6·25가 놓여 있음에 이 사정이 관여된다. 냉전체제의 산물인 6·25를 한국전쟁 또는 세계전쟁이라 부르든 관계 없이 그것이 남북한의 사회 전체에 직접 간접으로 연결된 최대의 역사적 사건이었던 만큼 그 문학적 의의란 단연 민족사적 과제로 될 수 있었던 것이다. 그러니까 이 논문이 선 자리는 한편으로는 6·25를 중심으로 한 50년대 북한문학 자체를 알아보는 것이지만 다른 한편에서 보면 한국 근대 문학사의 연속선상에서 50년대 북한문

---

46) 1947.1.1의 신년사 및 1947.3.28의 노동당 중앙위원회 제29차 상무위원회 석상의 발언.

학의 각도를 재는 일이라 할 것이다.

　이 논문에서 첫번째 관찰대상으로 삼은 것은 민족문학론이었다. 나라 만들기의 모델과 직접 간접으로 관련되는 민족문학론의 창출에서 주목되는 것은 계급문학과 민족문학의 모순 극복의 이론적 전개였으며, 이 점에서 안함광의 이론이 뚜렷하였고 이어서 임화 역시 같은 수준으로 접근하여 갔다는 사실이다. 이 두 이론가의 견해 차이와 그 접근과정이란 그 자체가 문학사적 현상이었음에 주목할 필요가 있다. 카프 정통파인 안함광과 카프 비정통파인 임화와의 차이, 평양중심주의자 안함광과 서울중심주의자 임화와의 차이, 북로당의 <북조선문학동맹> 부위원장 안함광과 남로당의 <문학가동맹>의 중심인물 임화의 차이란 무엇인가? 이런 물음은 이론적 해명을 요구하는 과제이며 따라서 근소한 차이밖에 발견되지 않을지 모른다. 그러나 그것이 작품으로 나타날 경우에는 사정이 썩 달라지게 되는 바 이를 잘 보여준 것이 임화의 시집 『너 어느 곳에 있느냐』이다. 이 시집이 6·25 한가운데 놓여 있다는 사실과 또한 이 시집이 50년대 북한문학의 한가운데 놓여 있다는 사실은 동시적이자 무모순적이다. 논자가 50년대 북한문학을 한국 근대 문학사의 연속선상에서 바라본다는 것은 이런 의미에서이다.

　두번째로 이 논문에서 관찰대상이 된 것은 사회주의 리얼리즘이었다. 사회주의 리얼리즘이 소련의 문예정책으로 채택된 지 꼭 20년만에 소련에서 다시 벌어진 이에 대한 재논의가 6·25를 겪고 전후 복구기로 접어든 북한문학계에 큰 자극제로 받아들여져 마침내 제2차 작가대회를 열고 새로운 정책을 수립하는 데까지 나아가게끔 만들었다. 그 결과 엄호석, 김명수 등을 비롯한 비평가들의 다양한 논의가 도식주의 극복이라는 명목으로 행해지기도 하였다. 그러나 이러한 도식주의 극복의 논의는 2년만에 새로운 도식주의라 하여 비판의 도마 위에 올려졌으며, 사회주의 리얼리즘이란 여전히 사상성의 우위 확보에서 가능하다는 것이 50년대 북한문학의 결론격으로 맺어졌던 것이다.

한편 이러한 논의의 중심인물이 안함광이었음에 주목할 필요가 있었다. 안함광이 이 논의의 중심부에 있었고, 또 그의 주장이 여지없이 관철되었다는 사실은 무엇을 가리키는 것일까. 카프 정통파의 이념이 50년대 북한문학의 정통성이라는 사실로 이 사정이 설명된다. 엄호석을 비판하는 안함광의 논법에 우리가 주목하는 것은 이 때문이다. 6·25 때 창작된 최대의 작품으로 한설야의 「설봉산」, 「대동강」 등을 들 수 있거니와, 이를 평가하는 근거란 물을 것도 없이 문학사적이어야 했고 또 그럴 수밖에 없었다. 「설봉산」의 주인공 경덕은 「과도기」의 창선의 성장단계이기에 그 리얼리티가 보장되는 것이며, 「대동강」의 점순과 「황혼」의 여순의 경우도 사정은 한 치도 다르지 않다. 이처럼 사상성을 문제삼는 모든 50년대 문학의 미학적 준거가 30년대에 창작된 한설야의 작품에 놓여 있었다는 사실을 떠나서는 50년대 북한문학을 올바로 알 수 없는 것이다. 이 점에 관해 50년대 말에 나온 문학사에서조차 이렇게 기술할 정도였다.

> 「황혼」에 있어 여순이와 더불어 「대동강」에 있어서의 점순이의 성격이 간직하는 예술적 생동성의 비밀은 바로 한설야의 이러한 근로계급에 대한 깊은 애정과 인도주의적 감정에 있다. 이리하여 「대동강」은 점순이와 그 동료들이 발휘한 용감한 투쟁과 그 공훈으로써 뿐만 아니라 점순이의 근로계급의 딸다운 성격적 미로써 독자들을 매혹하였으며 우리 청년들을 근로계급의 강인하고 전투

적 성격으로 형성시키며 그 품성으로 배양함에 있어서 중요한 교과서의 하나로 되었다.[47]

「대동강」의 한가운데에 6·25가 놓여 있었고, 또한 그것이 한설야의 대표작이자 50년대스런 대표작이며 그 사상성으로 하여 근로계급성을 배양하는 '교과서'의 하나라면 응당 그것은 카프문학의 정통성에 연결되었을 터이다. 이 사실을 새삼 확인시켜 주는 문학사적 논의가 「황혼」과 「대동강」의 연결점이다. 이 점에서 50년대 북한문학의 교과서는 30년대의 「황혼」의 보장을 받은 「대동강」이 아니면 안 되는 것이다. 이 점에 비하면, 농촌의 사회주의 건설을 다룬 해방 이후에 등장한 작가들의 작품, 가령 천세봉의 「석개울의 봄」 (1959) 등이 아무리 공들인 대작이라 할지라도 이에 대한 평가는 다분히 단선적일 수밖에 없었다. 곧 "농업협동조합의 내부적 공고화를 위한 새 것과 낡은 것과의 투쟁 위에서 기초된 복잡한 슈제트의 전개 가운데서 농촌에 대한 당정책이 정당하게 해명되었다"[48]는 평가가 그것이다. 그 이상의 연결점이 없는 만큼 「석개울의 봄」의 문학사적 평가에까지 이르지 못함에 비추어 보면 「대동강」의 평가방법이 얼마나 문학사적인가는 분명해질 터이다. 이렇게 보아올 때 50년대 북한문학의 심층부에는 임화와 한설야의 존재가 은밀히 가로놓여 있었음이 판명된다. 50년대 북한문학이 한국 근대 문학사의 연속선상에 놓여 있다는 사실이 이로써 증명된 셈이거니와, 그렇다면 이러한 사실의 발견이 갖는 의의란 무엇인가. 이런 물음의 해답은 자명한데, 남북한 문학사의 공유점을 모색함이 그것이다.

---

47) 사회과학원 문학연구소 편, 『조선문학통사 현대편』(1959), 인동, 1988, p.328.
48) 위의 책, p.322.

이러한 공유점의 점진적 소멸은 한설야 및 안함광의 세력 상실과 대응되고 있다고 범박하게 말할 수 있다. 넓게 보아 그 시기는 김일성 유일사상의 대두와 관련된다. 상당한 준비기간을 거쳐 유일사상(주체사상)이 문예정책으로 확정된 것은 1967년이었다. 이로부터 북한문학의 총력이 김일성의 항일 투쟁기를 다룬 『불멸의 역사 총서』로 집중되었으며, 따라서 사회주의 리얼리즘으로서 카프문학의 전통은 그 빛에 가리어 제 이선으로 물러난 형국을 빚었다.49) 그러한 세월이 거의 20여 년을 헤아리는 동안 양극체제가 무너졌으며 세계사는 크게 변모하였다. 이러한 흐름 속에서 유일사상 역시 조금씩 희석되어 갈 수밖에 없지 않았을까? 90년대에 들어와 김정일의 『주체문학론』(조선노동당 출판사, 1992)에서 보이는 실학사상과 카프문학에 대한 재평가는 이 점에서 시사하는 바 크다. 남북 통일문학사 모색에 대한 가능성의 하나가 잠복되어 있는 것처럼 판단되는 것은 이런 문맥에서이다.

(1995)

---

49) 『불멸의 역사 총서』에 관해서는 김윤식, 『한국 현대 현실주의 소설 연구』, 앞의 책, 제2장 「80년대 북한 소설 읽기」 참조.

3. 북한문학 50년의 비평사적 검토
― 세 개의 문제점을 중심으로

1 북한문학을 보는 한 시각

 북한문학을 알아보고자 하는 시도는 여러 가지 난점에 부딪히게 마련이다. 무엇보다도 북한의 문학 작품을 직접적으로 접하기 어려운 것이 첫번째 난점이다. 일차 자료라 할 수 있는 작품의 경우, 그 동안 단편적으로밖에 대할 수 없었다. 북한문학을 연구의 차원에서 논의할 수 있다는 당국의 유권 해석이 내려진 것은 1987년 10월이었으며 월북 작가의 작품 출판이 선별적으로 가능해진 것은 1988년 7월이었다.[1] 월북 작가의 경우가 이러할진댄 정작 북한 작가의 작품을 대하기란 사실상 불가능한 형편이었다. 남한의 연구진들이 북한 작품을 부분적으로나마 접하게 된 것은 일부 상업 출판사에 의해 출판된 북한 원전들과 통일원 도서관(1988년 개방)을 통해서였다. 무엇보다도 공적 기관인 통일원 도서관의 일반 공개는 여러 가지 의미에서 북한문학 연구의 신기원을 이룬 계기로 평가될 수 있

---

1) 1987. 10. 19. 논의 가능.
   1988. 3. 31. 월북 작가 출판(선별적).
   1988. 7. 19. 이기영, 백인준, 한설야, 홍명희, 조영출 등 5명을 제외한 해금.

는데, 왜냐하면 일부분이나마 북한문학 원전을 직접 읽을 수 있을 뿐 아니라 ≪조선문학≫을 비롯한 몇 개의 문학 월간지를 단시일 내에 접할 수 있었던 까닭이다. 그러나 이러한 잡지의 경우는 최근의 것이어서, 적어도 '주체 문예'(1967) 이전의 경우는 대할 수 없는 한계가 있었다.

  두번째 난점은 북한의 공적 기관에서 간행한 여러 문학사의 존재를 들 수 있겠다. 북한의 <사회과학원 문학연구소>에서는 『조선문학통사』(1959)를 비롯, 『조선문학개관』(1986)에 이르기까지 정책의 변이에 따라 체계적으로 정리된 문학사를 내놓았는데, 이러한 문학사는 물론 구체적 작품 위에서 창출된 것이겠지만 그 작품을 접할 수 없는 쪽에서 볼 때는 일방적인 강요 사항으로 군림하기 십상이었다. 이들 문학사를 통해 북한문학사의 전체적인 흐름을 일목요연하게 살필 수 있었음은 한편으로는 손쉬운 학습일 수 있었겠으나, 다른 한편으로 보면, 일방적 결정사항과 같은 것이어서, 작품이 원초적으로 지닌 다양성에 대한 해석의 여지를 남기지 못한 것이다. 북한문학사에 대한 이해의 지름길이 되었던 이러한 저술들이 끼친 공과를 따질 처지는 아니지만, 우리의 처지에서 보면 이런 저술이 놓인 자리에서 한 발자국 더 나아가는 일이 반드시 필요하였다. 이러한 필요성을 깨닫는 것이 곧 우리의 처지에서 북한문학사를 다루는 계기라 할 것이다. 말을 바꾸면 북한 당국(사회과학원 문학연구소)이 제시하는 일방통행적인 이데올로기에서 조금 벗어나, 우리 연구진의 개성에 의해 '주체적'으로 연구하는 길이 모색되지 않으면 안 되는 것이다. 이러한 단계에서 바라볼 때, 북한에서 간행된 여러 문학사들은 참고사항 이상의 의미는 갖지 못한다.

세번째 난점은 주체사상(유일사상)에 대한 이해이다. 북한의 체제란 큰 테두리에서 보면 국가 사회주의에 속하는 것이며, 그리하여 구 소련이나 중국과 같은 범주에 들겠지만, 주체사상이라는 특수한 세계관의 창출로 말미암아 그와 비교될 객관적 모델이 없다는 점에서 보면 아주 이해하기 어려운 형국이라 할 것이다. 『주체사상에 기초한 문예이론』(사회과학원 문학연구소, 1975)의 경우에서 보듯 논의 하나하나가 『김일성 저작 선집』의 인용에서 시작되고 끝나는 것이 이 사정을 잘 말해 준다. 이러한 난점들을 극복하는 방식의 모색이 북한문학사를 이해하기 위한 전제 조건이라고 생각한다. 그렇다면 필자가 모색할 수 있는 방식이란 무엇인가. 그것은 필자가 가장 잘 알고 또 잘 할 수 있는 지점에서 출발하기, 곧 한국 근대문학사의 연속선상에서 북한문학에 접근하는 것이다. 이는 가장 확실한 방법의 하나라고 할 것이다. 두루 아는 바와 같이, 분단이 이루어진 것은 1945년 8월 15일로 표상되는 민족 해방 때이다. 38선과 더불어 닥쳐온 해방이란 역사주의자들의 처지에서 보면 필연이겠지만, 생활인의 처지에서 보면 한밤중에 갑자기 닥쳐온 사건의 일종일 터이다. 따라서 역사주의자의 시선에서 해방공간(1945. 8. 15~1948. 8. 15, 9. 9.)을 바라보는 경우와 생활인의 자리에서 바라보는 시선에는 현저한 차이가 있을 수 있다. 그렇다면 문학인은 어느 부류에 드는 것일까? 이 물음은 피할 수 없는 것이기도 하지만 동시에 난문에 속한다고 할 것이다. 문학인 중에는 역사주의자도 있을 수 있으며, 생활인도 있을 수 있겠지만 그 중간형도 있을 수 있다. 뿐만 아니라 한 문학인의 경우에도, 어느 시기라든가 어느 단계에서는 역사주의자였다가 생활인으로 이동할 수도, 중간형에 머물 수도 있다.

이러한 분류 개념의 근거가 될 수 있는 것이 우리 근대 문학사에서는 카프문학이라 할 수 있겠다.
　이러한 전제를 앞세운다면, 해방공간에서 제일 주목되는 것이 카프 문인들의 태도라 하지 않을 수 없다. 프롤레타리아 계급이 역사의 주역으로 등장하여 인류의 해방으로 나아간다는 신념에 기초한 카프 문인들은 카프가 해체된 1930년대 중반 이후에 어떠한 행로로 나아갔던가? 지난날의 카프의 이념이 지나치게 도식적이었으며, 따라서 우리가 건설할 문학이 카프 이념에 있지 않을지도 모른다는 조심스런 회의론이 한편에서는 나왔고, 다른 한편에서는 프롤레타리아 문학 이념을 계속 모색하고 그 필연성을 믿으면서도 그 시대에 알맞는 새로운 문학의 성격 수립에까지 나아가지 못한 경우로 대별해 볼 수 있다. 전자가 역사주의에서 중간형으로 나아간 유형이라면, 후자는 역사주의 범주에 머물러 있긴 하되 그 적극성이 결여된 형태라고 볼 것이다. 만일 이러한 두 유형의 카프 이념을 논의하는 것이 문학인의 모습이라면 해방공간의 출발점은 이를 어떻게 적절한 방향으로 재조정하는가에 집중될 것이다. 이것이 첫번째 단계의 과제로서 민족문학론이었다면 그 구체적 전개 과정이 두번째 단계라 할 것인바, 그 시기는 이른바 유일사상(주체사상)의 확립 직전까지로 볼 것이다. 세번째 단계는 유일사상 확립 이후에서 오늘날까지에 해당된다. 이 기본 노선이 원칙적으로 아직도 지속되고 있기 때문이다.
　이 글은 다음 세 부분으로 구성된다. 첫번째 항목은 해방공간에서 논의된 민족문학 논의를 검토한 것이며, 두번째 항목은 해방공간에서 1960년대 초에 이르기까지 북한문학의 세 가지 직접성을 특정

작가인 한설야의 창작을 통해 분석해 본 것이다. 그리고 세번째 항목은 유일사상 이후 북한문학의 창작을 중심으로 검토한 것이다.

앞에서도 이미 지적했거니와, 자료의 제한 및 필자의 능력 부족으로 이 글은 매우 제한적이고 피상적인 수준에서 크게 벗어나지 못한다는 사실을 말하고 싶다. 굳이 한 가지 특징을 든다면 일부분이나마 북한 작품을 직접 읽고 분석한 점이 아닐까 한다.

2. 인민민주주의 민족문학론과 평양중심주의

1) <문학가동맹>의 이념

8.15 해방 직후 맨 먼저 조직된 문학단체는 <조선문학건설본부>(문건)이다. 임화·이원조·이태준 등에 의해 결성된 이 단체는 (1) 문화의 해방 (2) 문화의 건설 (3) 문화전선의 통일 등을 내세웠거니와, 이러한 막연한 상태에서 한 단계 나아간 것이 임화의 「현하의 정세와 문화운동의 당면 임무」(《문화전선》, 1945. 11. 15.)이다. 무엇보다 그는 북쪽이 소련 군정, 남쪽이 미군정 체제로 들어갔다는 점과 그 때문에 당초 막연히 상정했던 문화의 해방, 문화의 건설, 문화의 통일의 과제가 매우 복잡하게 되었음에 주목하지 않으면 안 되었는데, 여기서 그는 비로소 정치·문화 일원론의 새로운 의미를 깨우치고 있다. 추상성에서 구체성으로 나아감이란 이런 경우에 속하는 것이다. 그는 이 점을 다음과 같이 표현한다.

일본 제국주의의 기반이라는 지배적 사실이 상실된 이후, 코민

테른의 6회 대회 강령에서 제시했던 <민족의 완전한 해방과 토지 관계에 있어 봉건적 잔재의 소탕>이란 식민지 운동의 기본 과제는 아직 과제대로 남아 있다.2)

8.15 해방이 되었을 때 일제의 구속이라는 지배적 사실만이 상실되었을 뿐, 나머지 모든 문제가 코민테른 제6회 대회(1928. 7. 17~9. 1) 수준에 멈추어져 있다고 임화는 보았다. 제6회 대회란 좌익 섹트주의로 기우는 전술이 채택된 대회로 평가되어 있거니와, 이 대회는 제7회 대회(1935. 7~8)가 반파시즘 인민전선 및 반제국주의 통일전선으로 기운 것과는 커다란 단층을 이루는 것이다.3) 임화가 제6회 대회를 의식한 것은 다르게 말하면 <부르주아 민주주의 혁명단계>와 연결되는 것이며, 이는 막바로 그가 박헌영의 이른바 8월 테제(1945. 8. 20)에 이어져 있음을 뜻한다. 역사적 사실로 밝혀진 바에 따르면 부르주아 민주주의 혁명 단계란 "프롤레타리아 독재와 사회주의의 전제 조건을 준비하는 데 커다란 의의를 갖는 단계"를 가리키는데, 이 단계의 기본 과제는 제2항에 철도, 은행의 국유화, 토지 국유화 등이 포함되어 있다. 이 제6회 대회가 종래와 다른 점은 식민지, 반식민지 나라들의 다양한 유형과 그 혁명의 발전 단계에 따라 전술을 제시한 점이거니와, 임화는 8월 테제에 따라 문화 건설 및 문화전선 통일을 정치적 과제의 수준으로 끌어 올리고자 했던 것이다. 그는 부르주아 민주주의 혁명을 누가 담당하느냐 하는 문제를 문화 면에서 구체적으로 논의한 해방공간 최초의 이론가이다.

---

2) 《문화전선》, 1945.11.15, 『거름 자료집』 17, p.644.
3) 임영태 편, 『식민지시대 사회와 운동』, 사계절, 1985, p.267.

그는 당시의 문화를 (1) 일제가 남긴 잔재 (2) 조선조 봉건 잔재 (3) 부패기 시민 문화의 편협으로 요약하고 이를 극복할 새로운 문화 담당계층은 "가장 혁명적 계층인 노동자 계급을 위시한 농민과 중간층과 진보적 시민으로 형성된 통일전선"에다 두고 있다. 이로써 일제 잔재와 봉건적 잔재로부터의 문화의 해방, 인민에 기초를 두는 문화의 건설이라는 목표가 설정된다.

임화에 의해 잠정적으로 파악된 이러한 문학의 방향성이 한층 구체화되어 나타난 것은 이원조의 평론에서이다. <조선문학건설본부>의 초창기 핵심 분자이자 초대 <조선문학가동맹>의 서기장이었으며, 임화와 더불어 이론가로 활동한 청량산인 이원조의 견해는 어떠했던가. 임화가 원칙론을 제시했다면 이원조는 그것을 구체화하여 해설하는 것에 기울어져 있음이 특징이라 할 것이다. 임화가 1930년대 순수 문학을 평가하면서 자기 비판을 감행한 것과 꼭 같은 방식으로 이원조도 자기 비판을 감행하였다. 1930년대 비평계에서 지성론을 펼쳤던 최재서와 함께 활동했던 이원조이기에 파시즘에 맞서는 최선의 문학적 방식으로서 자유주의·지성론·문학의 비정치성 주장으로서의 순수문학으로 나아갔던 것이다. 따라서 1930년대의 순수문학이란 그 자체가 문학의 혁명적 과제를 내포한 것으로 평가된다. 말을 바꾸면 원래 문학의 과제란 파시즘 같은 비합리주의에 대한 투쟁이며, 1930년대의 지성론도 그러한 의미로 평가될 수 있다는 것이다. 그 지성론이 자유주의에 입각한 것이고 시민계급의 몰락기의 논리라 할지라도, 당시의 파시즘에 대항하는 기능적 몫으로 본다면 고려될 수 있는 합리적인 것이며, 따라서 혁명적이라 규정된다. 그렇다면 해방공간에서의 문학의 당면 과제란 어떠한가? 스스로 이렇게 물은 이원조는 다음과 같이 대답한다. 곧 "프롤레타리아 작가, 비평가를 영도적 주격으로 한 광범한 진보적 민주주의 문학자의 통일전선 속에서 민족문학의 발전이 프롤레타리아 문학의 완성의 길"4)로 나아가야 한다는 것. 목표는 프롤레타리아 문학의 완성이며 이를 민족문학이라 부른다는 것. 그 방법론은 (1) 프롤레타리아 작가, 비평가를 영도적 주격으로 한 (2) 광범위한 진보적 민주주의 문학자의 통일전선이라는 것. 여기서 주목되는 것은, 근본적으로는 임화도 같겠지만, (2)의 범주에 이원조 자신의 좌표를 놓고 있다는 점이다. 지성론의 연장선상에 있는 이원조는 (1)로 급속히 뛰어오를 수 없었는데, 이는 당원이 아니었던 임화가 당파성·계급성·인민성을 일거에 획득하여 내세울 수 없는 경우와 흡사한 관계라 할 것이다. 시민성의 손으로 청산해야 할 요소들이 해방공간에 너무도 많이 남아 있는 까닭에 진보적 민주주의 작가, 비평가(시민성에 기반을 둔)의 혁명적 요소가 엄연히 남아 있다는 것, 이를 결코 과소평가할 수 없다는 것인데, 실상 이런 주장은 이원조 자신의 현재 위치를 가장 정확히 드러낸 것이라 평가된다. (1)은 아직도 시기상조이거나 이상에 속하는 것이며, 1945년 11월 현재의 단계에서 볼 때 실제 세력이랄까 중심점은 (2)에 있다는 것이 임화, 이원조의 현실 인식이다. 이들이 <조선문학건설본부>의 핵심분자인 만큼 이 단체의 중심점 역시 (2)에 있었음이 판명된다. (2)를 두고 통일전선의 혁명적 필연성이라 불렀던 것도 이 까닭이다. 그렇다면 이원조가 다음과 같이 흥분된 어조로 결론을 지은 것은 무슨 까닭일까?

---

4) 이원조, 「조선문학의 당면과제」, 『이원조 문학평론집』(이동영 편), 형설출판사, 1990, p.220.

우리 문학 혁명의 역사적 과업을 두 어깨에 걸머진 프롤레타리아 작가, 평론가들이 역사적으로 부여된 영도성을 마치 당국에서 받은 훈장처럼 여기고 함부로 영도성만 주장한다거나 공산주의 이론만 들고 나서면 다른 놈은 모두 반동적이라고 몰아세우는 좌충우돌식의 극좌적 경향을 더 한층 배제하지 아니하면 안 되는 것이다.5)

이원조는 스스로를 소시민의 진보적 비평가로 규정하고 이 계층의 혁명적 과업을 수행하는 일이야말로 조선 문학의 당면 과제임을 천명하였는데, 그렇다면 그가 그토록 홍분하여 비난하고 있는 '프롤레타리아 작가, 비평가들'이란 구체적으로 누구이며 또 무엇이었던가? 이원조가 비난을 퍼부은 극좌세력이란 물을 것도 없이 한효 중심으로 결성된 구 카프의 모임인 <조선프롤레타리아문학동맹>(프로문맹)이다. 1945년 9월 17일에 결성되었으니까 문건보다 꼭 한 달 뒤인 셈이다. "일체의 반동 문학운동과의 투쟁을 전개하며 비민주주의·개량주의·봉건주의·국수주의·예술 지상주의 문학을 배격하는 동시에 프롤레타리아 문학 확립에 매진"한다는 강령을 내건 이 조직은 중앙집행위원장 이기영, 서기장 박석정, 중앙집행위원에 이기영, 한설야, 조중곤, 박승극, 권환, 김두용, 이북명, 한효, 박아지, 박세영, 홍구, 이동규, 박석정, 송완순, 엄홍섭, 안동수, 조벽암, 윤곤강, 송영, 신고송, 이주홍, 청산, 박팔양, 김승구, 윤기정 등으로 짜여 있고, 동맹원에는 김태준, 김오성, 김창술, 김해강 등이 포함되어 있다. 중앙집행위원이 이 조직의 실질적인 중심부라고 한다면, 카프 맹원 안막이 1932년 옥중에서 일본어로 작성한 카프 조직표에 나타

---

5) 앞의 책, pp.221-222.

난 인적 구성과 근소한 차이밖에 없다고 볼 것이다. 다만 다른 점이라면 박영희, 김기진, 김남천, 임화, 이귀례 등이 빠져 있을 정도에 지나지 않는다.6) 그만큼 <조선프롤레타리아문학동맹>의 대두는 구카프계의 원형을 복원한 것이었다. 이어서 <조선프롤레타리아연극동맹>(9. 27), <음악동맹>(9. 22), <미술동맹>(9.22), <영화동맹>(11.5) 등이 결성되었고, 이들 각 분야별 조직을 통합한 <조선프롤레타리아예술연맹>이 종로 야소교서회 빌딩에서 결성된 것은 9월 30일이었다. 중앙위원장 한설야, 서기장 윤기정, 상임위원 권환, 박석정, 엄흥섭, 한효, 홍구(이상 문학), 송영, 나웅, 신고송, 박영호, 박창완(이상 연극), 강호, 이주홍, 박진명, 추민, 이춘남(이상 미술), 신막, 이범죽, 김순남, 정종길, 강장일(이상 음악) 등으로 구성되었다. 노동자·농민의 이데올로기에 기반을 두는 예술운동이란 계급 이데올로기 일변도여야 하며 절충이 있을 수 없다는 것으로 요약되는 이들의 선언문에서 표나게 드러나는 것은 '예술전선에 있어서의 이데올로기의 중간적 존재'에 관한 것이다. 임화·이원조 중심의 <조선문학건설본부> 및 <조선문화건설중앙협의회>를 두고 이렇게 불렀음은 새삼 말할 것도 없다. 이에 대해 임화, 특히 이원조의 맹렬한 비판이 있었음은 이미 살핀 바 있거니와, 그렇다면 과연 <조선프롤레타리아예술연맹>의 이론분자들이 제시한 이데올로기란 어떠한 것이며 그것과 임화·이원조의 중간자적 이데올로기와의 차이점은 어디 있는가? 이 물음이 제일 중요한데, 남로당과 북로당 이념성의 편차가 이 속에 깃들여 있다고 판단되기 때문이다. <조선프롤레타리아예술연맹>(프로예맹)의 선언문을 기초한 이론분자인 한효는 다음 두 가지 원칙을

---

6) ≪사상월보≫, 1932. 10, p.51.

표나게 내세웠는데, 이 두 가지 원칙은 <조선문학건설본부>를 겨냥한 것이라는 점에서 커다란 의의를 갖는다.

첫째, 예술운동의 기본 방침이 "예술은 그 자신이 한 개의 이데올로기적 형태이다"에 있다는 것. 이 원칙을 다시 구체화하면 프롤레타리아 문학은 프롤레타리아 계급의식의 형태인 동시에 그 행동 형태로 된다. 따라서 이데올로기적 형태로서의 프롤레타리아 예술운동은 당연히도 당파성에 바탕을 두지 않으면 안 된다는 것이다. 이 명제에서 한효가 강조하고 있는 것은 예술의 특수성에 대해서이다. 원칙론으로서의 정치와 예술의 차이를 논의함이 아니고 현실 정치와 예술의 차이점에 관한 것으로 일관되어 있음이 한효 이론의 특징적인 점이다.

> 정치부면에 있어서 모종의 타협과 가식이 필요하다고 해서 예술에 있어서도 곧 그것이 필요하다고 하는 것은 예술의 특수성을 이해치 못하는 말이다. 정치는 경우에 따라 당파성을 초월하여 민족 통일전선도 만들 수 있고, 인민전선을 구성할 수도 있으나 예술은 어떠한 경우에 있어서든지 초계급적일 수도 없고, 또한 초당파적일 수가 없다. 왜 그러냐 하면 당파성을 초월한 어떠한 이데올로기도 존재할 수가 없기 때문이다.[7]

한효가 말하는 정치란 이 경우 현실 정치를 말하는데, 구체적으로 그것은 8월 테제를 등에 업고 재빨리 문화 통일전선을 내세운 <조선문학건설본부>를 가리킨다. 현실에 적절히 타협함으로써 적당한 노선을 걷겠다는 태도를 정치 지상주의라고 한효는 불렀거니와, 그는 이 정치 지상주의를 분쇄하는 길이 당파성임을 강조함으로써 예

---

7) 《예술운동》 창간호, 1945. 12, p.123.

술의 이데올로기적 성격을 부각시키고 있다.

둘째, 예술운동의 기본 방침은 조직 활동과 결부되어야 한다는 원칙. <조선프롤레타리아예술연맹>은 어디까지나 마르크스주의 예술가의 집단이라는 점. 따라서 "우리는 결코 진보적 예술가의 광범한 층이 반드시 전부 이 속에 포섭되어야 한다고는 말하지 않으며 또한 그럴 필요도 없다"8)고 주장된다. 당파성으로 무장된 순종 프롤레타리아 작가의 조직만이 문제라는 것, 이를 위해 만들어진 것이 <조선프롤레타리아예술연맹>이라는 것이다.

한효가 제시한 이상의 예술운동의 기본 방침이 원칙론이자 동시에 <조선문학건설본부>를 비판하는 방식이기도 했음에 주목할 필요가 있다. 실상 잘 따져보면, 이 방침들은 <조선문학건설본부>의 정치 지상주의에 대한 비판으로서 오히려 그 의의를 갖는 것이었다. 한효는 <조선문학건설본부>를 갈 데 없는 '중간파'라 규정하고, 노골적으로 "중간파의 획득, 광범한 문화층의 조직화, 이것은 우리 예맹급 동맹의 당면적인 거대한 투쟁 목표"라고 선언한다.

한효의 이러한 주장은 그 중요성에도 불구하고 추상적인 성격에 머물렀는데, 그 이유의 하나는 현실성을 문제삼지 않았다는 점에서 찾을 수 있다. 다른 하나의 이유는 프로예맹 자체 역시 허구에 가까웠던 사실이다. 그가 내세운 이기영, 한설야 등은 이 무렵 서울에 오지도 않았던 것이다.

해방공간에서 벌어진 구 카프 진영의 이러한 분열을 어떻게 극복할 것인가라는 과제가 이들에게 주어졌으며, 이 문제를 해결하는 데에는 두 가지 세력이 작동된 것으로 추측된다. 하나는 조선공산당

---

8) 위의 책, p.4.

내부의 문화 담당책 김태준의 조정안이며, 다른 하나는 이기영, 한 설야, 한재덕 등 원로급의 서울 방문이다. 이들이 문건측과 서울에서 회동한 것은 아서원 좌담회(1945.12)와 봉황각 좌담회(1945.12)에서였다. 이 두 좌담회는 표면상 서로의 고민을 일반론의 수준에서 드러내고 있지만, 보이지 않는 문맥 속에 깃든 상호 불신의 냉기류가 감지된다.9)

좌우간 그 결과로 탄생한 것이 <조선문학가동맹>(문동)이며 그러한 결과를 공식화한 형식이 전국문학자대회(1946.2)라 볼 것이다. 이로써 문동이 조선공산당의 남로당화(1946.11)와 더불어 남로당 문학노선의 유일 단체로 군림할 수 있게 되었다.

남로당의 이론분자는 임화, 이원조(초대 서기장), 김남천(제2대 서기장) 등이거니와, 남로당의 이념이 그 최고의 표현에 도달한 것은 임화에 이르러서이다. 임화에 의해 남로당의 문학 이념은 인민민주주의 민족문학론으로 정립될 수 있었다. 식민지의 노동 계급은 먼저 자기 민족을 제국주의와 봉건 유제의 구속으로부터 해방시키지 않으면 자기 자신이 해방되지 않는 계급이라는 사실을 들어 임화는 민족 해방이 계급 해방의 불가결한 전제임을 지적한다. 이 전제 위에서 다음과 같은 입론이 가능해진다.

> 민족 해방 투쟁은 농민과 소시민들의 과업인 동시에 노동 계급 자신의 과업이며 식민지 노동 계급에 있어 민족 형성과 민족국가의 건설은 자기에게 부여된 피할 수 없는 임무의 일부분인 것이다. 이리하여 노동 계급의 이념은 인민들의 반제국주의적 결합의 유대이며 반봉건적 결합의 유대이며 민주주의적 결합의 유대이며 민족

---

9) 김윤식, 『한국현대문학사상사론』, 일지사, 1992 참조.

적 결합의 중심이 됨으로써 민족의 이념이 되는 것이다.10)

이러한 인민 연대의 이념이 계급 이념에만 멈출 수는 없다는 것으로 이를 요약할 수 있다. 현상에 있어서 한 계급의 이념을 기초로 하였다 할지라도 본질적으로는 전인민의 문학이 되는 것이다. 이 이론은 "신민주주의 문화는 민족적이다"라는 명제 위에 선 모택동의 「신민주주의론」(1940)과 썩 유사한 것이기도 하였다.

2) <북조선문학예술총동맹>의 이념

이기영·한설야·한효를 비롯한 <조선프롤레타리아예술동맹> 구성원들은 실상 전국문학자대회를 전후해서 거의 월북하지 않으면 안 되었는데, 그들의 설 자리가 '서울중심주의'가 아니였기 때문이다. 서울중심주의에 맞서는 '평양중심주의'를 서둘러 구축하지 않으면 안 되었는데 <북조선예술총연맹>(1946.3.25, 위원장 한설야)이 그것이다. (1) 진보적 민주주의에 입각한 민족문화예술의 수립 (2) 조선예술운동의 전국적 통일 조직의 촉성 (3) 일제적·봉건적·민족 반역적·파쇼적 및 반민주주의적 반동 예술의 세력과 그 관념의 소탕 (4) 인민대중의 문화적·창조적 예술 개발을 위한 광범한 계몽운동의 전개 (5) 민족 문화 유산의 정당한 비판과 계승 (6) 우리의 민족문화와 국제문화와의 교류 등을 강령으로 내세웠다.11) 이 단체는 긴급확대회의(1946. 7. 17)를 거쳐 제2차 대회(1946.10.13)가 열렸을

---

10) 임화, 「민족문학의 이념과 문화운동의 사상적 통일을 위하여」, <<문학>> 3, 1947. 4, p.15.
11) 사회과학원 문학 연구소, 『조선문학통사』, 인동판, p.190.

때 단체 이름을 <북조선문학예술총동맹>이라 고쳤으며, 위원장에 이기영, 부위원장 안막, 서기장에 이찬이 임명되었다. 그리고 중앙상임위원은 이기영, 한설야, 안막, 이찬, 안함광, 한효, 신고송, 한재덕, 최명익, 김사량, 선우전(화가) 등으로 되어 있다. 이 단체의 산하단체인 <북조선문학동맹>은 위원장 이기영, 부위원장 안함광, 한효, 서기장 김사량, 중앙상임위원 이기영, 한설야, 안막, 안함광, 김사량, 한효, 이철, 윤세평, 최명익, 이동규, 박석정, 김조규, 박세영 등으로 되어 있다. <북조선예술총연맹>의 기관지 ≪문화전선≫(첫호 1946.7, 발행인 한설야)을 주축으로 이들 조직의 운영이 이루어졌는데, 강령의 어마어마한 명분과는 달리 이들에 있어 마음 가장 깊은 곳에 자리잡은 것은 평양중심주의로 집약시킬 수 있다. 다음 사실이 이를 증명하고도 남는다.

1946년 11월 20일 오후 3시 평양의 신영(新迎) 예술가 후원회 식당에서 좌담회「북조선의 문화의 전모」가 열린 바 있다. 이찬의 사회로 열린 이 자리에는 안막(북조선노동당 중앙본부, 문화인부대 부위원장), 김사량(북조선문학동맹 서기장, 김일성대 강사), 나웅(중앙예술공작단장, 연출가), 이기영(조소문화협회 위원장, 북조선문학예술총동맹 위원장), 안함광, 유항림(북조선문학예술총동맹 출판부), 선우전(북조선미술동맹 위원장), 최명익(북조선문학예술총동맹 평남도 위원회 위원장) 등이 참석한 바 있는데, 그 인원 구성으로 보아 <북조선문학예술총동맹의> 수뇌부 회의 성격을 띤 것임에 틀림없다. 이 중 이론분자인 안함광의 발언은 <북조선문학동맹> 부위원장의 자격으로 한 것으로서 문학의 방향성을 제시한 것으로 볼 것이다. 큰 목표는 (1) 붉은 군대에 대한 감격의 표현 (2) 진보적 민주주의 노선

(3) 김일성 노선으로 요약되며, 다시 이를 세분한다면 (1) 소재가 광범하고 새로움(붉은 군대, 노동자, 의용군 등) (2) 테마의 적극성·현대성 (3) 시야를 해외까지 넓힘 (4) 신인 등장, 서울중심주의 배격 (5) 남조선 격려 등인데, 이 중 (4)항과는 별도로 남조선의 전국문학자대회의 강령인 '근대적인 의미의 민족문학 건설을 당면 과제'를 오류라 지적하고 있다. '근대적 민주주의'가 아니고 '진보적 의미의 민주주의 국가' 건설을 위한 문학이어야 옳다는 것이다.12) 한편 김사량은 어떠했던가. 남조선의 작품이 너무 절망적인 내용이어서 놀랐다는 것이다. 그러나 무엇보다 이기영의 발언을 주목하지 않을 수 없는데, 언제나 말수가 적은 그는(아서원 좌담회, 봉황각 좌담회 등에서도 그랬듯) 북조선의 문학예술이 "서울중심주의를 제거함이야말로 옳다"고 지적하고, 그 근거로 북쪽의 민주주의의 앞섬을 들고 있다. 그러니까 진보적 민주주의가 앞서 실시되고 있는 평양이기에 서울중심주의가 불가하다는 것이다.13)

이러한 서울중심주의 비판이야말로 그들이 갖고 있는 심리적 서울 콤플렉스의 일환이 아닐 수 없는데, 이 지역성을 문학적으로 어떻게 처리할 것인가는 해방공간의 최대의 문학적 과제였다. 만일 문학이 경험(기억)에 바탕을 둔 고향에의 깊은 인식과 관련된 것이라면 백석, 한설야, 김사량, 최명익 등 평양 주변을 고향으로 한 문인들은 문학적 의미에서 진보적 민주주의 이념성과 무모순 상태로 상승적, 발전적 의미를 가질 것이나, 그렇지 않은 문인이라면, 가령 서울을 고향으로 한 문인들이라면, 진보적 민주주의와 고향 개념의 모

---

12) 《민성》, 1947. 1·2호, p.8.
13) 위의 책, p.14.

순 속에서 방황하고, 마침내 이 모순 극복에 실패할 경우가 태반일 것이다. 남로당, 특히 훗날 임화의 경우(1951년 작,「너 어느 곳에 있느냐」와 같은 것)가 그러한 사례에 들 것이다. 요컨대 <북조선문학예술총동맹>의 서울중심주의 극복 방식이 진보적 민주주의라는 이념성에 있었음이 드러난 셈이다. 그것은 언제나 서울을 염두에 둔 <진보적>인 것이지 절대적으로 진보적인 민주주의가 아니었다. 헤겔과 지라르가 말하는 의미에서 타자 지향적인 자기 확립의 사고가 작용한 것이다. 이처럼 서울중심주의에 대한 평양중심주의는 이념보다 우선하는 심정적 차원이며, 따라서 정서적이자 거의 본능적인 범주에 드는 것이겠지만, 그러한 것만으로 역사를 전개해 나갈 수는 없다. 만약 역사의 방향성에 대한 이념적 모색이 그러한 정서 위에서 모색된다면 더 바랄 것이 없는 상태라 볼 것이다. 안막, 윤세평과 이원조 사이에 벌어진 논쟁을 수습하고 그 위에 군림한 안함광의 이념 설정이 이에 잘 해당된다.

안막의 「조선 문학과 예술의 기본 임무」(≪문화전선≫, 1946.7), 윤세평(윤규섭)의 「신민족주의 수립을 위하여」(≪문화전선≫, 1946.11)가 계급문학과 민족문학의 설명에 경직성을 보이고 있을 때 이원조가 모택동의 신민족주의 이론으로 대적하였지만, 양쪽이 모두 관념적 수준에서 완전히 벗어난 것은 아니었다. 이를 극복한 것이 안함광이다. 이른바 카프 이념의 비해소파로 불리는 안함광의 「민족문학재론」(1947.2)이 그것이다. 계급문학과 민족문학이 모순되느냐 아니냐에 대한 이원조, 윤세평, 안막 등의 추상적 논의에 쐐기를 박는 것이 순수 이론만으로는 불가능함을 안함광은 알고 있었다. "계급적 내용이 무산 계급의 독재 정치를 세우려는 것이 아니라는 것", 정치적 현단계의 특성, 곧 '낙후된 조선 현실의 객관적 조건'14)을 그는 고려에 넣고 있었다. 이 시기에 있어서는 노동자 계급의 세계관에 입각할 때만이 민족 현실의 전체적 발전 과정을 볼 수 있기에 계급 의식을 갖는다고 해서 그것이 민족의식과 분리되는 것이 아니며, 무산 계급의 독재 정치의 실현에 그 목표가 있는 것이 아니라 진보적 민주주의 국가 수립에 목표가 있는 만큼 민족문학은 계급문학과 동일한 것일 수 없다는 것이 안함광의 민족문학론이었다.15) 여기까지 이르면 남로당의 이념인 임화의 민족문학론과 북로당의 이념인 안함광의 민족문학론의 그것이 거의 일치했음을 알아차릴 수 있다. 그러나 이러한 이념을 뒷받침하는 현실적 힘이야말로 임화와 안함광의 차이에 해당될 것이다. 심정적인 평양중심주의를 계급적 수준에서 보장한 것은 토지개혁(1946.2)의 수행이었다. 이 토지개혁이야말로 분단의 고착화를 가능케 한 현실적 조건이었던 것이다.

 북한의 토지개혁의 세계사적 의의란 무엇인가? 이러한 물음은 소련이나 중국의 경우와 비교할 때 비로소 던져질 수 있는 성질의 것이다. 무상 몰수·무상 분배의 원칙 위에 선 토지개혁이란 혁명 그것을 막바로 가리킴이 아닐 수 없고, 따라서 정치·문학 일원론의 시각에서 보면 그 자체가 정치의 중심부에 해당되는 것이라 할 수 있다. 그렇지만 소련·중국의 경우엔 혁명 과정 속에서 토지개혁이 서서히 이루어졌음에 비해 북한의 그것은 실로 20여 일 만에 전면

---

14) 안함광, 「민족문학재론」, 태학사판 『현대문학비평자료집—이북편』 2, p.192.
15) 김재용, 『북한문학의 역사적 이해』, 문학과 지성사, 1995, p.5 및 김성수, 「사실주의 비평 논쟁사 개관」, 『북한 《문학신문》 기사 목록—사실주의 비평사 자료집』(김성수 편), 한림대학교 아시아 문화 연구소, 1994, pp. 20-21.

적으로 완수되었다는 점에서 유례를 찾을 수 없는 경우에 해당된다. 바로 이 점이 이기영의 「땅」을 문제삼는 가장 핵심적인 요소라 할 것이다. 인류사에 일찍이 없었던 20일 내의 토지개혁의 수행이라는 이 실험은 무엇이며, 과연 그 경과 및 성과는 어떠했던가? 그것이 소설의 구조 및 기법에 어떤 방식으로 반영되었던가? 작가는 어떤 근거에 의해 토지개혁을 묘사의 수준으로 그릴 수 있었던가? 이러한 물음들은 「땅」이 안고 있는 소설사적 과제가 아닐 수 없다. 요컨대 「땅」이 안고 있는 과제는 사회주의 혁명이 가져온 새로운 유형에 관련된 것이자 작가 이기영의 이상과 현실의 일치가 가져온 새로운 유형에 관련된다.

이러한 이기영 문학이 일제 강점기에서의 나라 찾기에서 해방공간의 나라 만들기, 그리고 한국전쟁에서의 또 다른 나라 찾기와 만들기와 관련하여 어떤 문학적 일관성 및 예술성을 이룩해 왔느냐에 관심을 갖는 일은 단연 소설사적 과제라 하지 않을 수 없다. 이기영의 경우, 「두만강」 3부작이 나라 찾기의 과제였다면, 해방공간에서의 나라 만들기에 일차적으로 관련된 것 「땅」이라 할 것인데, 이 「땅」이 차지하고 있는 비중은 그 자체가 역사적인 것이어서 주목된다. 「땅」이 갖고 있는 역사성이란 무엇인가? 작가 이기영이 제일 잘 할 수 있는 창작의 영역이라는 점에서도 그것은 역사적이지만 해방공간의 나라 만들기에서 최대 관심사가 바로 토지개혁이었다는 점에서 그것은 무엇보다 역사적이다. 해방공간을 두고 작가 한설야는 "나의 이상과 현실이 합치되는 시대"16)라 했거니와, 북조선의 현실은 구 카프계 문인에 있어서는 과연 현실과 이상이 일치한 시대였

---

16) 한설야, 『한설야 선집』 제14권(수필), 조선작가동맹 출판사, 1960, p.120.

던 것이다. 무엇이 이상이고 또 현실이었던가? 계급성·당파성·인민성이 현실 정치 속에서 무제한으로 열려 있었다는 점에서 그것은 현실이었다. 그리고 이를 가능케 해준 구체적인 사례는 토지개혁이라는 거대한 혁명적 사업이었다.

3. 1946~1960년대 북한문학의 특징

1) 제 1세대의 대표성

이 시기의 북한문학을 창작의 측면에서 살펴보고자 할 때, 제일 문제적인 작가로는 한설야(1900~?)를 떠올릴 수 있다. 이기영, 최명익, 박태원, 황건, 이태준 등과 같이 해방 이전부터 작가 활동을 해왔던 중요한 제 1세대 작가의 한 사람이란 점에서 볼 때도 한설야만큼 연속성을 유지하면서 한층 왕성한 창작 활동을 해온 작가는 없으며, 무엇보다도 그의 창작이 이 시대 북한문학의 이념을 거의 완전에 가깝게 구현하고 있는 것처럼 보이기 때문이다. 복고주의자·종파주의자라는 죄목으로 숙청당하기(1963)까지 한설야는 실질상 <북조선예술총연맹>(1946)의 최고 책임자였고 1947년 겨울부터 북조선 인민위원회 교육상을 지냈으며, 1948년에는 제1기 최고인민회의 대의원이었다. 또 1951년에 남로당계의 <문학가동맹>과 <북조선문학예술총동맹>의 합동이 이루어졌을 때는 그 위원장의 자리에 있었다. 뿐만 아니라 그는 세계평화회의 제1차년도(1949)부터 아시아·아프리카 작가회의에 이르기까지 거의 매년 모스크바, 파리, 뉴델리 등지에 해외 나들이를 한 정치적 작가로 활약하고 있었던 것이다. 그는 해방이 무엇을 의미하며 그 시대적 의의의 핵심이 어디에 있는가를 거의 생리적 수준에서 완벽하게 파악하고 있었다. 정치·문학 일원론이 이 시대의 정신이라는 사실을 그는 다음 두 가지 점에서 파악하였다.

첫째는 김일성 항일 투쟁의 영웅적 평가. <북조선예술총연맹> 대회(1946.3)에 김일성 장군이 직접 참석했음을 상기시키면서 한설야는 김일성 빨치산 투쟁의 의의를 그 자신의 경험적 사실로 수용하였는데, 일제에의 항전과 계급적 저항의 이중적 의미가 그 속에 포함된다. 그가 김일성의 항일 전적지 답사에 나서 동북 만주로 간 것은 1946년 가을이었다. 이로 보면 김일성 항일 투쟁사를 다룬 장편『역사』(1951)로 인민상을 받은 것도 결코 우연이 아니라고 할 수 있다. 제1세대에 있어 일제에 대한 투쟁의식이란 어쩌면 선험적인 것이기도 하여서 일제와의 투쟁에 관한 일관성에 대해서는 무조건적인 반응을 보일 수조차 있었던 것이다.

둘째, 소련 문학을 표준으로 한 점. 해방 후 소련말 학습에 나아간 한설야는 해방을 맞았을 때 "나의 이상과 현실이 합치되는 시대"라 규정한 바 있거니와, 이러한 시대 파악 방식이 그가 오래도록 공부해 왔던 사회주의 국가 소련의 문학에서 연역된 것은 자연스런 현상이라 할 것이다. 한설야가 이상으로 그리던 소련을 처음 방문한 것은 1947년이거니와, 그로부터 거의 매년 그는 소련을 방문하는 기회를 가졌다. 특히 한설야는 소련 작가 파제예프(작가동맹 위원장)와의 친교를 강조하고 있는데, 1930년대 카프 시절 소련의 대표작으로 파제예프의 「괴멸」, 「우데네족의 마지막 한 사람」을 애독한 경험이 있는 그였던 만큼 그 친근도는 유별난 것이었다. 한설야가 스탈린을 목도한 것은 1947년 9월 모스크바 800주년 기념식장에 북한대표로 참석했을 때와 비엔나에서 열린 세계평화이사회 제3차 대회(1952.1) 때였다. 이러한 일련의 사건들은 일제 강점기부터 갖고 있던 카프 문인들의 소련 문학 및 문화에 대한 이상과 동경의 실현이라는 의의를 갖는 것으로 볼 수도 있을 것이다.

그러므로 이러한 사실의 결과, 그의 대표작으로 꼽히는「설봉산」(1951)이 출현한 것은 조금도 의외의 일이라 할 수 없다. 장편「설봉산」은 김일성 빨치산의 그림자와 소련의 10월 혁명과 소련 작품에 나오는 소년 레포대의 의의를 자연스럽게 결합시킨 점에서 평가될 수 있기 때문이다. 실상 한설야는 장편「청춘기」(1937)에서도 그 자신의 신문기자 생활을 바탕으로 하여 인물과 사건을 그렸거니와, 김일성 유격대의 보천보(함경남도 혜산진 인근의 마을) 공격 사건(1937.6.4)의 취재에 나아간 적도 있었다.

> 김일성 유격대가 보천보를 진격한 직후였다. 그때 유격대의 국내 진공에 간담이 떨어진 왜경들은 국경 경비에 피눈이 되어 혜산 부근 펑펑물이라는 지방의 한 부락에 불을 놓은 일이 있다. 그때 나는 신문기자로 이 사건을 조사하기 위해 현지에 갔던 길에 국경 일부를 밟아보았다.[17]

「설봉산」을 두고, 한설야만이 할 수 있는 이데올로기의 문학화 작업의 최대치에 해당된다고 평가하는 것은 이런 사정과 관련되어 있다.「설봉산」이 아무리 낙관주의 일변도로 그려졌다 할지라도, 그것

---

17) 위의 책, p.278.

은 러시아 10월 혁명 및 러시아 소설에 대한 작가의 풍부한 독서 체험과 그것에 못지 않은 비중으로 놓여 있는 김일성 유격대의 존재를 확인시켜 준 것으로 평가할 수 있다. 이 두 개의 보이지 않는 힘의 상승 작용이 「설봉산」의 리얼리티를 보증해 준 것이다.

 외국 나들이, 공직 생활 등의 나날 속에서도 그는 여전히 왕성한 창작 활동을 하였는데, 이를 한국전쟁 이전과 이후로 나누어 살펴보면 한국전쟁 이전의 작품은 주로 단편소설에 국한된다. 「혈로」(1946.1)를 비롯, 「모자」(1946.8), 「탄갱촌」(1946.8), 「개선」(1948.3), 「얼굴」(1948.10), 「남매」(1949.8), 「자라는 마을」(1949.8), 「초소에서」(1949) 등을 들 수 있거니와, 이 중 「남매」는 중편급으로 볼 수 있다. 발표 연대로 보면 1946년에 중요한 두 작품을 썼음에 비해 1947년에는 창작이 없는데, 이는 그가 교육상의 관직에 있었던 탓이 아니었던가 추측된다. 「혈로」와 「모자」는 해방 후 한설야가 쓴 첫 작품들이라는 점에서도 중요하지만, 이 두 작품은 해방 후에 전개된 한설야의 창작의 기본 노선을 제시했다는 점에서도 평가될 수 있다. 말하자면 한설야 문학의 등뼈라 해도 지나침이 없는 것이다.

2) 항일 혁명 작품 —「혈로」

 단편 소설 「혈로」의 서두는 이렇게 되어 있다. "산허리 숲 사이로 압록강 푸른 물이 언뜻언뜻 내려다 보였다. 깎아지른 절벽 위의 우거진 수림 속으로 인민 혁명군 부대가 행군하고 있었다. 그것은 김일성 장군 친위대로 한 팔구십 명의 소부대였다."[18]

---

18) 한설야, 『한설야 선집』 제8권(단편집), 조선작가동맹 출판사, 1960, p.1.

국경 지대를 누비며 왜적과 싸우는 김일성 유격대의 신출귀몰한 모습을 그린 이 단편에서 주목되는 것은 보천보 진격(1937)보다 한 해 앞선 1936년을 보여주고 있다는 점이다. 김 장군이 보천보 진격을 구상하고 있는 장면을 개울에서 낚시하며 명상하는 것으로 처리하면서 작가는 김장군 유격대의 성격을 "당시의 국제 공산주의 노선인 '인민전선' 운동의 조선에서의 실천"19)이라 규정한다. 이 지적은 김일성 주체사상의 시각에서 보면 정면으로 위배되는 것이거니와, 주체사상의 구축이 1967년 이후라는 사실을 염두에 둔다면 작가 한설야의 이러한 역사 안목은 확실할 뿐 아니라 당시의 감각을 새삼 말해 주는 것이라 할 것이다. 역시 김일성 장군을 등장시킨 「개선」도 <장군을 다루는 소설>의 한 가지 전형을 보여준다는 점에서 주목된다. 해방된 지 두 달 뒤에 평양에 입성한 김 장군을 숙모인 창주 어머니가 남편의 말림도 뿌리치고 단독으로 찾아갔다는 것, 20여 년 만에 만난 장군이 "작은 어머니 안녕하셨습니까?" 하며 바쁜 중에도 뛰어나와 손을 잡아주었다는 것, '작은 어머니가 내 어머니의 대리'라며 함께 차를 타고 깃발 휘날리는 거리를 누볐다는 것, 또한 집에 미리 와 있던 숙부 및 함께 간 숙모와 더불어 지난날 유년기를 회고하였다는 것, 또 함께 만경대로 차를 몰아 지난날을 회고하고 새 나라 건설을 계획했다는 것이다.

장군을 직접적으로 다룬 이 두 작품은 그 후에 씌어진 수많은 수령 소설의 전형을 이루었다는 점에서 평가될 수 있다. 「혈로」는 크게 말해 북한의 최대의 문학적 역향을 기울였다는 『불멸의 역사총서』(15권)의 기본 골격에 해당된다고 할 수 있다. 이 총서가 해방

---

19) 위의 책, p.29.

후의 세대인 권정웅, 석윤기, 천세봉 등 이른바 4.15 문학창작단에 의해 씌어졌거니와, 이들이 면밀한 현지 답사에 의거하였음은 당연한 일이다. 앞서 살펴보았듯이 한설야 역시 항일 전적지 답사를 위해 동북 만주로 갔는데, 그 시기는 1946년 가을이었다. 장편「역사」(1951)에 그것이 형상화되었음은 물론이다. "나는 해방 후 13년 동안 불과 몇 날밖에 현지 답사를 못했다"[20]라고 말해 놓고 있을 정도로 공직에 있었던 한설야였지만 김일성 유격대 전적 답사에 몸소 나아갔던 것이다. 한편「개선」은 김 장군 일가 친척 및 만경대 중심의 유년기를 다룬 이른바 집안 이야기에 관련된, 뒷날 씌어질 무수한 소설의 한 전형을 이루었다는 점에서 평가될 수 있다. 김일성의 유격대 활동 못지 않게 그의 유년기와 일가 친척에 대한 신성화가 추진된 만큼 김일성 가문소설의 범주가 성립될 수밖에 없었다. 수령 숭배화의 강화에 비례하여 이러한 작품군이 증대되었음도 당연한 일이다. 물론「혈로」나「개선」이 함께 소박하여 정도를 넘어선 것은 아니었지만, 두 작품은 제 1세대로서 한설야만이 할 수 있는 작가적 역량이라 할 것이다. 이는 그만이 정치·문학 일원론의 감각을 날카롭게 갖추고 있었던 증거가 아닐 수 없다.

3) 사회주의의 종주국 소련 —「모자」

해방 후 한설야의 두번째 중요한 작품이「모자」라는 사실도「혈로」가 첫 작품으로 내세워졌다는 사실 못지 않게 한설야 문학의 본질을 구명하는 한 가지 변별점이다. '어떤 쏘베트 전사의 수기'라는

---

[20] 한설야, 위의 책, 제14권, p.332.

부제가 붙은 이 작품은 "우리 부대가 조선 북부 동해안에 있는 K시에 온 것은 바로 이 나라가 해방되던 직후인 1945년 8월 그믐께였다"라는 서두로 되어 있거니와, 화자 '나'는 독일군에 의해 아내와 아들 딸을 잃은 소련군 병사이다. 우크라이나 출신의 이 병사가 조선 하늘과 땅을 좋아하는 것은 그것이 자기 고향 우크라이나와 닮았기 때문이며, 그 가슴 속에 조선 민족만큼 깊은 한을 품었던 탓이었다. 이 병사는 가방 속에 소중히 모자 하나를 지니고 있는데, 이는 독일 파시스트에 의해 학살당한 어린 딸 프로샤를 위한 것이었다. 이 병사가 집을 떠날 때 어린 딸이 손풍금을 꼭 사달라고 부탁했는데 전쟁중에도 그 부탁을 잊지 않았으나, 손풍금을 구할 수 없어 그 대신 멋쟁이 모자 하나를 샀던 것이다. 이 병사는 무조건 점령지 조선을 사랑하는데, 그가 품은 조국애를 이 민족도 꼭같이 갖고 있었고, 그가 증오해 마지 않은 독일 파시스트에 맞섰을 때 이 민족은 일본 파시스트와 맞서고 있었기 때문이다. 그 때문에 이 병사는 K시가 고향처럼 정다웠으며, 따라서 도무지 낯선 고장으로 느껴지지 않았다. 이 점령군 병사를 대하는 이곳 주민들도 마찬가지로 다정했는데, 특히 어린이들이 그러하였다.

 이 병사는 쉐헨코의 시를 좋아했고, 「볼가의 뱃노래」를 즐겨 불렀는데 조선인 박춘 동무로부터 조선춤 <승무>를 안내받아 감상한 후 크게 감동받기도 한다. 그러다가 어느 날 길가에서 우연한 사건을 목도함으로써 작품 전개의 한 전기가 이루어진다. 어떤 가게 앞에서 가게 주인 사나이가 허름하게 차린 부인과 그 딸을 붙잡고 옥신각신 시비를 하는데 사람들이 몰려들고 있었다. 박춘의 설명에 따르면 해방 전 부인이 저 가게에서 딸에게 모자 하나를 외상으로 사주었다는 것, 그 가게는 일본인 것이었는데 그 밑에 사환으로 있던 자가 해방된 지금 주인으로 군림하여 지난날의 빚을 독촉하고 있다는 것이었다.

모든 사람들의 증오가 가게 주인에게로 향하고 있었다. 이 병사는 '어린애 모자'라는 말에 온몸의 피가 끓어올라, 가게 안으로 뛰어 들어가 그 모자 값을 지불한다. 그 뒤 어느 날 어린이들과 놀고 있자니, 전에 가게에서 본 그 소녀도 끼여 있지 않겠는가. 병사는 그 소녀를 껴안고 죽은 딸에게 주기 위해 고이 간직했던 모자를 꺼내 씌워주었다.

이 작품은 한 병사의 내면을 그린 것이지만, 지나치게 감상적이라든가 승무에 대한 상식 이하의 해석이라든가 점령군 소련 병사에 대한 지나친 호의적 반응으로 말미암아 오해를 불러일으킬 수도 있고 뜻하지 않은 비판을 받을 수도 있을 것이다. 그렇지만 이 소설만큼 한설야의 작가 역량과 정치적 감각이 적절하게 결합된 것은 흔하지 않다. 제 1세대의 작가 한설야가 소련어 공부에 착수했음을 앞에서 지적했거니와 그는 소련 문학 및 문화에의 편향성을 창작의 밑거름으로 삼았는데, 거기에 관심을 둔 것은 카프 시절부터여서 그 뿌리는 하루 아침에 이루어진 것이 아니다. 1946년 7월에 한설야가 다름과 같이 발언한 것은 특히 지적해 둘 만하다.

> 소련 문화의 세계 문화에 있어서의 지도성을 인식하는 데서 문제가 제기되어야 한다. 소련 문화의 우위성과 진보성은 그 문화가 거느린 전통과 아울러 마르크스·레닌주의 세계관에 입각한 역사상에서 전연 새로운 시대로 인류를 이끌어주며 고양해 주는 문화인 거기에 있는 것이다.[21]

---

21) 앞의 책, p.76.

구체적인 실례로, 그는 토지 문제의 경우 숄로호프의 「개척되는 처녀지」에서 창작의 방향성을 얻어내어야 한다고 보았다. 뿐만 아니라 소련 문화야말로 진정한 '민족 문화'라고 주장하였는데, 다민족 문화를 수용한 문화이기 때문이라는 것이다. 소련 군정이 실시되는 동안 소련의 중요 예술가들이 북한을 다녀갔고(가령 소련 작가동맹 조직책인 시인 크레바초프, 모스크바 드라마 극장장 다르게체프 등), 영화 「베를린 함락」, 「스탈린그라드의 격전」, 「시베리아 대지의 곡」 등이 상연되었으며, 소련의 문화 및 정치의 분위기가 고조되는 시기이기도 하였다. 물론 그렇다고 한설야에 대한 논적이 없었다는 뜻은 아니다. 설사 안도현에 묻혀 있는 김일성의 모 강반석의 유골 평양 봉송에 그 장의위원으로 임명되어 만주땅을 다녀온 한설야이지만, 「김일성 장군의 노래」(김옥성 곡)의 시인이며 뼈다귀 시인으로 알려진 이찬, 서사시 「백두산」(1947)으로 제 1회 북조선 예술축전 1등상을 차지한 소련계 조기천(1952년 폭격으로 사망) 등을 염두에 두지 않으면 안 되었을 것이다. 그렇지만 소련 문학 및 문화에 대한 지향성은 소련어를 모르는 한설야에 있어 한층 절실하고도 확실하였는데, 이는 그가 일어를 통해 소련 문학 및 문화를 남달리 섭렵했음과 깊은 관련이 있다. 소련군은 해방군이라 자처하였고, 무엇보다 문학자 이태준 등을 모스크바로 초청하지 않았던가(이태준의 「소련기행」, ≪문학≫ 3호 참조). 한설야가 처음 소련에 간 것은 1947년이었다. 그로부터 매년 소련, 프랑스, 체코, 몽고, 인도 등의 국제회의에 송영과 더불어 혹은 다른 정치가들과 함께 참가하였다. 그 중에서도 파리에서 열린 제1차 세계평화대회(1949.4.9~24)에 참가한 것은 그에게 참으로 인상적이었다. 북한 대표 3인으로 구성된 대표단이 소련에 간 것은 1949년 4월 11일이었고 체코의 프라하에 도착한 것은 4월 19일이었다. 중국 대표 44명(단장 곽말약)과 함께 파리행 비자를 얻지 못해 프라하에서 꼭 같은 대회를 열기로 합의하여 체코 60명, 폴란드 20명, 소련 11명, 조선 3명, 중국 44명, 루마니아 29명 등 200여 명으로 구성된 대표단이 프라하에서 새 대회를 열기로 한 22일에야 프랑스의 비자를 얻게 되어 파리에 도착할 수 있었다. 살 프레넬 회관에서 열린 이 대회의 대회장에는 피카소의 그림이 크게 걸려 있었고 줄리오 퀴리(물리학자로 퀴리 부인의 사위)가 크게 활약하였는데, 무엇보다도 한설야에게 인상적인 것은 그가 즐겨 읽고 공부하던 「괴멸」의 작가 파제예프를 알게 된 것이었다. 파제예프는 이 대회의 의장이었으며, 2천 명이나 참가한 이 대회에서 조선 대표 3인을 특별 소개까지 해주었기 때문이다. 그 뒤에도 대회 때마다 한설야는 그를 만날 수 있었다.

한설야의 국제회의 참가기 중에서 특징적인 것 중의 하나는 소련을 외국으로 보지 않는 듯한 표현이 이곳저곳에서 느껴진다는 점이다. 그래서 그가 민주주의 국가라 말할 때, 그것은 소련을 뺀 다른 나라를 가리킨다. 세계평화이사회의, 세계청년학생축전, 국제부녀절, 아시아태평양지역평화회의, 인도·조선문화협회, 아시아·아프리카 작가회의 등에 매년 참가한 한설야의 보고서를 검토해 보면 다음 세 가지 점이 뚜렷이 드러난다.

첫째, 한국전쟁으로 말미암아 소련군 및 제삼세계권에서는 북한을 영웅적인 국가로 평가하고 있었다는 점. 애국주의에 대한 존경 및 인류를 위해 희생했다는 점에서 평가되었기에 국제회의에서의 특수한 지위를 보장받았던 만큼 그럴 수 없이 자랑스러웠다는 점이 드러나 있다.

둘째, 다른 어느 공산권 국가보다 북한이 문학 예술가를 우대한다는 사실에 대한 자부심을 드러내고 있다는 점. 소련의 타슈켄트(우즈베크 공화국의 수도)에서 열린 아시아·아프리카 작가대회(1958.10)에서는 한설야가 조선 문학에 관한 연설을 하고 국제 교류에 대해 송영이 발언했거니와, 이때의 느낌을 한설야는 이렇게 적어 놓고 있다.

> 각국 대표들 말을 들어보면 도대체 문화 노력비라는 것을 알지 못하는 작가들도 있고 혹은 출판된대야 대략 1천 내지 3천 부 정도면 하늘이 아는 일로 되어 있다 하였다. 이런 대표들에게 사회주의 국가의 융성 발전하는 문화 사업, 한 작품이 발행 부수가 몇 만 내지는 몇 십만 부에 달한다는 사실들이 바로 그 사회 제도의 우월성 그것으로 인식되었으며, 따라서 이 사실들은 그들에게 큰 자극과 교훈으로 되었다.[22]

한설야 자신의 단편집 초판 간행 부수가 2만 부였음을 말해 주는 이 대목을 그는 단연 체제 우월성의 증거로 보았던 것이다.

셋째, 사회주의 혁명의 영도성은 일국에 국한되지 않고 세계 인민에 문을 열어놓고 있다고 생각한 점. 조선 예술이 조선 내에서 파동할 것이 아니고 국제화되어야 한다는 논리도 이에서 말미암는다. 그 때문에 한설야는 "아시아·아프리카 지역에서는 우리가 단연 이들을 이끌어줄 의무가 있다"고 주장한다. 예술단 파견의 의의도 여기에서 찾고 있다.

한설야의 창작「모자」가 이러한 그의 국제회의 참가와 알게 모르

---

22) 앞의 책, p.538.

게 관련되었음은 새삼 말할 것도 없다. 그리고 그 중심점에 그의 이 상향으로 되어 있는 소련 국가 및 그 문화가 놓여 있었던 것이다. 김일성 유격대 역시 국제 공산주의 운동의 일환으로 파악한 한설야인 만큼 그것의 총본산인 소련의 사회주의 국가 및 그 문화란 현실적인 것이자 동시에 이상적이었던 것. 그 구별점이 한설야에게는 없었다. 그러기에 스탈린의 사망도 그의 신념에는 조금도 흠집을 내지 않았다. 이러한 심리적 인식은 김일성 우상화에 대해서도 적용될 수 있었을 것이다. 스탈린이나 김일성의 개인 숭배의 의미란 언제나 퇴색될 수 있지만, 그 속에 놓여 있는 인민민주주의의 이념, 파시즘에 대한 항전의 이념 그리고 사회주의 사회의 이념은 퇴색될 수 없는 것, 바로 이것이 한설야의 신념이었을 것이다. 그의 숙청의 참된 원인도 바로 이 점에서 말미암았을 것이다.

4) 반미(反美) 사상 ―「승냥이」

인간적인 신의를 바탕으로 하여 여기에 위배되는 역사적 세력권을 일제와 유산 계급으로 파악한 것이 해방 전까지의 한설야의 세계관의 원형을 이루었다면 해방 후의 그것은 어떤 변모를 가져왔던가. 앞에서 몇 번 지적한 바와 같이, 해방공간이란 한설야에게는 이상과 현실이 일치한 희유한 시기였으며, 또 그것은 막바로 새로운 사회주의 국가 건설에 연결되는 것으로 파악되었다. 그가 김일성을 철저히 신봉하였음은 김일성 유격대를 이념의 표현으로 보았기 때문인데, 그 이념이란 신의를 바탕으로 한 반근대적인 것과 계급 편향성으로 환원시킬 수도 있는 것이다. 신의로서의 계급 윤리를 바탕으로 하여 사회주의 건설에 나아갈 때 이를 저해하는 새로운 역사적 세력권이 등장했는데, 한설야에게 있어 그것은 바로 미국이었다. 미국에 대한 증오심은 그의 소련에 대한 친근감에 역비례하는 것인데, 그것의 극대화 현상을 가져온 구체적 계기가 한국전쟁이었음은 새삼 말할 것도 없다. 미국에 대한 증오감과 적개심을 제시하는 일이 <북조선문학예술총동맹> 위원장 한설야에게 있어서는 직접적인 일이 아닐 수 없었는데, 그 시범작이 바로 단편「승냥이」(1951)이다. 단편「모자」와 더불어 빼어난 작품으로 평가되는「승냥이」는 한설야의 제 1세대적인 성격, 곧 제 1세대만이 할 수 있는 장점과 단점을 동시에 드러낸 작품이라 할 것이다. 그것은 일제에 대한 깊은 증오심과 애착의 연장선상에 미제가 놓여 있다는 역사 인식 위에서 성립된 것이며, 그 때문에 이 작품은 비록 부분적인 표현에 과도한 증오심이 드러나 있음에도 불구하고 이른바 미제의 한반도에 대한 뿌리깊은 역사적 개입을 윤리적 차원에서 형상화할 수 있었다.

　「승냥이」의 줄거리는 매우 간단하다. 때는 일제 시대, 미국 선교사의 과수원과 농장에서 잡역부로 일하는 수길의 어머니와 수길이가 그 주인공이다. 수길의 아버지는 농민조합 재건 운동에 참여한 죄로 복역중 옥사하였으며, 외아들 수길만 믿고 살아가는 이 가족을 수길 아버지의 친구이자 태평양 노동조합 사건에 관련되어 옥살이를 하고 나온 동건이라는 노동자가 돌봐주고 있다. 어느 날 어린 수길이 젖소 외양간 뒤켠 웅덩이에서 커다란 고무공 하나를 얻는다. 이를 들고 친구들 앞에 나아가 놀고 있자니, 선교사의 아들인 15세의 시몬이 나타나 자기 공을 훔친 도둑이라 하여 수길을 심하게 짓밟는다. "수길의 머리가 땅에 부딪는 반발에 조금 들먹하는 것을 시몬의 구둣발이 꽉 내려밟자 수길의 두 발길이 바들바들 떨렸"는데,

이러한 것이 수길 어머니가 매일 짜올리는 우유에 기름살이 오른 시몬의 넘치는 혈기에서 말미암았음을 작가는 매우 적절하게 묘사하고 있다. 거의 죽게 된 수길을 집으로 옮겼을 때 수길은 고열에 정신을 차리지 못하는 상태에 빠진다. 수길을 교회 경영의 학교에 넣고자 하는 간절한 소망을 가진 수길 모도 이 어처구니 없는 사실 앞에 망연자실하여 동건의 건의대로 병원에 입원시키고자 궁리하는데, 이때 선교사의 부인이 찾아와 교회 경영의 병원에 입원시키기를 권한다. 좋은 약도 있으며 모든 것이 공짜라는 것이다. 이러한 간계는 실상 조선인 아이를 잘못 다루었다가 큰 봉변을 당할까 겁이 나서 고안해 낸 것이었다. 모든 것을 합법적인 처리로 마무리짓고자 하는 이러한 간계는 착착 진행된다. 선교사 부인은 교회 병원 여원장을 만나 미국인의 자존심과 지혜를 짜내 수길을 전염병자로 가장하여 5일간 혼수 상태에 빠지게끔 주사를 놓은 연후에 마침내 죽음으로 몰고 간다. 싸움으로 말미암아 입은 찰과상의 후유증으로 죽은 것이 아니라 법정 전염병이라는 진단을 내렸고, 그 병으로 죽었다고 진단할 수 있는 의사의 합법적인 권한을 이용하여 사건을 마무리지은 것이다. 수길 모가 선교사 집에 쳐들어가 처절하게 부르짖는 장면은 한설야 문학의 한 절정을 이루어내었다. 결국 시몬이 일본 경찰에 연락한 까닭에 수길 모는 잡혀간다. "두고 보아라, 조선 사람 다 죽지 않았다"라는 말은 악에 받쳐 잡혀가는 수길 모의 마지막 외침이었다. 이와 같은 내용을 지닌 「승냥이」는 바로 제 1세대인 한설야이기에 가능했던 문학적 최대치의 달성이자 동시에 ,그 한계라 할 수 있다. 이른바 6.25 조국 해방 전쟁을 맞고 있는 1951년의 마당에 작가 한설야가 할 수 있는 것은 이런 정도밖에 없었던 것이다. 일제와 미제가 동일한 것이며, 조선인에 있어 그들의 가해자적 속성이 동일하다는 점을 이중으로 증폭시킴으로써 한설야는 제 1세대적 한계를 보여주었다.

미제에 대한 증오심의 드러냄이 미국 선교사를 통해 이루어지는 한설야적 방식이, 개인적인 체험과 관련되는지의 여부는 확인하기 어려우나, 요컨대 미국 선교사 콤플렉스가 한설야의 작품에 지속적으로 반복된다는 점은 주목되는 현상이 아닐 수 없다. 그의 해방 후의 대표작으로 꼽히는 장편 「설봉산」(1951)에서도 미국 선교사 또는 전도 부인의 위선적 행위가 일제의 그것과 한치도 다르지 않음이 폭로되어 있다. 아들 경덕을 살리는 일이라면 무엇이든지 서슴지 않겠다는 어머니의 심정을 정치적으로 이용하여 경덕 어머니를 파멸시킨 장본인이 바로 전도 부인이었다. 일본 경찰의 밀정으로 전도 부인 및 장로(김상초)가 「설봉산」에 설정되었음은 한편으로는 종교의 반계급성에 관련되는 것이지만 동시에 그것은 서양 제국주의 세력과 일제와의 동일성의 발상 위에서 설정된 소설적 구성 원리의 일환에 포함된다. 고리키의 「어머니」(1907)를 연상케 하는 「설봉산」의 경덕 모의 배신과 죽음은 한설야가 얼마나 소련 작품들을 공들여 읽었는가를 새삼 말해 주는 대목이기도 하다. 그러나 작가 한설야의 미제에 대한 전면적인 적개심의 형상화는 장편 「사랑」(1960)을 기다려야 했다.

5) 북한문학의 세 가지 직접성

해방이 되었을 때 한설야는 이 공간을 "작가의 이상과 현실이 합치되는 시대"라 규정하고 이 기본항의 인식 위에서 문학 행위를 하였다. 그것은 곧 문학적 행위와 정치적 행위의 일치를 가리키는 것인데, 이 사실이 제1세대로서 한설야만큼 철저한 경우는 없었다. 이러한 일원론적 사고는 제 1세대의 현실주의 작가 이기영과 비교해볼 때 그 의의가 일층 뚜렷해진다. 이기영의 경우 역시 해방공간은 작가의 이상과 현실이 합치되는 시대로 인식되었음에 틀림없었을 것이다. 그렇지만 이기영의 경우 그러한 '합치에 대한 인식'은 역사적 인식에 연결된 것이었다. 「땅」이라든가 「두만강」이 그 증거이다. 설사 이기영이 김일성의 우상화에 적극 참여할 경우라도 그는 「역사의 새벽길」(1972)에서와 같이 역사적 시각에 초점을 맞추고 있었다. 김형직, 강반석의 행적을 우상화한다 해도 이기영에 있어 그것은 직접성을 벗어난 자리에서 비로소 가능한 것이었다. 이에 비할 때 한설야의 일원론적 사고는 막바로 직접성에 해당되는 것이라 할 수 있다. 그 구체적 증거가 「혈로」, 「모자」, 「승냥이」이다.

한설야가 새로운 사회주의 국가 건설기를 맞아 작가에게는 이상과 현실이 합치되는 시대라고 규정한 것은 앞에서 되풀이 지적했고, 그것이 한설야의 능력 발휘를 가능케 한 원동력이었음은 의심의 여지가 없는 것이다. 하지만 그는 그것을 '직접성'으로 파악하고 있었다. 이상과 현실 사이에 놓인 무수한 매개항을 몰각한 상태에서 이 명제를 수용한 전형적인 경우가 한설야였다. 「혈로」란 무엇인가? 보천보 전투(1937)를 앞둔 김 장군의 초인적이자 영웅적인 전망을 그린 「혈로」를 한설야는 해방 후의 첫 작품으로 내세웠다. 이 작품이 겨냥하고 있는 정치적 감각은 북한의 현실적 감각의 제1원리에 해당되며, 이 감각을 한설야는 메시지 위주의 단편으로 제시해 놓았다. 직접성이란 바로 이 단편이 지닌 메시지적 성격을 가리키는 것이다. 단편이란 이 경우 직선적인 의미 전달의 수단인 만큼 소설이 고유하게 갖추고 있는 현실주의적 성격과는 별개의 것이다. 「모자」란 무엇인가? 해방 후 두번째 작품으로 제시해 놓은 「모자」는 북한에 주둔한 소련군 병사를 주인공으로 내세워 그의 고결한 인간애와 조국애를 다룬 것인데, 이 작품의 정치적 감각은 북한에서의 소련의 현실적 역할 및 그 의의에 해당하는 문학 쪽의 응답인 것이다. 새로운 사회주의 국가 건설에서 소련 및 소련 문화가 차지하는 비중은 보천보 전투로 표상되는 김일성의 항일 투쟁 다음 차례에 오는 정치적 감각이다.

이 두 개의 현실적이자 이상적인 정치 감각의 문학적 치환이 「혈로」와 「모자」이며, 이 두 사항만큼 명확하고 뚜렷한 정치적 감각이 달리 없다는 것은 새삼 말할 것도 없다. 그런데 중요한 것은 이러한 현실 감각이 단편으로 나타났다는 점에 관련된다. 단편이 소설 또는 문학일 수 있는가? 만일 문학을 발생적 범주, 모사적 범주, 기능적 범주로 나눠 설명한다면 단편이란 단연 기능적 범주, 곧 교육적 효능 범주에 속할 것이고 그것도 극히 일면적이자 단편적인 수준에 멈출 것이다. 말을 바꾸면 여과되지 않은 선동 작용에 치닫기 십상인바, 이를 직접성이라 할 것이다. 김일성의 정치적 세력에 부합하는 창작 노선의 시범작이 「혈로」라면 김일성을 지지하는 스탈린주의 노선에 부합하는 것이 「모자」였는데, 그것이 한갓 단편으로 표시되었다는 것은 현실과 이상의 합치를 지나치게 직접성으로 드러낸 것으로 볼 수밖에 없다.

한설야의 이러한 직접성은 그로 하여금 <북조선문학예술총동맹>을 장악하게끔 만든 원동력이었다. 이 두 개의 바퀴로써 한설야는 한국전쟁 직전까지 북한문학 예술계의 지침몫을 할 수 있었으나 한국전쟁이 벌어졌을 때 그는 이 두 바퀴로는 계속 정치적 감각을 확보할 수 없었는데, 이를 극복하기 위해 고안해 낸 것이 단편 「승냥이」(1951)이다. 미국 선교사를 내세움으로써 그는 미제에 대한 증오심과 종교에 대한 증오심을 동시에 드러낼 수 있었고, 이를 통해 한국전쟁에 대한 문학적 대응 방식을 확보할 수 있었다. 이로 볼진대 해방공간에서 6·25를 거칠 때까지 한설야의 정치 감각은 「혈로」, 「모자」, 「승냥이」가 각각 표상하는 이념의 삼각형이었고, 이 세 입각지야말로 작가 한설야의 안정감이자 정치가 한설야의 안정감이기도 하였다. 그러므로 현실과 이상의 일치로서의 이러한 직접성은 그것에 대한 지속성이 보장될 때까지만 유효할 것이다. 만일 이러한 직접성이 새로 변해버린 정치 감각에 재빨리 대응하지 못한다면 파국을 면할 길이 없다. 「혈로」, 「모자」, 「승냥이」란 각각 그러한 정치 감각에 신속히 대응한 방식이었지만 스탈린 사망 이후 벌어진 스탈린 격하 운동의 국제적 추세 속에서 한설야는 그 직접성에 대응하지 못하고 말았다. 복고주의자·종파주의자라는 죄목으로 그가 숙청된 것은 직접성이 빚어낸 결과에 다름 아니다. 반스탈린주의자라는 새로운 정치적 감각에 재빨리 대응하기란 스탈린주의에 지나치게 편중된 제1세대인 한설야로서는 불가능하지 않았던가. 한설야, 그는 스탈린을 두 번(1947.9, 1952.2)이나 직접 목도하였다. 또한 스탈린의 논문을 읽고 얼마나 감동했는가를 그토록 열정적으로 드러냈던 그가 아니었던가.[23] 이를 두고, 제 1세대의 한계라 할 것이다.

---

23) 위의 책, p.210.

4. 주체사상 이후의 문학 동향 분석

　유일사상으로서의 주체사상이 공적으로 확립된 것은 1967년이며, 이후 오늘날에까지 이르고 있다. 이를 계기로 하여 북한의 해방 50년사는 주체사상 이전과 이후로 이분화되며, 문학의 경우도 사정은 거의 같다고 할 것이다. 문학의 이념상에서 볼 때 유일사상 이전까지의 그것은 카프의 문학 이념에 바탕을 두고, 이를 시대적 현실에 확대시킨 진보적 민족문학론에서 크게 벗어난 것은 아니었다. 갖가지 종파 투쟁이 미학상의 논쟁으로 이어져 왔으나 이 민족문학론의 이념은 한국전쟁을 거치면서 경화되기 시작하였는데, 그 결과로 드러난 것이 이른바 남로당 숙청(1953)이었다. 물론 제2차 조선문학자대회(1956)까지도 교조주의를 둘러싼 미학적 논쟁이 있었음을 볼 수가 있는데, 이러한 논쟁에 종지부를 찍은 것이 1967년 1월에 행한 김일성의 교시 및 동년 5월에 행한 연설이다. 이를 계기로 4.15 문학창작단이 결성(1967.6.28)되었으며, 김정일에 의해 지도된 이 창작단에서 이른바 항일혁명 문학의 집체작을 창작하기에 이른다. 당성, 계급성, 인민성으로 요약되는 주체문예 이론에서 주목되는 것은 다음 세 가지이다.

　(1) "나는 사회주의 건설에 관한 문예 작품과 혁명 투쟁에 관한 문예 창작의 창작 비율을 5대 5로 할 것을 제기합니다."(『김일성 저작선집 (4)』, 이 선집은 1967~1978년에 걸쳐 간행됨)

　(2) "우리 근로자들과 청년들을 교양하는 데는 여러 가지 예술이 다 필요하지만 그 가운데에서 소설과 영화에 힘을 넣어야 합니다."

(위의 책)

(3) "우리의 음악은 반드시 조선적인 것이 바탕으로 되어야 하며 우리 인민의 감정에 맞아야 합니다."(위의 책)

다음에서는 이러한 원칙 위에서 이루어진 주체 문학의 전개 과정을 1980년대 소설을 중심으로 살펴보기로 한다.

1) 전체적 개관

1980년대에 창작된 북한문학 작품을 읽고 느낀 전체적인 인상과 특징은 다음 세 가지 점으로 요약해 볼 수 있다.

첫째, 노동 계급성의 소멸. 사회주의 국가에 접어들어 바야흐로 공산주의 단계로 나아가고 있는 마당인 만큼 노동 계급성은 막바로 당성이자 인민성으로 변해 버렸고, 그렇기 때문에 어떤 건설 현장에서도 노동 계급성의 흔적을 찾아볼 수 없게 되었다. 따라서 계급 갈등은 전혀 존재하지 않는다.

둘째, 갈등 이론의 특별한 방식이 채택되었다는 점. 갈등 이론 없이 창작이 가능한가? 이 물음은 일종의 상식에 속하는 만큼 우습게 들릴지 모르나, 일단 북한 소설에는 노동 계급성이 소멸되었지만 그에 못지 않은 새로운 갈등의 대상이 돋아나 있었는데, 관료주의가 그것이다. 관료주의란 무엇인가? 책임 비서를 비롯한 공장의 책임자들은 현실 유지를 기본으로 한 삶의 태도를 갖추고 있어서 새로운 변혁을 최소한도로 줄이고자 하는 성향을 지니고 있는데, 사회주의 초보 단계에 있는 북한으로서는 이것이 최대의 갈등 요인이 될 수밖에 없었다. 김정일 중심의 3대 혁명 소조, 청년 돌격대들이 생산 건설 제일선에 투입되었을 때 그들의 기발한 아이디어라든가 행동

방식은 공장 및 현지 책임자들과 충돌하게 마련이었고, 이것이 바로
갈등 구조의 새로운 양상이었다. 그러나 이 갈등 구조는 증오심을
거느리지 않음을 특징으로 하고 있어 인상적이다. 계급 갈등의 범주
가 아닌, 다만 보다 나은 사회의 건설을 위한 갈등 구조인 까닭이
다.

셋째, 무갈등 이론 범주의 설정. 장편「아침해」(한승걸)가 그 사례
에 속하거니와, 이러한 무갈등 이론으로 장편이 가능한 것은 김정일
이 직접 개입한 탓으로 볼 수 있다. 김정일의 지시로 광산도 살아나
고 간석 사업도 성공할 수 있었던 것이며, 아무도 이 계획에 반대하
거나 토를 달지 못함으로써 일사분란하게 건설 사업의 목표를 달성
할 수 있었다. 이러한 무갈등 이론의 미학은 장편 및 극 구성의 새
로운 장을 연 것으로 볼 수 있는데, 따지고 보면 그것은 소재의 특
이성에 좌우되는 것인 만큼 어느 곳에나 적용될 수 있는 보편성을
가진 것은 아니라 할 것이다.

북한문학의 중심부는 다음 넷으로 갈라서 살필 수 있다.

2) 총서『불멸의 역사』

총서『불멸의 역사』란 무엇인가? 그 표제가 말해 주듯 이 총서는
김일성 빨치산 투쟁이 4.15 문학창작단의 이름으로 발표된 것을 가
리킨다. 이른바 집체작이냐 아니냐, 또한 집체작이라면 그것이 어떤
형태로 가능한가에 관해 명확히 알지 못하나, 요컨대 이 거질의 총
서에 상당한 문학적 노력이 기울여졌음은 분명한 것 같다.

이 총서 형식이 나오기 전에도 김일성의 혁명적 영웅성을 그린
소설이 없었던 것은 아니다.「맑은 아침」(고병삼, 1967),「철의 역

사」(변희근, 1967), 「역사의 자취」(권정웅, 1967), 「크나큰 사랑」(리영규, 1967), 「눈석이」(석윤기, 1968), 「태양을 우러러」(김수범, 1975) 등이 그것인데, 이들 작품군은 단편 형식의 단계에 속한 것이어서 형식이 안고 있는 단면적 한계를 조금도 넘어설 수가 없었다. 물론 「만경대」(황면, 1974), 「동트는 압록강」(강효순, 1975), 「배움의 천리길」(문희준, 1973) 등의 장편소설이 없었던 것은 아니지만 개별적인 것에 그친 것이었다. 기왕에 있어온 단편 및 장편을 기초로 하여, 이를 넘어선 새로운 묘사형 장편 형식을 창출할 수는 없는 것일까? 이런 물음에 대한 해답이 총서 형식이거니와, 이는 3대 고전 혁명 가극의 완성 다음 차례에 오는 과제였다. 총서 형식이란 무엇인가? 그 근본 구조가 혁명 가극의 집체성과 성격을 같이 한다는 것은 새삼 말할 것도 없다. 김일성 혁명 투쟁을 몇 편의 개별적인 전기나 연대기적 장편으로 반영할 것이 아니라 (1) 방대한 규모로 (2) 전일성과 총체성을 가진 (3) 대서사시적 형식으로 집대성하는 것이 총서 형식의 표면적 성격이다. 이런 원칙에 따라 쓰어진 작품은 다음과 같다.

「닻은 올랐다」(김정, 1982), 「혁명의 려명」(천세봉, 1973), 「은하수」(천세봉, 1982), 「대지는 푸르다」(석윤기, 1981), 「1932년」(권정웅, 1973), 「근거지의 봄」(리종렬, 1981), 「백두산 기슭」(현승걸·최학수, 1978), 「압록강」(최학수, 1983), 「잊지 못할 겨울」(진재환, 1984), 「고난의 행군」(석윤기, 1976), 「두만강 지구」(석윤기, 1980), 「준엄한 전구」(김병훈, 1981), 「봄우뢰」(석윤기, 1985), 「위대한 사랑」(최창학, 1987), 「혈로」(박유학) 등이 15권의 총서를 이루고 있다. 이 총서 형식을 두고 "전인미답의 길을 개척한 것"이라 평가하고 있거니와, 총서 형식을 창출한 주역들의 견해를 분석해 보면 그 성격이 좀더 분명해질 수 있겠다.

이 총서 창작의 주역은 천세봉(김일성 훈장 수훈자, 조선작가동맹 중앙위원회 위원장), 석윤기(김일성상 계관인, 4·15 문학창작단장), 김영근(조선작가동맹 중앙위원회 부위원장) 등이거니와, 이 총서가 4.15 문학창작단에 의해 주도되었음은 앞서 말한 바와 같다. 김정일이 4.15 문학창작단을 지도하기 시작한 때는 1968년 8월 중순부터이며,『불멸의 역사 총서』계획을 세워 명칭을 확인한 것은 1971년 8월 23일이다. '전인미답의 길'이라고 스스로 말하는 이 총서는 작가 개인의 이름으로 발표되었지만 천세봉의 지적대로 "그것은 어느 한 작가의 재능이나 열정에 의해 창작된 것은 결코 아니며 (......) 어떤 형식으로 어떻게 써야 하겠는가라는 문제를 가지고 얼마나 모색하고 또 논쟁하였던 것"24)의 결과물인 셈이다. 그런데 이러한 새로운 형식 창조의 과정에서 작가들이 직면한 난관 돌파에 결정적 몫을 한 것은 김정일이었는데, 그는 4.15 문학창작단에게 이 총서가 총체성과 매 권마다의 독립성을 동시에 확보하도록 촉구하였다는 것이다. 천세봉의 회고에 따르면 김정일은 작가들이 쓴 초고를 두세 번씩 읽고 몸소 가필까지 했으며, 또 방도를 지시하고 작가들의 창작 과정에서 제일 어려운 문제로 떠올랐던 당대 사회 미체험 문제를 극복하기 위해 작가들이 김일성을 만나 지도를 받게끔 특별 주선(1971년 8월 말)까지 했다는 것이다. 4.15 문학창작단 중심의 이러한 집체적 과정을 거쳐 최초로 완성된 작품이 「1932」년이었다. 김정일이 이 작품 원고를 독파한 것은 1971년 8월 31일이었으며,『불

---

24) ≪조선문학≫, 1985.10, p.30.

멸의 역사 총서』제1권으로 출간된 것은 1972년 4월 15일(김일성 회갑)이었다. 그리고 김일성이 이 작품을 녹음으로 읽은 것은 1972년 2월 16일이다.25)

최초로 총서 제1권을 완성한 작가 권정웅은 과연 누구인가? 김정일이 작가 권정웅의 환갑상을 차려준 것이 1985년 1월 8일이니까 그는 1925년생이며, 함경도의 탄광촌인 버럭산 밑에서 자라났다. 석탄 놀음 하며 소년기를 보낸 그의 데뷔작은 「7급공 최아바이」(1954)였으며, 이어서 그는 「백일홍」, 「준엄한 길」과 평판 높은 장편 「버럭산」 등을 썼다. 4.15 문학창작단 소속인 그는 대동강가 5층 건물에 있는 창작실에서 가진 기자와의 인터뷰에서, 「1932년」을 구상하며 백두산 혁명 전적지를 답사하기 위해 혜산행 열차를 탄 것은 1969년 4월이라 밝혔다. 총 14장으로 되어 있는 이 작품은 3,700매였고, 김정일이 심의본을 열람하고 수정 보완 지시를 한 것이 1971년 8월 31일로 밝혀져 있다. 권정웅의 다음 작품은 「1945년」으로 되어 있다.26) 「1932년」의 중요성은 김일성 항일 혁명 투쟁의 과정 중 그것의 현실적 출발점이라 할 수 있는 조선 혁명군 창설 경과를 다룬 점에서 찾을 수 있다. 1932년에서 1933년 1월까지를 시대 배경으로 하면서 김일성이 항일 혁명의 기초를 닦기 위해 행한 첫번째 원정을 소재로 한 것인 만큼 총서 중에서는 비교적 앞 단계에 속한다. 따라서 서정적이자 소박한 인간성 및 빨치산의 생활상 묘사에 중점이 두어져 있다. 이른바 유격대 근거지, 해방구 창설의 과정이 「1932년」에 그려져 있는 셈이다. 동만주 항일 유격대의 무대인

---

25) 「향도의 자욱을 따라」, 제2회분, ≪조선문학≫, 1988.5.
26) ≪조선문학≫, 1985.12, pp.15-16.

간도 지역의 전체 공산당원 587명 가운데 조선인이 576명을 차지했다는 사실을 고려하지 않으면 위의 사정을 이해하기 어렵다. 조선인은 대부분 농민이었으며, 5.30 폭동(1930), 9월 추수 폭동(1931), 춘황 폭동(1932.3) 등이 모두 그들에 의해 주도되었던 것이다. 김일성의 유격대 조직에 관한 주장은 한 연구가에 따르면 1932년 4월 25일이라 하나, 18명으로 구성된 이 부대의 조직 인물 중 김일성 자신과 1932년 7월에 죽은 차광우의 이름만 밝혀져 있는 점을 비롯, 여러 학설이 있어 종잡을 수 없는 것처럼 기록하고 있다.27) 한편 다른 연구자는 이렇게 기록해 놓고 있다.

> 민족주의자의 아들이며 부친의 타계 이후 길림의 사립 중학교에서 수학했고, 그 후 이통현의 오가자나 고유수에 머물면서 이종락의 조선 혁명군 길림성 지휘부에 속하는 부대에 있었던 김일성은 1931년 초 이 조직이 지도자의 체포로 괴멸된 후 모친이 사는 안도로 돌아왔다. 1912년생인 그는 그 때 19세가 되었는데, 그 해에 중국공산당에 입당했다. 아마도 안도로 돌아온 후의 일일 것이다. 만주사변의 시작과 함께 무장 투쟁을 벌이기도 한 그는 그러한 까닭으로 해서 김성주라는 본명을 감추고 간도 지방에서 전해지던 전설상의 영웅의 이름인 김일성을 칭하게 된 것이라 생각된다. 그가 명월구 회의(1931년 12월 안도현 명월구에서 열린 회의)에 출석했다면 그것은 안도현의 당 조직에 의해 파견된 것일 것이다. 유격대의 조직도 당 조직의 결정 없이는 있을 수 없는 일이었다. 1932년 4월에 김일성은 이영배, 김철희 등과 함께 안도현 반일 유격대를 조직했다고 한다. 이것은 임춘추가 1960년에 처음 말한 것인데, 오늘날 중국의 내부 발행 자료집에서도 이 사실은 확인된다.28)

---

27) 서대숙, 『북한의 지도자 김일성』, 청계연구소, 1989, p.177.
28) 와다 하루키, 「김일성과 만주의 항일무장투쟁」, ≪사회와 사상≫, 1988.11, pp. 170-171.

만일 이러한 사실을 믿는다면 1948년 2월 8일에 창건된 북조선 인민군의 창설일을 1948년 2월 8일로부터 1932년 4월 25일로 이끌어 올린 속뜻을 어느 정도 짐작할 수 있다. 그만큼 총서 중 「1932년」이 차지하는 비중은 큰 것이었다. 권정웅의 「1932년」을 신호로 하여 이른바 김일성의 '영도의 현명성과 고매한 덕성'을 깊이 있게 형상화하는 거대한 작업이 1970년대에서 1980년대에 걸쳐 진행되었던 것인데, 이 작업은 가히 북한문학인의 총력이 기울여진 것이라 할 것이다. 그런데 중요한 것은 이러한 작업의 총지휘관이 김정일이었다는 사실이다. 그가 후계자로 될 수 있는 구체적 기반은 바로 그의 예술적 재능에 크게 의존한 것이라 평가된다. 폐쇄 사회에서의 집중적인 이미지 창출과 그것의 교육적·선전적 기능은 교향곡의 지휘자가 갖춘 기술적 측면과 연극 연출가가 갖춘 통제 기능을 합친 것에 해당되는 것이기 때문이다.

3) 대중 소설의 수준

1985년 북한은 조국 해방 40돌과 당 창건 40돌을 계기로 하여 중·장편이 일년에 백여 편 씌어지고 있다고 주장하고 있다. 또한 이러한 중·장편의 새로운 경향이 숨은 영웅 찾기, 평범하고 일상적인 것에서 특징적이고 본질적인 것 찾기로의 방향 전환임을 강조하고 있다. 그러한 사례로 「나의 교단」(최상순, 1982), 「나의 동무들」(김봉진, 1982), 「청춘송가」(남대현, 1987) 등을 들 수 있는데, 이 중 「청춘송가」는 1980년대 북한 사회의 애정 윤리를 다룬 점에서 주목할 만한 작품이다. 이 작품에서는 진호라는 한 고체 연료 연구사를 중심으로 하여 현옥형 사랑의 방식과 정아형 사랑의 방식이 대립되고 있다. 여기서 대립된다는 것은 결코 삼각관계의 설정을 가리키는 것이 아니다. 정아의 애인은 따로 있으며, 다만 현옥과 진호의 갈등 관계만 남아 있는 구조인 것이다. 그러나 1980년대 중반 이후 북한의 애정 윤리의 새로운 기준이 어느 편이냐가 문제였는데, 이 작품의 중요성은 그 방향을 제시하고 있다는 데서 찾을 수 있다. 공산주의 인간학의, 애정 윤리관의 사회 문제로의 승화라 평가되는 「청춘송가」의 윤리란 과연 어떤 것인가? 일찍이 김일성은 연애 윤리에 대해 다음과 같이 교시한 바 있다.

> 우리는 연애를 위한 연애를 그려서는 안 됩니다. 연애를 위한 연애는 한갓 자연에 지나지 않습니다. 그것은 우리에게 아무런 교양적 가치가 없을 뿐 아니라 도리어 해로울 수도 있습니다. 새 형의 인간들의 연애는 반드시 혁명 위업의 숭고한 목적에 복종해야 하며 혁명의 승리를 위한 투쟁과 밀접히 결부되어야 합니다.[29]

이러한 교시는 사회주의 및 공산주의 인간학으로서는 기본 원칙이자 고전적 정의라고 할 것이다. 이러한 전제를 승인한 마당에서 「청춘송가」가 평가됨은 물론인데, 1980년대 중반의 해석은 이성에 대한 사랑의 독자적 형식으로 나아간 것이었다. 이성에 대한 사랑이란 무엇인가? 혁명 과업의 한갓 부속물일까? 물론 혁명 과업과 분리되는 것은 아닐 터이나 그 나름의 독자성을 새삼 인정하고 있음에 이 작품의 대담성이 있다.

---

29) ≪조선문학≫, 1988.8, p.49에서 재인용.

이성에 대한 사랑의 감정을 기본 내용으로 하는 애정 심리는 사랑하는 사람과의 관계 속에서 그리고 애정 생활 속에서만 체험되는 심리로서 다른 그 어떤 심리 정서적 체험과 명백히 구별된다.[30]

이러한 사랑에 관한 심리적·정서적 독자성 주장은 앞에서 보인 김일성 교시에서 말하는 애정 심리의 정치(혁명)에의 종속성 강조와는 상당히 어긋나는 것으로도 볼 수 있거니와, 「청춘송가」는 이러한 글로서는 썩 대담한 애정관이 표출된 것으로 평가된다. 그렇다면 이 작품이 지닌 새로운 애정관이란 구체적으로 어떤 것이기에 사회 문제로 될 수 있었는가? 현옥(진호)형 사랑관과 정아형 사랑관이 그것. "자기 요구에 맞는 대상을 고르는 것을 응당한 일로, 그런 사람을 찾는 것을 행복으로 아는 것, 진정한 사랑이란 두 사람이 주고받는 애정의 양이 같을 때 제대로 꽃 필 수 있는 것"이 진호(현옥)형 사랑이라면 이는 낡은 애정관이어서 이기주의적 형태의 단계에 지나지 않으며, 이를 극복한 일층 높은 단계의 사랑관이 정아형이다. 곧 "꽃이 만발한 화원이나 열린 과원에서 제 맘대로 꺾거나 따는 사랑, 그건 사랑이 아니다. 사랑은 자신의 힘으로 그렇게 열매를 가꾸어가는 것", 그런 적극적인 것이 새로운 사랑의 윤리인 만큼 진호는 현옥을 또는 정아는 기철을 이끌어 올려놓은 다음에 사랑의 성취를 꾀하게 된다. 이러한 사랑관이 어째서 문제적이었는가를 묻는다면 그 해답은 다만 북한 사회의 사회 구조적 현실 속에서 찾아질 성질의 것이지, 일반적 척도로 따져질 수는 없다.

4) 《조선문학》지의 창작 유형 분석

---

30) 위의 책, p.50.

통제되어 있는 북한 사회를 염두에 둘 때, <조선작가동맹> 중앙위원회 기관지 ≪조선문학≫(월간)에 실리는 작품은 당의 공식적 테두리에서 결코 벗어날 수 없다는 정책적 의미를 담고 있다고 보아도 틀리지 않을 것이다.

1989년 3월 현재 ≪조선문학≫은 통권 497호에 이르고 있거니와, 편집 방침은 건설 과업·남조선 혁명 과업·반미 사상(6·25)·수령·지도자관·항일·역사물 등으로 분석된다. 매호 단편 4-5편(가끔 중편도 연재)을 싣고 있는 ≪조선문학≫지의 창작란만을 분석한다면 건설 관계를 소재로 한 노력 영웅을 주인공으로 한 것이 압도적으로 많다. 특히 광산에서의 기중기 설치 문제, 야금술의 새로운 개발, 간석지 개척, 철도 기관사, 농촌·산림에 종사하는 숨은 영웅 등이 소재로 다루어지고 있는데, 이러한 소재들이야말로 북한문학의 중심적 측면이라 할 것이다. 이에 비하면 4.15 문학창작단과 그를 중심으로 형성된 총서 계통은 일종의 허구이자 역사물이라 볼 수도 있을 것이다. <조선작가동맹> 중앙위원회 위원장이 4.15 문학창작단장보다 서열상 높을 뿐만 아니라, 만일 문학이 현실 반영의 구체적 영역이라는 견지에 선다면 ≪조선문학≫에 실리는 건설 문제를 다룬 작품의 중요성을 새삼 인정하지 않을 수 없다. 물론 건설 현장에서의 정치적 과제가 창작 기술적 과제로 어떻게 전이되며, 그것이 어떻게 미학의 과제이기도 한가를 알아보는 일은 결코 쉬운 일일 수는 없다. 그러나 우리가 해명할 수 있느냐 없느냐와 그 사실의 중요성이 인정되는 것과는 별개의 일이라 할 것이다.

생산 기술적 문제, 생산 실무적 문제를 정치 생명으로 연결시키는 과제가 어째서 미학적 과제로 될 수 있는가? 이 물음은 사회주의 사회에서 문학 예술이 부딪히고 있는 무갈등 이론에 직결된 것인 만큼 철학적·미학적 과제라 할 것이다. 1985년 벽두에 이미 ≪조선문학≫에서는 문학 작품에는 '인간의 운명'이 놓여 있다는 것, 이것은 인간학적 문학의 기본 요구의 하나라는 것, 그러나 인간의 운명 문제란 고정불변의 것이 아니라 시대에 따라 그 내용과 성격이 변한다는 것을 강조해 놓았는데,31) 여기서 주목되는 것은 '운명'과 공산주의적 인간학과의 관계이다. 그 운명이 무갈등 이론으로도 설명될 수 있는 것일까? 이런 물음이 본격적으로 제기된 것은 장편「아침해」(한승걸, 1988)에서이다. 여기까지에 이른 과정을 살핀다면, 거기에는 다음 세 단계가 놓여 있음을 알 수 있다.

첫째는 계급 갈등으로서의 반선(反線) 설정의 단계. 사회주의 초기 단계에서는 아직도 계급 갈등이 존재하고 있는 만큼 노동 계급이 당파성의 인식 아래 놓여 있으며, 바로 이러한 정치적 성격이 미학적 과제(작품 구성의 원리로서의 갈등 구조)로 전화될 수 있었다. 두번째 단계에서는 사회주의 사회의 정착에 따라, 계급 갈등이 소멸된 마당이 온다. 이 경우 노동 계급성은 그 자체가 승리한 까닭에 그것에 대립되거나 적대되는 계급 갈등이란 있을 수가 없다. 주체사상이 대두하게 된 필연적 이유도 이와 관련되어 있다. 김정일이「주체사상 교양에서 제기되는 몇 가지 문제에 대하여」라는 문건의 해설에서 이렇게 말해 놓은 것은 당연한 일이라 할 것이다.

주체사상은 사회적 인간의 생명인 자주성을 옹호하고 실현하는

---

31) ≪조선문학≫, 1985.1, p.23.

> 것을 혁명의 근본 목적으로 내세우고 그것을 완전히 실현할 때까지 혁명을 끝까지 계속할 것을 요구하는 철저한 혁명 사상입니다. (……) 착취 계급이 청산되고 정권이 인민대중의 수중에 장악되어 있는 사회주의 사회에서는 공산주의의 물질적 요새와 사상적 요새가 점령되어 나가는 데 순응하게 사회적 관계를 공산주의적으로 개조해 나가는 문제가 인민정권에 의하여 얼마든지 순조롭게 풀려나갈 수 있습니다.[32]

그렇다면 이처럼 착취 계급이 청산되어 계급 갈등이 없어져 버린 제2단계로서의 사회주의 속의 갈등이란 무엇인가? 관료주의가 그 해답이다. 사회주의를 공산주의로 고양시키려는 건설 현장에서 벌어지는 갈등의 원인이 당 간부를 비롯한 지배 체제의 현상 유지적 보수주의라 할 수 있는 관료주의에 있다면, 이 관료주의는 새로운 건설의 주역인 공산주의적 인간학으로 무장된 선진 세력과 대립할 수밖에 없었다. 이러한 정치적 과제가 미학적 과제로 전환되는 것이 관료주의를 반선(反線)으로 설정한 새로운 갈등 구조의 등장이다. ≪조선문학≫에 실린 거의 대부분의 작품은 물론 「나의 교단」, 「나의 동무들」 같은 대중 소설에도 이 구성 원리가 철저히 지켜졌다. 세번째 단계가 바로 무갈등 이론의 수용인데, 이것은 이른바 『독일 이데올로기』에서 규정된 바 있는 '공산주의적 인간형'을 전제로 했을 때 비로소 가능한 세계이다. '공산주의적 덕성'이야말로 '우리 당의 위대성'이라 강조되는 정치적 문맥이 미학적 과제로 전환될 것인데, 여기서 주목되는 것은 인간의 능력에 대한 무한에 가까운 신뢰이다. "인간은 가슴마다 라파엘을 품고 있다"는 명제가 그것인데, 이 경우

---

32) 김정일, 「주체 사상 교양에서 제기되는 몇 가지 문제에 대하여」, 『주체 사상 연구』, 편집부 편, 태백, 1989, 1989, pp.253-259.

인간의 무한한 가능성이란 종합적이고 완전한 인간을 목표로 한 것이고 어느 전문 영역에만 국한되는 인간형과는 거리가 멀다.[33] 작품 「아침해」는 이런 단계에 들며, 이를 두고 그들은 "우리 당이 독창적으로 밝힌 극 구조의 기본으로서의 감정 조직에 대한 미학 이론"[34]이라 불렀다. 장편 형식에서 이러한 성과가 가능했던 것은 김정일의 아이디어에 바탕을 둔 기사장 우창수, 박영진, 진승하 등의 생산 기술적인 문제가 정치적 과제로 연결되었기 때문이다. 곧 관료주의가 극복된 수준이 아니면 이러한 미학적 과제로서의 무갈등 이론은 결코 성립될 수 없으며, 일시 성립되더라도 지속성을 가질 수는 없는 것이다.

5) '성황당식' 극문학에 대하여

혁명 가극으로서의 「피바다」 계열과는 성격이 썩 다른 범주에 드는 연극의 개발이 1970년대에 들어와 시작되어 1980년대까지 이르고 있거니와, 이런 현상을 가리켜 '성황당식'이라고 부른다. '피바다식'과는 달리 "웃음도 있고 눈물도 있는" 극문학을 두고 성황당식이라 하는데, 이에는 성황당식 무대, 성황당식 구성이 설정된다. 내용상에 있어 그것은 종교나 미신의 허위성과 반동성을 폭로하며 근로인민 대중의 자주 의식을 고취하는 것이며, 형식상에서 그것은 웃음도 있고 눈물도 있고 정서도 있는 새로운 혁명적 풍자극이다. 이런 계보에 드는 것이 「3인 1당」이다. 김일성 원작을 성황당식으로 재창

---

[33] 마르크스·엥겔스,『독일 이데올로기 I』, 두레, 1989, pp.74-75.
[34] 박용학,「삶의 태양 위대한 영도자에 대한 숭고한 서사적 화폭」, 《조선문학》, 1988.11, p.17.

조하는 이러한 작업이 1980년대 후반까지 이어져 있는데, 이를 다음 두 가지 시각에서 평가할 수 있다. 첫째, '피바다식' 혁명 가극이 한계에 이른 만큼 이를 극복하는 방식의 하나라는 점. 비장미의 혁명 가극에서 풍자적인 혁명 연극으로의 방향전환을 꾀하지 않을 수 없을 만큼 북한 사회의 성숙을 말해 주는 한 가지 징후로 파악될 수 있다. 둘째, 그것이 조선주의의 드러냄이라는 점. 성황당식 무대, 성황당식 연극 음악을 바탕으로 한다는 것은 "부드럽고 선명하며 섬세한 조선화 기법으로 형상화된 무대, 조선적 정서를 안겨주는 분위기, 음악연식 방창으로서의 울림"을 구체적으로 가리키는 것인 만큼 이 원칙은 김일성 교시에서 지적된 "우리의 음악은 반드시 조선적인 것이 바탕으로 되어야 하며 우리 인민의 감정에 맞아야 합니다"35)로 환원되는 것이라 할 수 있다.

그러나 이러한 성황당식 연극이란 「딸에게서 온 편지」(1987)에서 보듯 1920년대로의 후퇴이고, 민족적 오락물 수준으로 떨어지는 것이라 비판될 수 있다. 곧 공산주의적 인간학으로서의 전진적인 것에서 벗어나는 것이라 평가된다.

이상으로 1980년대를 중심으로 한 북한문학을 살펴보았는데, 이러한 관찰은 썩 제한적인 것이어서 피상적임을 면하지 못할 것이다. 다만 현재까지 필자가 대할 수 있는 제한된 자료와 지식에 의존한 것인 만큼 이는 다만 북한문학 이해의 한 가지 실마리로서의 구실 이상을 할 수는 없다고 본다.36)

---

35) 『김일성 저작선집 4』, p.152.
36) 상세한 것은 졸저, 『한국현대현실주의소설연구』, 문학과 지성사, 1990, 제3장 참조.

5 북한 문예가 이룬 성과

김일성 사망(1994) 이후의 북한문학은 어떠한가? 이러한 물음은 썩 궁금한 것이긴 하나 북한문학을 계속 지켜본 시각에서 보면 조급성의 드러냄이라 할 것이다. 주체사상의 문예 정책을 실질적으로 지도해 온 당사자가 김정일이고 보면, 돌연한 방향 전환은 있기 어려운 것으로 보이기 때문이다. 만일 미미한 변화들이 있다면 그것은 원칙의 변화이기보다는 시대적인 변화에서 오는 자연스러움 쪽에 가까운 것이 아닐까 한다. 최근의 한 동향에 따른다면 김정일이 저술한 것으로 되어 있는 『주체문학론』(1992)에 몇 가지 변화가 눈에 크게 띈다. 카프문학에 대한 재평가(원칙적으로 사회주의적 사실주의로 규정)가 그 하나이고, 실학파 문학에 대한 재평가(원칙적으로 비판적 사실주의로 규정)가 그 다른 하나이다.[37] 이러한 재평가들도 결국은 김일성으로 대표되는 항일혁명문학을 유일한 전통으로 설정한 한계 내에서의 것에 지나지 않는다. 이로 미루어 보면 김일성 사후의 북한문학 예술의 변화란, 좀더 긴 시간을 두고 관찰해 보아야 될 성질의 과제가 아닐까 한다. 그 긴 시간 속에서 예측되는 것은 항일혁명문학의 상대적인 빛 바램이라 할 것인데, 왜냐하면 긴 역사 속에 두고 볼 때 김일성으로 대표되는 항일혁명문학의 시기란 썩 짧은 역사의 한 시기에 국한되기 때문이다.

---

[37] 김재용, 「김정일 시대의 주체 문학론」, ≪문예중앙≫, 1995년 봄호.
김윤식, 「남북한 현대 문학사 서술 방향에 대한 예비 고찰」, (고대 민족문화연구소 세미나 발표문, 1995. 9.28)

북한문학 50년사를 개괄하면서 우리가 주목하는 것 중의 하나는 물론 각 시기에 따라 미미하게 변해가는 측면일 것이다. 때로는 격렬한 종파주의로 비난받으며 치열한 논쟁을 벌인 경우도 있었고, 숙청당하는 문인들도 한두 명이 아니었다. 임화를 포함한 남로당이 그러하였고, 안막의 경우도 그러하였다. 또 막강했던 한설야조차 그러한 운명에 놓였던 것이다. 이와 더불어 새로운 세대의 등장이 불가피하였다. 이러한 변화의 곡절과 그 내용을 알아내고 이를 당의 정책과 미학적 과제로 해명하고 체계적으로 정리하는 일이 장차 이루어져야 할 과제임엔 틀림없다.

　이러한 과제 못지 않게 우리가 놓쳐서는 안 될 것은 전체적으로 바라보는 시선이 아닐까 한다. 이 점에서 정성무(사회과학원 문학연구소장)의 「최근 조선민주주의 인민공화국에서의 문학 예술의 혁신적 발전」(1995.4.22. 프라하에서 열린 제17차 유럽 한국학회의, 약칭 AKSE 회의에서 발표)이 시사하는 바는 자못 크다고 할 것이다. 이 논문은 1970년대에서 오늘날까지를 검토 대상으로 삼은 것인 만큼 정씨가 말하는 최근이란 20여 년을 가리킨다. 최근 북한문학을 개괄함에 있어 그는 크게 두 단계로 나누었는데, 그 첫 단계는 1960년대 말에서 1970년대 말까지로 문학 예술의 본보기 작품들이 창조된 단계였다. 두번째 단계는 1970년대 이후에서 오늘날까지인 바, 본보기 창조에서 이룩한 성과와 경험을 널리 일반화하면서 그것을 더욱 공고히 발전시켜 가는 단계로 본다. 그가 말하는 '본보기 창조'란 무엇인가? 물을 것도 없이 김일성이 항일 혁명 투쟁의 과정에서 창작한 「피바다」를 비롯, 「한 자위대원의 운명」, 「꽃 파는 처녀」, 「성황당」, 「안중근 이등박문을 쏘다」 등을 새로운 시각에서 재창조하는 것을 의미한다. 「고난의 행군」, 「닻은 올랐다」, 「압록강」 등 이른바 『불멸의 역사 총서』라든가, 다부작 예술 영화 「조선의 별」, 「민족과 운명」, 혁명 가극 「피바다」, 「꽃 파는 처녀」 등의 창작이 그 결과로 나타났다.

이와 같은 본보기 작품의 본보기다운 요소는 무엇인가? 내용상으로 보아 그것은 주체성으로 요약된다. "사람이 자기의 자주성을 지키면서 사회나 집단의 믿음과 사랑 속에서 존엄 있고 보람차게 살기 위하여서는 어떻게 살며 일하고 투쟁하여야 하는가에 해답을 주는 것"이 그 내용이다. 이 내용이 곧 '시대의 요구'에 부응된다는 점이 거듭 강조된다. 그렇다면 그 형식은 어떠해야 하는가? 정씨의 논문에서 제일 강조된 것이 이 형식에 있었거니와, '본보기 창작'의 내용이 시대의 요구에 부응된다는 데 초점이 놓인 것이라면 그 형식의 초점은 인민의 '정서와 비위에 알맞기'에 있다는 것이다. 그는 여기서 형태와 형식을 구별하였다. 형태가 예술의 장르를 가리킨다면, 기법은 형식을 가리키는 것이라고 보았다. 인민 대중에게 널리 보급된 예술 형태들 가운데 인민의 정서와 비위에 맞지 않는 것이 가극과 연극인 바, 그 이유를 검토해 본 결과 밝혀진 사실은 그 속에 들어 있는 형식으로서의 <대화창(對話唱)>과 <아리아> 때문임이 드러났다. 이 두 가지 형식을 완전히 제거하고, 그 대신 <절가(節歌)>[38]로 일색화함으로써 창조된 것이 「피바다」를 비롯한 혁명 가극들이다. 한편 또 하나의 형식은 <방창>[39]의 도입이다. 이러한 것을 두고

---

38) 여러 개의 절로 나뉘어져 있는 정형시형의 가사를 하나의 곡에 맞추어 반복하여 부르게 하는 가요 형식. 『문학예술사전』, 북한판, 1972, p.620에 의거.
39) 무대적 및 영화적 형상 창조에 이용되는 성악 형식. 무대에서 벌어지는

'위대한 발견'이라 평가할 수 있으며, 또한 인류 문예사에 특기할 '역사적 사변'으로 평가할 수 있다는 것이다.

 이와 같은 현상은 민족 고유의 예술 형식을 적극 발굴하여 시대의 미감에 맞게 개조, 발전시킨 것에 해당될 것이다. 그렇다면 문학의 경우는 어떠할까? 이에 대한 논의는 그의 논문에는 없었고, 다만 총서 『불멸의 역사』에 대한 언급만이 있을 뿐이었다. 다르게 말하면 문학 역시 내용상으로는 주체적인 인간을, 형식적으로는 그 시대와 인민 대중의 정서 및 비위에 알맞는 형식을 창출한다는 기본 원칙으로 설명될 수 있다. 인민 대중의 정서 및 비위도 시대에 따라 변모하는 것이라면 이에 대응되는 문학 예술은 어떠해야 할까? 이 물음은 공산주의가 우리에게 있어 조성되어야 할 하나의 '상태'가 아니며, 혹은 현실이 따라가야 할 하나의 '이상'도 아니라는 견해[40]와 더불어 음미될 사항이다.

(1995)

생활 내용을 표현, 서술하는 무대 밖의 성악 형식. 위의 책, p.421.
40) 마르크스·엥겔스, 『독일 이데올로기 I』, 위의 책, p.67.

제 2 부

1. 북한문학 연구사

(1) 3·13조치의 회고

대한민국 건국 이래 월북 또는 재북 작가를 거론하는 일이 터부로 취급되기 시작하기 시작한 시기나 그 이유에 대해서 분명하게 규정된 명문이나 근거는 찾아보기 어려운 형편이지만 어느정도 그 근거가 마련된 해는 1978년이 아닌가 싶다. 그것은 1978년 3월 13일 국토통일원이 국회에 제출한 자료에 기초한 것인데, 이 자료에 따르면, 월북 문인이나 그들 작품에 대한 거론은 민족사적 정통성의 확립에 기여할 수 있는 범위내에서 무방하다는 원칙 아래 두 가지 세부기준이 제시되어 있다.

(A) 거론 대상의 작품은 해당 문인의 월북 이전의 사상성 없는 것으로서 근대 문학성에 기여한 바가 뚜렷한 작품에 한한다.

(B) 문학사 연구의 목적에 국한하되, 그 내용이 반공법 및 국가보안법 등에 저촉되지 않는 작품에 한한다.

어떤 배경에서 이러한 정부의 공식적인 조치가 표명되었는지에 관해서는 잘 알 수 없으나, 위의 (A), (B)에 비추어 보면 다음과 같은 사실을 지적할 수는 있겠다.

1978년이 정부수립 30년에 해당된다는 점이다. 30년이면, 한 세대 단위로 볼 때, 성인의식을 가질 수 있는 기간이라 할 만하다. 성인 의식이란, 한 정신의 발전과정에서 자기 자신을 되돌아볼 수 있는 단계를 가리키는 것이라면, 이런 의식은 정신 발전의 필연적인 단계로 볼 수 있다. 그러나 우리의 성인의식은 아직도 자기 이외의 주변 또는 타자를 인식할 단계에 이르지 못한 상태라 볼 수밖에 없다.

위에 제시된 두 가지 사항 즉, (A)와 (B)를 비교해보면, 겉보기엔 (A)가 중심이고 (B)는 (A)를 보강한 것처럼 되어 있으나, 실상은 (B)가 핵심을 이루고 있음을 알아차릴 수 있다. 요컨대, 3·13조치의 핵심은 문학사 연구의 목적에 국한한다는 점에 있으며, 그 때문에 이 조치의 성격은 상당히 제한된, 조심스러운 것으로 평가되었다.

문학사 연구란 대체로 대학을 중심으로 이루어지는 것인 만큼 월북작가 논의란 대학에서의 논의 가능성을 보장한 것에 그 의의를 찾을 수 있다.

(A)의 규정을 조금 살펴보면, 이러한 조건들이 수용되는 곳은 오직 (B)에서 규정된 대학의 문학사 연구 목적 속에라는 것이다. 이러한 규정에서 얼핏 연상되는 것은 "여기에 장미가 있다. 여기서 춤춰라"라는 헤겔의 명구이다.

30년이란 단위가 성인의식을 가져온 것이라면 그 한계 또한 위의 구절 속에 있었던 것이다.

(2) <문학사 연구의 목적>만 허용

3·13조치를 두고 당시 문단의 일각에서는 다음과 같은 매우 조심스러운 논의가 있었다. 이는, 지금도 새삼 음미될 내용으로 보인다.

선우휘: 제가 알기에는 지금 월북작가 자체를 말하는 것부터 반공법 저촉이 됩니다. 그러니까 엄격히 말하자면 법을 고치지 않으면 이번 조치가 그 한계를 넘어서지 못할 것 같습니다.
백 철: 고치는 것을 전제로 해서 이 문제가 대두된 것이 아닙니까? 그것은 전제하지 않고 이런 말을 할 수 있읍니까?
선우휘: 그러니까 통일원이 국회에 자료를 제출한 것도 앞으로 국회에서 입법조치를 취해야 된다는 그런 전제일 것입니다.
사 회: 그렇다면, 현재 어느 정도 사실을 묵인한 경우도 있는데 이 문제로 인해 혹시 경화되는, 일체 언급을 하지 못하게 하는 상황이 벌어질 수도 있는 것이 아닙니까? 물론 성격은 다르지만 마치 대마초사건 모양으로 ……

이 좌담회(≪新東亞≫78년 5월호에 게재)의 사회는 필자가 맡아 보았다. 참석자는 위의 두 분 외에 김동리씨가 포함되어 있었다. 선우휘씨의 지적대로 통일원의 그 조치는, 반공법이나 국가보안법을 고친다는 전제 아래 비로소 의의를 찾을 수 있었던 것이다. 그렇지만, 문화를 논의하는 마당에 어떤 정책이나 법의 테두리를 염두에 두는 일은 썩 조급하거나 짧은 안목일 가능성이 많다는 점을 재확인하는 일이 이 좌담회의 성과가 아니었던가 회고된다. 실상 이 좌담회에서는 이태준을 비롯 정지용·김기림·백석 등 많은 월북 작가들이 논의되었지만 어느 경우에도 확실한 근거의 제시는 기피되었는데, 그 이유는 무엇보다도 법의 테두리를 넘어설 수 없다는 사실 때문이었다. 굳이 이 좌담회의 교훈을 찾는다면, 문화를 정책이나 법의 테두리 속에서 논의하는 일의 어리석음이라고 생각된다. 문화사업의 최상의 존립방식은 사회적 의식의 성숙도에 의해 저절로 어떤 준거가 설정되는 것이 아니겠는가.

(3) 10·19조치는 문화 성숙의 결과

그로부터 거의 9년에 가까운 세월이 흘렀다. 이 세월은 역사적 성격을 규정짓는 <6·29 항복선언>을 낳을 만큼의 성숙도를 가져온 것으로 볼 수 있을 것이다.

문화를 논의하는 일은 어떤 정당이나 위정자 또는 정부의 법테두리에 관련되기보다는 좀더 높은 차원, 다시 말해 당대 사회의 역사의식의 성숙도에 관련된다. 이러한 사실을 잘 보여주는 사례 가운데 하나가 1987년 10월 19일, 정부가 발표한 금서 해금 조치라 생각된다. 총 6백 32종에 이르는 그동안의 금서 중 4백 13종이 해금되고 나머지 2백 19종이 유보되었는데, 이 유보된 도서 중 1백 81종이 사법부 판단에 맡겨졌다 한다. 이 유보된 도서 중 월북작가의 작품이 포함되었음은 새삼 말할 것도 없다.

그렇다면 1978년의 3·13조치에서 1987년 10·19조치 사이에 어떤 변화가 일어난 것일까. 설명의 편의를 위해서 내 자신의 경우를 예로 들어 보겠다.

10·19조치의 해금서적 중에는 내가 쓴 『한국 현대문학 비평사』 (서울대 출판부, 1982)도 포함되어 있다. 이 책이 금서로 된 것은 월북작가 및 비평가를 거론한 이유에서였던 것으로 추정된다.

그렇다면 3·13조치와의 관련은 어떻게 되는 것일까? 3·13조치에서 (A)와 (B)항 중 (B)항에 주의를 기울인다면 위의 물음은 조금 풀릴지 모른다. 그것은 '문학사연구의 목적'이라는 표현 속에 관련된 것처럼 보이기 때문이다. 물론 내가 쓴 그 책은 문학사 연구의 목적에 속하는 것인 만큼 3·13조치에 저촉되는 것은 아니었다. 그러나, 한편 그 책은 가격이 표시된 출판물이어서 비매품의 성격이 아니었다. 추측컨대, 당국은 학문 연구용으로 월북작가를 대상 삼아 논의하는 일은 허용하되, 비매품의 논문 형식이라는 범주를 설정했던 모양이고, 일단 그 성과를 출판하여 일반에 보급되는 상업적 성격을 띨 때는 금서의 범주를 거기에도 적용한 것이라 풀이된다. 물론 9년 사이에 진전된 우리 사회의 성숙도는 실로 괄목할 만한 것이지만 그 중에서도 출판 문화의 성숙도는 높은 것으로 평가된다.

사회과학 서적에 대한 번역 사업과, 그것에 대한 독서층의 탄력성 획득은 대단한 것으로 볼 수 있으며, 그 과정에서 한국어는 크게 유연해졌다. 일본의 저명한 불문학자이자 스탕달 번역가이며 경도대학 교수를 역임한 구와바라(桑原武夫)씨가 「문학이란 무엇인가」(1953) 라는 논문에서 다음과 같이 말한 바 있는데, 이 대목을 읽었던 당시 나의 느낌은 슬픔 그 자체였다.

> 문학이란 언어를 매개로 하는 이상, 저마다의 민족어가 각 민족의 문학을 규제하고 있음에는 틀림이 없다. 차이가 얼마만큼 인간의 사고에 영향을 미치는가에 관한 실증적 연구를 모르기 때문에

추측에 지나지 않지만 에스키모어나 미크로네시아말로서는 스탕달이나 소세끼(漱石)의 소설의 번역조차 되지 않을 것이다. 일본어는 명치 이래의 노력으로 독일 관념철학도 프랑스 실존주의 문학도 양자론(量子論)도 표현할 수 있게 되었다. (조선어로서는 아직 불가능할 것이다.)

지금쯤 우리말은 어느 정도 스탕달도 양자이론도 마르크스의 저술도 번역할 수 있는 탄력을 가졌는지는 모를 일이다. 해금을 한다고 해서 그것이 수용되는 것이 아님은 자명한 일이 아니겠는가. 내가 해금도서에 관해 그것이 어떤 정부나 정당의 정책으로 이리저리되는 것이 아니고, 보다 높은 차원의 문화적 성숙도와 관련되는 과제라고 한 것은 이런 이유에서이다.

이와 못지 않게 중요한 조건으로서는 인쇄술의 고도의 발달 상태를 또한 들 수 있을 것이다. 복사기계라든가 새로운 활자 조작법이라든가 컴퓨터의 범람은 금서의 효능을 거의 무화시킬 만큼 대단한 위력을 드러내고 있음이 현실이다. 이미 산업사회로 깊숙이 진입하고, 또 어느 측면에서는 정보사회로 나아가고 있는 80년대 중반 우리 사회의 변혁은 이데올로기의 의미를 크게 변질시키기에 이르렀던 것이다.

물론 3·13에서 10·19에 이르는 9년간의 변혁은 단순한 연구에서 발표로, 비매품에서 매품으로의 수평이동이지만 그 사이에 성취된 학문적 성과는 결코 소홀히 취급할 수 없는 것이다. 이러한 수평이동이라도 가능했던 것은 앞에서 든 여러가지 요인 외에, 보다 더 중요한 내적인 성숙이 뒤따랐기 때문이라고 나는 생각한다.

(4) 리얼리즘 논의의 수준

만일 대학을 두고 학문하는 곳이라 한다면, 대학 국문과의 경우 3·13조치는 조금 고무적인 일시적 효과를 던져주었을 것으로 보이기는 하지만 큰 영향을 미쳤다고 보기는 어렵다. 실제로 정부에서는 내가 아는 한, 대학에서는 월북작가를 학문적으로 검토하는 일에 관한 규제조치를 취한 바 없었다. 다만 그것을 출판하여 널리 선전하거나 상업화함을 규제해왔을 따름이었다. 월북작가를 연구한다는 것은 우리 근대문학사 속에서의 다른 작가를 논의하는 범주를 넘어서는 것은 아니었다.

이러한 시각에 선다면 최근 10년간의 우리 근대문학사에서의 연구 현황과 그 수준을 살펴보는 일이 그대로 월북 또는 재북작가의 일부에 관한 논의도 되는 것이라 할 수 있다.

70년대 근대문학 연구의 주조적 흐름은 대체로 리얼리즘 논의 속에 요약할 수 있을 것이다. 문학연구에서 리얼리즘이라 할 경우, 그 용어의 다양성에도 불구하고 그것은 모더니즘(루카치의 용어를 빌면 전위주의)에 대응되는 개념이라는 점을 먼저 지적할 수 있다. 조금 통속적으로 말하면 인간의 본질을 '혼자 있음'에서 규정하는 사상적 경향을 두고 모더니즘이라 하고, 이와는 달리 인간은 정치적 동물이라는 명제에 바탕을 둔 사상적 경향을 두고 리얼리즘이라 부르기도 하는데, 전자는 자본주의 사회의 특징에 관련된 인간생존방식에 해당되고 후자는 공동체를 우선하는 사회주의 사회의 특징에 관련되는 것으로 풀이되기도 한다. '토마스 만이냐 카프카냐'라는 명제로 이런 현상이 비유되는 것도 이 때문이다.

그러나 무엇보다도 리얼리즘이라 할 때 그것이 서 있는 자리는 문학 연구를 이데올로기 연구의 하나라고 보는 관점이다. 일반적으로 이데올로기 연구는 (1) 상부구조라는 일반적인 규정형태, (2) 그것을 산출한 경제적 토대와의 관련, (3) 이데올로기 상호간의 관련성에 대한 연구로 진행된다. 상부구조의 일반적 규정형태에서 논의를 진행할 때 맨 먼저 유효한 사정거리 속에 들어오는 것이 이른바 1920년대 초반에 전개된 신경향파 문학이다.

신경향파라는 용어는 물론 박영희가 사용한 것으로, 김기진의 「붉은 쥐」(1924), 조명희의 「땅속으로」(1925), 이익상의 「광란」(1925), 이기영의 「가난한 사람들」(1925), 주요섭의 「살인」(1925), 최학송의 「기아와 살육」(1925), 박영희의 「전투」(1925), 박길수의 「땅 파먹는 사람들」(1925), 송영의 「늘어가는 무리」(1925), 최승일의 「두 젊은 사람」(1925),그리고 이상화의 詩「街相」(1925) 등의 구체적인 작품을 두고 그 성격을 잠정적으로 규정한 용어이다.

그런데, 이 용어는 그 뒤 경향파, 계급문학, 프로문학 또는 카프문학 등으로 확대 사용되면서, 대체로 경향문학이라는 용어로 정착되어 갔다. 원래 경향문학이란 청년독일파의 문학에서 말미암았던 것이어서 좀더 보편적 성격에 연결될 수 있었다. 청년 독일파의 문학이란, 순수예술에 대립하는 것으로 진보적인 정치적 성향 곧 경향성을 띤 것을 뜻하는 것이었다.

(5) 경향문학에서 출발

한국근대문학 연구에서 리얼리즘을 문제 삼을 때, 여기서부터 출발한다는 점은 아무리 강조되어도 지나침이 없다. 그 이유는 리얼리즘을 논의하는 일이 소설에 관련된다는 사실에서 말미암는다. 또, 이 말은 어째서 헤겔을 비롯, 마르크스·루카치·골드만 등 일급의 사회과학자들이 문학에 그토록 깊은 관심을 갖는가와도 관련이 깊다. 『자본론』을 쓰는 동안 마르크스는 심미적인 것에 가까운 범주와 형식들에 흥미를 가졌는데, 이는 그것들이 자본주의 경제의 모순적인 범주들과 유사하기 때문이었다.

사회과학자들이 문학예술에 관심을 갖는 참된 이유는 문학예술의 본질 규명에 지나지 않는다고 볼 수 있다. 그가 놓인 세계를 직접적으로 알아내는 방법은 여러가지가 있겠지만 그 중의 하나로 문학예술이 있는 것이다. 헤겔이 발견한 최대의 방법론인 주관·객관동일성에서 비롯되는 변증법적 사고는 변화를 설명하는 기본도구였는데 그것이 다른 영역에서보다 문학예술 쪽에서 보면 조금 선명하게 보였던 것이다.

정치적·사회적·경제적 현실의 물상화된 세계에서는 그것이 분명치 않음에 비해 문학예술 속에서는 한층 선명하게 보였다. 문학예술이 세계의 반영이라는 처지에서 보면, 그것은 세계를 아는 하나의 작은 모델 노릇을 할 수 있었던 것이다. 그렇다면 우리의 세계를 총체적으로 반영하고 있는 예술은 어떤 것인가. 루카치의 경우, 이 점이 비교적 분명한 것 같다. 그가 그리스 문학에서 발견한 세 가지 도식은 서사시, 비극, 철학이었는데, 이 가운데 대서사 양식이 다른 것에 비해 총체성을 비교적 많이 확보하고 있다는 이유에서 서사시에다 큰 비중을 두게 된 것이다.

한국근대문학에서 리얼리즘을 논의할 때, 경향문학에서 출발한다는 점과 또한 경향문학이라 할 때 그것은 주로 경향소설을 지칭한다는 점이 위의 설명에서 조금 드러났을 줄 믿는다.

그러므로, 70년대 한국 근대문학 연구 중 리얼리즘 논의 쪽에 선 경우는, 자기가 놓인 세계를 총체성의 처지에서 변증법적으로 파악하고자 하는 열정에 불타올랐음을 그 특징으로 지적할 수 있을 것이다. 그들이 주로 소설에 관심을 두었음은 이 사실을 새삼 뒷받침하는 것이었다.

그러나 경향소설의 초기 단계는 장편이 아니라 단편에 지나지 않았으며, 그것도 관념이 노골적으로 드러나 있을 뿐 아니라 인물도 도식적이었기 때문에 종래의 연구 태도에 따르면 문학적 가치를 논의하는 데 있어 썩 적절하지 못한 것이었다. 소재를 궁핍한 것에서 찾고 구성은 지주·소작인의 대립구성으로 하고 결말은 살인이나 방화로 처리하는 것이 거의 대부분이었으며, 이를 두고 자연발생적인 현상이라 부르곤 했다. 일찍이 임화는 박영희적인 관념론과 최서해적인 체험론을 이끌어 내고 이 둘의 통합을 모색한 바 있다. 요컨대 이러한 경향소설에서 공통적으로 드러나는 도식성을 두고, 소설 이전이라든가 예술성의 결핍 현상으로 치부해버리는 종래의 관점과는 다른 해설이 요망되기 시작했다. 이러한 방향성의 추구는 문학 연구를 이데올로기 연구의 하나로 보는 처지에서 불가피한 일이라 할 것이다.

루카치의 생각에 따르면, 경향소설에 등장하는 '완벽한 인물'은 변혁기의 사회를 형상화하는 데 중요한 몫을 담당하지만, 시민사회의 소설에서는 저열성의 표현으로 취급된다는 것이다. 이러한 시각에서 보면 소설주인공이 문제적 인물(루카치의 용어) 또는 세계사적 개인 (헤겔의 용어)의 수준을 지칭하지 않더라도 경향소설에서 나타나는 인물의 도식성에 대한 논의도 상당한 유연성을 띨 수가 있게 된다.

(6) 소설의 내적 형식 변화의 추적

경향소설 연구의 두번째 진행은 매개적 인물의 설정에 관련된다. 그것은 리얼리즘논의에서 제일 중요한 것으로, 소설의 내적 형식과 앞에서 (2)로 설정한 상부구조 이데올로기로서의 문학과 토대구조와의 관계에 관련된 것이다. 소설의 내적형식이란 루카치의 『소설의 이론』에서 이끌어낸 것으로, 문학사회학의 기본개념 중의 하나이다. 겉으로 보면 「돈키호테」나 발자크의 소설, 또는 고리끼의 「어머니」도 같아 보이지만 그 내적인 형식에서 보면 아주 다른 것이라 할 수 있다. 가령 「돈키혼테」는 어떠한가. 자본주의의 시작과 구조적으로 대응케 하는 것이 이 작품의 내적 형식이며, 프루스트의 소설은 자본주의 체제에 대응되는 형식을 갖추고 있어서, 소설을 논의하는 일은 이 내적 형식을 발견하는 일이라 해도 과언은 아니다. 물론 이것은 경제적 토대 구조와의 상동관계에서 빚어진 현상이었다. 소설은 물을 것도 없이 부르주아 계급이 발견한 최대의 예술형식인데, 그것의 변모는 자본주의 사회의 발전과정과 엄밀히 대응되고 있다. 시와 희곡이 소설과 다른 점은 이런 점에 있다.

이러한 관점에서 먼저 논의된 것이 김윤식의「문제적 인물의 설정과 그 매개적 의미」(1975)였는데, 이 논문에서 논의된 것은 경향소설이 자연발생기에서 목적의식기로 접어들면서, 소설의 내적 형식이 어떻게 변화했는가에 관한 것이었다. 이기영의「서화」와「돌쇠」, 박영준의「목화씨 뿌릴 때」를 대상으로 한 이 논문에서 내가 밝히고자 한 것은 매개 인물의 설정으로 말미암아 소설의 내적 형식이 초기의 경향소설과는 다른 구조를 보여준다는 사실이었다. 그러나 이러한 논의의 결함은 지나치게 도식적이었다는 데 있다. 그것은 첫째, 내적 형식의 발견에만 집착한 조급성으로 말미암아 세부적인 고찰이 모자랐기 때문이며, 둘째는 무엇보다도 중요한 것으로서, 작품과 토대 구조 사이의 변증법적 고찰을 거의 염두에 두지 않았던 때문이었다.

이러한 결함을 본격적으로 비판하고, 새로운 경지를 연 것이 정호웅의 논문「1920~30년대 한국 경향소설의 변모과정 연구」(1983)이다. 이기영의 소설「농부 정도룡」(1976)을 집중적으로 분석함으로써 얻어낸 정씨의 성과는 소설의 내적 형식의 정밀화와 그것이 20년대 소설에서 30년대 소설로 넘어가는 시기적 구분을 가능하게 한다고 본 점에 있다. 프로문학의 목적의식기의 대표작으로 평가된 조명희의「낙동강」(1927)이 실상은 주인공 성운이 매개인물이 아니고 그 자신이 완벽한 인물에 지나지 않음을 비판할 수 있는 구체적인 힘도 정씨의 논문 속에서 빛나고 있다. 리얼리즘이란 역사적 사회적 조건에 따른 구체적 전망에서 비로소 가능한 논의이기 때문이다.「농부 정도룡」에 비하면, 훨씬 추상적 주관적인 것이「낙동강」이었던 것으로 밝혀졌을 때, 우리 근대소설 연구는 한 단계 높아진 것으로 평가될 수 있다.

(7) 재북작가 연구 성과들

이 논문을 계기로, 박대호의 「농부 정도룡의 구조분석」, 한형구의 「농민소설의 발전과정」, 서경석의 「리얼리즘 소설의 형성」, 차원현의 「경향소설에 나타난 인물유형」 등이 잇달아 씌어져 이 방면 연구의 정리작업이 어느 정도 이룩되었다. 그러나, 문학 연구를 이데올로기의 연구라 보고 논의된 위의 논문들의 한계 또한 뚜렷한 것인데, 그것은 다음 두 가지 점의 성찰에까지 나아가지 못한 점에서 찾아진다.

첫째, 문학논의를 토대와의 관련에서 전개하지 못한 점이다. 이 취약점은 국문학 연구진이 안고 있는 것이기보다는 사회경제사 쪽의 취약점이라 할 수도 있다. 의외로 20~30년대 우리의 사회경제사 연구는 빈약한 실정이다.

둘째, 이데올로기 상호간의 변증법적 관련성에까지 나아가지 못한 점이다. 이 분야는 사상사적 과제에 속하는 것이겠는데, 여기에도 사회주의 사상과 민족주의 사상과의 관계, 종적으로는 전대와 후대의 여러 사상과의 관계를 비롯, 알뛰세가 논의한 바 있는 이데올로기 상호간의 심급 및 그 독자성에 관한 검토들이 아주 복잡하게 얽혀 있는 것이다.

이상 두가지 영역에로 연구가 진행된다면 리얼리즘 논의는 보다 풍요로워질 것으로 전망된다. 그러한 바람직한 성과에 이르기 위한 중간적 단계의 연구영역이 설정되었음도 응당 예견되는 일이라 할 수 있다. 리얼리즘론이 원론에 관한 것이라면 이 중간단계 연구는 각론으로 나아가는 것이어서 상당한 구체성을 갖고 있음을 특징으로 한다. 몇 가지 사례를 간략히 보이기로 한다.

이강옥의 「조명희론」(1987). 『봄잔디밭위에』(1924)라는 시집과 창작집 『낙동강』(1928)을 낸 조명희는 1928년 소련으로 건너가 1942년에 죽었기 때문에 우리 쪽 자료만으로 연구를 진행시키기엔 그 한계가 있었는데, 소련의 <조명희문학 유산위원회>에서 1959년 간행한 『포석 조명희 선집』의 간행으로 말미암아 자료의 한계가 어느 정도 극복되었다. 작가 조명희가 안고 있는 문제점은 타고르적인 낭만적·신비적인 경향의 시를 쓰던 농촌 출신의 일본유학생인 그가 어떤 계기로 소설에로 나아갔으며, 방향전환기의 평판작인 「낙동강」까지 쓸 수 있었는가, 또 소련으로 가서 어떤 활동을 했으며, 그의 사망 이유는 무엇인가 등에 있다.

최두석의 「백석론」(1987). 「정주성」(1935)을 발표하면서 문단에 나온 백석(본명 백기행)은 시집 『사슴』(1936)으로 대표되는데 이에 관한 연구는 김명인, 고형진 등의 여러 논문들이 있지만 아직도 논의되어야 할 영역이 남아 있다는 점에서 문제적 시인이라 할 만하다. 토속어를 세련되게 구사하는 백석을 두고 민속적인 차원의 시적 승화라든가, 서사적 공간을 문제삼는 일보다 좀더 논의되어야 할 사항은 모더니즘의 시각일 것이다. 이 점이 위의 논문들의 취약점일 것이다.

서경석의 「한설야론」(1987). 이 논문은 경향소설에서 귀향모티브를 문제 삼은 것으로, 이 개념을 확대하면 20년대에서 30년대에 걸친 소설 뿐 아니라 시에도 적용될 수 있는 과제라 할 것이다. 가령 「낙동강」에서도 주인공은 고향을 찾아오며, 귀향을 통해 외지에서 지식과 경륜을 익힌 주인공들이 매개인물 몫을 하게 되어 있는 것이다. 한설야의 「과도기」, 이기영이 「고향」의 주인공들이 모두 이러한 범주에 든다.

윤영천의 「이용악론」(1987). 시집 『낡은집』(1938)을 비롯, 『오랑캐꽃』(1947) 등을 갖고 있는 열정적인 시인 이용악에 관해서는 장영수의 「오장환과 이용악의 비교 연구」에 잘 정리되어 있다. 대체로 이용악의 경우 「오랑캐꽃」이 말해주듯 서사적 공간을 시 속에 도입한 점과 그것이 민족의식의 일종이라는 두 가지로 요약되고 있다. 流民詩라는 용어가 사용될 때, 일제강점기에서의 민족 이동 문제에 이어진 시적 표현은 서사적 공간을 낳지 않을 수 없었기 때문이다.

이상의 논의들은 대체로 대학의 국문과에서 학위논문과 관련된 연구성과이어서 비매품 수준에 속하는 것이었다.

이러한 연구가 문학연구를 이데올로기 연구의 일종으로 본 리얼리즘 논의의 범주에 속한다는 것은 앞에서 이미 말한 대로이다. 그러나, 이러한 시각의 연구는 아직도 불철저하다는 점에서 볼 때 더욱 연구되어야 하겠지만, 그렇다고 모더니즘에 대한 연구가 경시되거나 소홀하게 되어서는 안 될 것으로 생각된다. 30년대에 벌어진 루카치와 브레히트 사이의 표현주의 논쟁을 흉내내자는 뜻이 아니라, 자본주의체제 속에서의 문학논의라면 이 과제를 결코 외면할 수는 없게 되어 있기 때문이다. 벤야민에 의해 제기된 복제예술론이 준 충격은 산업사회 속으로 진입하고 있는 우리 사회에서도 거의 그대로 현실적으로 닥쳐와 있는 일인만큼 모더니즘의 조명 없이 리얼리즘이 빛을 얻기 어려운 형편에 놓여 있다. 이 점에서 보면, 유진 런의 『마르크시즘과 모더니즘』(김병익역, 1986)은 시사하는 바가 크다. 대학에서는 월북 아닌 납북으로 알려진 정지용·김기림에 관한 연구가 각종 학위논문에서 상당수 진행된 바 있는데, 이러한 연구는 모더니즘의 새로운 조명 아래 던져질 필요가 있을 것이다. 모더니즘이란 과연 무엇인가. 그것은 이상의 「날개」(1936)를 비롯, 「천변풍경」(1936)의 작가 박태원, 그리고 이효석의 「메밀꽃 필 무렵」(1936)과 함께 논의될 때 비로소 그 참모습이 드러날 것이다. 모더니즘이란 소설 쪽에서 좀더 큰 문제성을 갖고 있다고 보이기 때문이다.

(8) 10·19조치에 대한 전망

이상의 논의는 3·13조치와 관련시켜, 대학에서의 우리 근대문학 연구에 관한 몇가지 사례를 주로 리얼리즘의 측면에서 살펴본 것이며, 그것의 한계점과 나아갈 방향도 어느 정도 지적할 수 있는 일이기도 하다. 마찬가지 이유로 10·19조치를 두고 새로운 전망을 모색해보는 것도 뜻있는 일이라 생각된다.

앞에서 말해온 대학에서의 리얼리즘 연구란 일반론에서 각론으로 나아가는 과정을 중시한 것이었다. 아직도 이러한 진행 과정을 몰각하고 일반론에 매달려 있다면 조금 시대착오적이란 비판을 면하기 어려울 것이다. 이에 비해 10·19조치 이후의 대학에서 문학 연구는 어떤 변모를 보일 수 있을 것인가. 이 물음은 3·13조치와의 대비에서 일층 구체적으로 드러날 것이겠지만, 한마디로 요약하면 월북작가 연구에서 재북작가 연구에로의 방향성이 설정되지 않을까 생각된다.

물을 것도 없이 10·19조치의 특징이 월북작가를 논의하는 일을 비매품의 수준에서 일반화에로 수평 이동시킨 것인 만큼, 거기에는 월북작가 작품의 상품화가 알게 모르게 전제된다. 말을 바꾸면 조만간 월북작가들의 작품이 시중에서 상업출판형태로 나올 수 밖에 없는 형편인 것이다. 그렇지 않으면 월북작가를 학문적인 수준에서뿐만 아니라 비평적 수준에서 논의해도 좋다는 10·19조치 자체가 논리적으로 성립되기 어렵기 때문이다. 이 점에 관해서는 더 논의할 부분이 남아 있지 않을 것이다.

10·19조치의 좋은 점은 그런 곳에 있기보다는 해방전후사에 관한 구체적 논의를 가능케 한다는 점에 있을 것이라 생각되는데, 이 점에 대해서는 좀더 신중히 검토되어야 할 것이다. 한국 최근세사의 이해 수준은 그동안 꾸준히 성장해온 것이기는 하나 분단 상황이라는 이유 아래 상당한 제약이 있었으며, 동시에 그런 터부에 대한 강한 호기심과 함께 꾸준히 지적 열의가 불타올랐음도 엄연한 사실이었다. 이때 가장 문제되는 것이 바로 6·25전쟁의 기원에 관한 것이었다.

6·25전쟁을 미·소 냉전체제의 변수에서 훑어보는 일은 그동안 거의 충분할 정도로 논의되었던 것인만큼, 이번에는 그것을 우리 사회 자체내의 과제, 이른바 내발적 요인에 대한 탐구로 방향전환을 할 필요성에 봉착한 것이었다. 브루스 커밍스의 『한국전쟁의 기원』(1983)이 던진 충격이 매우 컸던 이유는 너무도 명백한 곳에 있는데

이와 꼭 같은 현상이 문학에서도 일어났다. 가령 조정래의 「태백산맥」(1986)이 그 한가지 사례이다. 여순반란사건의 내적 원인을 찾는다면 그것이 일제강점기의 소작쟁의에 있었다고 파악되는 곳에 「태백산맥」의 문제의식이 담겨 있다. 구별되는 것이 여기에서 밝혀볼 수 있을 것이다. 단순한 빨치산소설 이러한 큰 방향성에서 볼 때 문학 연구는 구체적으로 어떤 범주를 가능케 할 것인가. 이 물음의 전제에는 월북 작가론에서 재북 작가론에의 범주 전환이 가로 놓여 있거니와, 이것은 도식적으로 분류하면 다음과 같다.

(A) 해방공간(1945.8.15~1948.8.15)에서의 논의. 여기에는 다시 (1) 북로당 문학노선 연구, (2) 남로당 문학노선 연구, (3) 남로당 서울 분국 문학노선 연구로 갈라진다. 보통 해방공간을 두고 좌우익문학 논쟁으로 단일화시켜 논의하고 있지만 그러한 논의는 물을 것도 없이 무지에서 온 것이거나 아니면 상황적인 이유에서 나온 방편적인 것이었다. 남로당 문학노선은 임화 중심의 해주 제1인쇄소를 거점으로 한 것이며, 그것은 북로당노선과는 현격한 차이가 있었고, 또한 속칭 <문학가동맹>으로 불리는 남로당 서울분국의 노선과도 상당한 차이를 보여주는 것이었다.(김윤식, 「해방후 남북간의 문화운동」, ≪신동아≫, 87.10.참조)

해방공간의 중요성은 그것이 아직 분단 이전의 상태라는 점에 집약되어 있는데, 이를 문학에서는 특별히 '민족문학'이라 부른다. 곧 임화가 말하는 민족문학론은 인민성에 근거한 것만을 가리킴인데, 그것은 북로당의 노선이 아니라 남로당의 이념규정에서 온 것이다. 한편 임화가 전근대적인 부르주아 제국주의의 문학노선이라 하여 비판한 민족문학론은 시민성에 근거를 둔 것이었다. 인민성이냐 시민성이냐를 두고 해방공간의 문학을 가늠하는 일은 남로당 이념과 그렇지 않은 쪽과의 범주에 속하는 것이지 북로당노선까지 포함한 것은 아니었다.

(B) 해방공간 속의 좌우합작노선. 해방공간 속에는 구카프계의 이기영・한설야, <조선독립동맹>의 김학철, 연안파 김사량을 비롯 고향이 이북이었던 사실과 관련된 것처럼 보이는 백석・최명익 등 다양한 분포를 보여주고 있으나 이에 대한 구체적 연구가 이루어져 있지 않다. 만일 해방공간에서의 다양한 작가적 성향과 작품성과에 대한 분석이 어느 수준에까지 진행된다면, 반드시 좌우합작노선에 선 문학적 경향을 발견해낼 수 있을 것이다. 만주에서 해방을 맞고 신의주를 거쳐 귀국한 염상섭과 정지용 등이 섰던 자리가 바로 이 노선이었던 것으로 보이거니와, 만일 이 노선의 문학적 해명이 어느 수준에서 이루어진다면 좌우 이데올로기의 단순한 이분법에서 오는 많은 오해가 해소될 수 있을 것이다.

(1988)

2. 북한문학 개관

1. 북한문학 연구사 개관

 북한문학에 관한 개괄적 소개는 이미 상당한 수준에 이른 것이라 볼 수 있다. 연구사가 어느 정도 형성되고 있는 단계인 만큼 이를 조금 정리해 두는 일이 필요한데, 저마다 처음 출발하는 방황의 어리석음이랄까 힘의 낭비란 무의미하기 때문이다. 그러나 기왕의 북한문학 연구는 구체적인 작품 연구에까지 나아간 것은 매우 드물었고 대개는 주체문예이론의 해설이랄까 이해 수준에 멈춘 것이 아닌가 한다. 이러한 일반론은 초기 연구에서는 불가피한 현상이라 할 것이다. 이러한 연구 사례를 간략히 살펴보기로 한다.

 (1)『북한의 문학 연구』(국토 통일원, 1978)

 이 연구는 시(구상), 소설(홍기삼), 희곡(신상웅), 평론(김윤식), 아동문학(선우휘) 등에 의해 이룩되었는데, 북한의 언어 연구, 북한의 예술 연구 등과 더불어 관변측 기획의 하나였던 만큼 그 나름의 한계를 머금은 것이었다. 반공을 국시로 한 시대적 제약 속에서 진행된 연구였던 만큼 북한문학이 남한쪽과 얼마나 다른가를 따지는, 이른바 이질화 현상에 초점이 놓여 있었다. 그럼에도 불구하고 최초로 북한문학을 거론했다는 점, 또한 『김일성저작집』속의 문예 관계 이론을 읽고 주체사상에 기초한 문예관의 겉모습이나 엿보았다는 점은 평가될 수 있을 것이다. 그 연장선상에 홍기삼의 『북한의 문예이론』(평민사, 1986)이 놓일 것이다.

(2) 「북한문학 바로 읽기의 입문」(≪문예중앙≫, 1989, 봄호)

최일남, 한홍구, 정도상, 김철 등이 참석한 이 좌담회는 제목이 표시하는 바와 같이 '바로 읽기'에 초점이 놓여 있다. 이 좌담회의 성격은 물을 것도 없이 '6월 민주 항쟁'(1987)에서 규정될 수 있다. 곧 북한 원간(原刊)의 작품, 예컨대 「피바다」(민중의 바다), 「꽃파는 처녀」, 「한 자위단원의 운명」 등 3대 혁명 소설을 비롯 「청춘송가」, 「나의 교단」, 「나의 동무」 등의 건설기의 소설, 또 「고추잠자리」(천세봉 작 「봄우뢰」)라는 이름의 『불멸의 력사 총서』의 일부 등이 단행본으로 간행되고, 또 서사시 「백두산」(조기천), 단편「개벽」(이기영), 「노동일가」(이북명) 등이 ≪실천문학≫(1988, 겨울호)에 재수록되었기에 위의 좌담회가 가능하였다. 이 좌담회의 특징을 든다면 북한 작품에 대한 선입견을 덜어내고자 조금 지나칠 정도의 발언이 출몰하고 있음이 아닌가 한다. 가령 「민중의 바다」를 고리키의 「어머니」와 비교하여 그 우위점을 찾아본다든가, 심한 충격을 받았다는 지적이 거침없이 나와 있는데, 이런 것은 남한의 문학 독법에서 온 한가지 반응으로서의 의미는 있을지 몰라도 그 자체가 객관성을 갖는 것이라 하기는 어렵다. 또한 북한의 수령관을 우리식 독개자와 비교해서는 안 된다는 지적도 있는데, 이 역시 지나친 반응이라 할 것이다. 요컨대 이 좌담회는 젊은 세대의 강한 북한 지향적 욕구가 드러나 있음이 특징적이라 할 것이다.

(3) 「북한문학, 어떻게 볼 것인가」(≪문학사상≫, 1989. 6)

여기에는 「북한 문화의 특성과 남북 문화 교류의 전망」(김열규), 「북한에서의 근대 문학 연구」(권영민), 「주체사상에 기초한 사회주의적 문예이론」(김윤식), 「북한의 창작 문학」(임헌영) 등의 논문과 작품론인 「박태원작 '갑오농민전쟁'론」(이재선), 「조기천 작 '백두산'론」(김재홍), 「이기영작 '두만강'론」(조남현) 등이 포함되어 지금껏 문단권에서 논의된 북한문학론으로는 규모가 제일 큰 것으로 볼 수 있다. 이 논문들의 특징은 비교적 문헌에 입각한 구체적 논의라는 점에서 찾아야 될 것인데, 이는 그 만큼 북한 원간 자료들이 풍부해졌음과 깊은 관련이 있다. 자료의 풍부함이란 역사, 철학쪽의 것도 포함되며, 이 때문에 특집 「북한의 역사학과 문학」(≪문학과 사회≫ 1989, 봄호)도 큰 의미가 있다. 이 속에는 「북한문학을 어떻게 대할 것인가」(김윤식)도 포함되어 있다.

(4) 「북한의 문학과 예술」(≪실천문학≫, 1989, 여름호)

여기에는 「북한문학 개관」(임헌영), 「북한의 문예에 대한 올바른 이해를 위해」(백진기), 「북한의 주체 미술 이론과 창작」(원동석), 「북한 연극과 무대 예술에의 접근」(정재철), 「북한의 음악 문화」(노동은) 등이 포함되어 있다.

위의 연구들이 마르크스-레닌주의 미학의 조명을 전혀 거치지 않은 소개 단계임은 너무도 자명하다. 「집단 창작론의 비판적 검토」(임홍배, ≪실천문학≫, 1988, 겨울호), 「문화 운동의 원칙에 대한 재점검」(안시형, 같은책)이 겨우 그러한 미학적 조명의 단서일 것이다.

이러한 연구사에서 드러나듯, 북한문학에 관한 일반론은 어느 정도 소개 및 논의된 셈인데, 그것은 물론 북한 원간인 여러 문학사의 간행과 나란히 가는 것이었다. 『조선문학통사』(1959)을 비롯 『조선문학사』(1979~1981), 『조선문학개관』(1・2권, 1986) 등이 공간되어 있는 만큼 이들 개설서를 막바로 읽는 것과 위의 일반적 연구는 거의 비슷한 수준이라 할 수도 있다. 『조선문학통사』에서 『조선문학개관』 사이에는 무려 27년의 시간 경과가 놓여 있는 만큼, 이 두 문학사를 면밀히 비교해 보면 그 동안의 평가 기준의 변화조차 한눈에 알아볼 수 있게 되어 있을 정도이다. 가령 『조선문학통사』의 철저한 친일 문인 배제 원칙과는 달리, 『조선문학개관』에서는 이인직, 이광수, 육당 등의 평가를 본격적으로 수용하여 기술하고 있을 뿐 아니라 카프 문인 및 구인회 문인에 대한 평가의 변화조차 새로워지고 있다. 이러한 역사 감각의 변화 속에서는 고정된 틀이라고 부를 수조차 있는 일반론 수준의 북한문학 이해나 해설은 별 의미가 없을 것이다. 뿐만 아니라, 북한 원간 소설들이 상당수 간행되어 있는 마당인 만큼, 일반론을 소화한 수준에서 구체적인 작품 읽기와 이를 평가하는 작업이 불가피한 상태에 이른 것으로 보인다. 그렇다면 구체적으로 작품을 읽고 이를 평가하는 일이란 무엇을 가리킴인가. 연구자의 접근 방법이 새삼 문제를 띠게 되는 것은 이 물음 때문이다.

구체적으로 작품을 읽고 평가하는 과제는 곧 연구자의 자질 및 문학관에 좌우되는 부분을 포함하고 있다.

2. 두 가지 접근 방식

'사회주의적 문학예술에서의 당의 유일사상체계의 확립'이라는 명제 아래 이른바 주체사상에 기초한 문예 이론을 북조선 <사회과학원 문학연구소>에서 체계화하여 이를 출판한 것은 1975년이다. 김일성이 당의 이데올로기에 주체성 논의를 시작한 것이 스탈린 사망 후인 1955년 12월부터이고, 이것을 공식적으로 대내외에 선언한 것은 중·소 이데올로기 분쟁이 두 나라를 분열시킨 뒤에 발표된 「자주성을 옹호하자」(≪로동신문≫, 1966.8.12)로 알려져 있는데, 이것이 문예 이론으로 체계화되기까지에는 상당한 시간이 걸렸음을 위의 사실에서 엿볼 수 있겠다.[1] 북한의 주장에 따르면 주체사상은 자주적 입장과 창조적 입장을 주축으로 하여 구성된다. "모든 것을 사람의 중심으로 생각하고 사람을 위하여 복무케 하는 것이 바로 주체사상의 요구"[2]라고 했을 때 그 속에는 자주적 입장과 창조의 입장이 함께 들어 있는 셈이다. 자주적 입장이 사대주의를 극복하는 사상 이론적 무기라면, 창조적 입장은 혁명과 건설의 일반적 합법칙성과 민족의 특수성을 옳게 결합시킨 것인데, 이 둘은 기실은 마르크스-레닌주의 원칙을 지키면서 그것을 혁명 실천의 구체적 조건에

---

1) 서대숙, 『김일성』, 청계연구소, 1989. p.177.
2) 『김일성저작선집』제6권, p.276.

맞게 적용, 발전시킨 것을 의미한다는 것이다. 이를 고쳐서 말하면, 마르크스-레닌주의 원칙을 지키면서도 그들이 해결하지 못한 것까지를 주체이론이 감당할 수 있다는 것으로 해석된다. 이를 정치사상사적 수준에서 검토한다면, 북한이 공산주의 사회에 이르는 과정에서 다른 어느 나라보다 선진적이고 진취적이며 그것에 상응하는 단계에 진입했음과 관련이 있을 것이다. 두루 아는 바와 같이 공산주의의 초기 단계가 사회주의이며 이 단계는 과도 과정인 만큼 프롤레타리아 독재가 불가피하다. 이 과도기를 넘어서면 공산주의 사회의 초기 단계가 오거나, 아직도 사회주의의 제2단계가 설정되거나 하여, 국가 및 계급 소멸의 공산 사회에 이르기까지는 여러 단계가 마련되어 있는 것으로도 볼 수 있다.3) 만일 북한의 주체사상이 마르크스-레닌주의에서 벗어나지는 않으나 그것을 넘어선 선진적 단계를 설명하는 이론이라면, 당연히도 그것을 마르크스-레닌주의의 철학적·사상적 척도로는 평가하기 어렵게 된다.

　주체사상에 기초한 문예 이론 역시 같은 형편 아래 놓여 있음은 실로 당연한 일이 아닐 수 없다. 마르크스-레닌주의 미학으로 평가되기 어려운 점을 뚜렷이 내포하고 있는 만큼 북한 문예는 세계에서 마르크스-레닌주의 미학으로 평가되지 않은 영역으로 남아 있다고 할 때, 이에 대한 접근 태도는 어떤 수준이어야 하는 것일까. 우리가 당면한 첫번째 과제가 여기에 있을 것이다. 이 과제를 두고 다음 두 가지 접근을 시도해 볼 수 있지 않을까 생각해 본다.

---

3) 한국 철학 사상 연구회 편, 『철학 사전』, 동녘, 1989. 「사회주의와 공산주의」 항목, pp.635~645.

(1) 마르크스-레닌주의 미학을 모델로 하여 접근하는 방법

이 범주에서도 여러 가지 변주와 갈래가 있겠고 또 수정주의 노선도 작용하고 있겠지만, 소련을 표준으로 해서 본다면 레닌의 「당 조직과 당 문학」(1905)의 이론 원칙과 소련 혁명 제2차 5개년 계획 완료 이후에 확정된 '사회주의 현실주의'(1934) 이론 원칙으로 요약될 수 있겠다. 이 두 모델 이론과 그 미학적 근거는 상세히 파악되어 있고, 또 실천 속에서 그 이론적 거점도 확실한 것이어서, 이 미학으로 북한문학 예술을 검토한다면 그 나름의 성과를 얻어 낼 수 있다. 그러나 그 성과는 매우 제한적인 만큼 연구자의 욕망을 만족시키기에는 너무나 아득한 형편인데, 주체사상이 마르크스와 레닌이 해결하지 못한 것에 명쾌한 해답을 주었다고 주장되기 때문이다. 마르크스-레닌주의 주창자들이 해결하지 못한 것을 해결한 것이 주체사상인 만큼 그 해결하지 못한 것을 두고 마르크스-레닌주의 미학으로 해석하거나 검토하는 일은 큰 성과를 거둘 수가 없을 것이다. 그것은 시민 계급 이론과 그 미학으로 북한문학을 검토하는 일과 오십보 백보에 지나지 않을 것이다. 이러한 상태는 주체사상의 위대성을 강조하면 그렇수록 증대될 성질의 것이다.

(2) 한국인의 처지에서 접근하는 방법

이 경우 우리가 말하는 '한국인'의 좌표는 민족 단위를 직접 간접으로 가리킴이다. 현실적으로 그것은 연구자가 서 있는 위치이겠는데, 그가 속한 사회를 큰 범주에서 규정하는 것 이상일 수도 이하일 수도 있을 것이라 예상된다. 물론 (1)의 경우 만큼 여기에도 많은 사소한 쟁점들이 널려 있지만 요컨대 그것이 민족문학이라는 큰 범주 위에 서 있음만은 지적될 수 있다.

이 글에서 우리가 선택한 접근 방법은 (2)에 가깝다. 곧 민족 문학의 범주에서 북한문학을 바라보는 시각인데, 이 시각에서 우리가 겨냥하는 최종 목표가 통일문학에 있음은 새삼 말할 것도 없다. 그러한 목표가 아득한 것인 만큼 그것에 접근하는 길도 극히 초보적임을 면하기 어렵다. 그러나 문학에서 초보적이란, 다른 경우와는 달리 직접적인 것이기도 하다. 곧 작품을 구체적으로 읽는 작업이 그것이다. 이 작품의 구체적 읽기란 무엇인가. 우리는 여기에서 이른바 한국인으로서 연구자가 가지고 있는 뚜렷한 방법론상의 유연성이랄까 우위성을 확보할 수 있다. 정신 과학의 도입이 그것이다. 북한문학 속에 들어 있는 한국인으로서의 이념을 연구자 속에 있는 한국인으로서의 이념으로 증폭시킴으로써 그 민족적 이념을 일층 분명히 파악하는 방법이 모색될 수 있다.[4] 주체이론에서는 사회주의적 애국주의라 주장되는 측면보다는 민족적 형식으로서의 '조선적인 것'의 강조가 너무도 두드러짐을 볼 수 있는데, 이 사실은 자주 강조될 필요가 있다. 다른 제도와는 달리 문예라는 문화 영역의 특수성 때문에도 이 점은 유의되어야 하지만, 그렇다고 이것만으로 북한 문예가 충분히 논의될 수 있는 것은 아니다. 앞에서 이미 지적된 바와 같이 주체문예 이론은 마르크스-레닌주의에서 벗어나지 않는다고 하면서도 그들이 해결하지 못한 문제를 해결한 것이라 주장되

---

[4] 조윤제로 대표되는 신민족주의 이론이 이에 해당된다. 김윤식, 『한국 근대 문학 사상 연구』(1), 일지사, 1984 참조.

는만큼, 앞에서 말한 북한 문예에의 접근 방법 (1) (2)는 어느 것이나 스스로 한계를 머금은 것이다.

　이 점을 조금 설명해 놓을 필요가 있는데 그것은 먼저 (1)에서 제기되는 두 가지 문제의 검토에 관련된다. 우리는 문학이 "단일하고 거대한 사회민주주의적 기계장치의 톱니바퀴와 나사가 되어야 한다"는 명제의 주동에 있는 것이 아니라, 그것을 당연히도, 개인의 창의력, 개별적 성향, 사고와 상황, 형식과 내용 등에 보다 많은 여지가 허용되어야 한다는 것이 어째서 프롤레타리아 당 대의의 문학적 측면이 다른 측면들과 기계적으로 동일시될 수 없다는 사실을 보여 줄 뿐이라는 점인가를 이해함에 있는 것이다.5) 주체 문예 이론은 이 점을 어떻게 파악하고 있는 것일까 라고 묻는 일은 불가피하다. 다른 하나는 이른바 집체작에 관한 것이다. 집체작의 실험적 성격이 소련에서부터 시작되었으며, 이에 관해서는 에렌브르크와 고리키 사이에 오고 간 상당한 수준의 논쟁을 검토하지 않을 수 없는데, 이것이 이른바 북한의 저 『불멸의 력사 총서』로 말해지는 집체적 성격과 어떤 연관을 갖는가를 비교해 보는 일이 한 가지 과제인 셈이다.6) 소련의 모델과 북한의 주체 문예 이론의 비교에서 얻어지는 어떤 낙차를 잘 드러낼 수 있다면 유력한 설명의 한 방식이 가능해질 것이다. 이와 꼭같은 이중성이 (2)에서도 지적될 수 있다. 주체문예 이론이 마르크스-레닌주의를 넘어서는 것이라 할 때 그 속에는 응당 한민족으로서의 특수성 또는 개별성이 뚜렷이 포함, 작동되고 있을 것이라 예상된다. 김일성 교시 속에서 이런 점이 자주 지적되

---

5) 레닌, 『문학 예술론』, 논장, 1988, p.53.
6) 이런 과제에 관해서는 임홍배, 「집단 창작론의 비판적 검토」, ≪실천문학≫, 1988년 겨울호 참조.

고 있기 때문이다

　가령 "우리의 음악은 반드시 조선적인 것이 바탕으로 되여야 하며 우리 인민의 감정에 맞아야 합니다"[7]라고 아주 노골적으로 '조선적 특성'이 지적될 때, 이는 이미 마르크스-레닌주의 미학 범주를 초월한 것으로 평가되지 않을 수 없을 것이다. 내용에 있어서는 사회주의적이고 형식에 있어서는 민족적이어야 한다는, 스탈린에 의해 정식화된 마르크스-레닌주의 예술 이론의 원칙이 나온 것은 95개 민족으로 이룩된 소련의 현실적 과제에서 연역된 것이었다. 사회주의 건설에 각 민족이 함께 참여하지 않을 수 없는 합중국 소련으로서는 이 과제가 필연적일 수밖에 없는데, 95개에 걸치는 각 민족이 사회주의 소련의 건설이라는 단일한 내용에 참여하기 위한 실질적 방식은 개개 민족의 특성을 그대로 안고 들어가야 비로소 가능했던 것이니까 그 이론은 너무도 현실적인 것이었던 셈이다. 이에 비 할 때, 단일 민족으로 구성된 북한의 경우 이런 이론이 무슨 소용에 닿을 수 있었던가를 우리가 묻지 않을 수 없는데, 그 해답이 앞에 보인 김일성 교시이다. 소련의 경우와는 엉뚱하게 '민족적 형식' 개념이 막바로 '민족주의'에로 퉁겨져 나오는 형국이라 할 수 있다. 사회주의적 국제주의라든가 사회주의적 애국주의라는 원칙을 각각 내세우면서도 '조선적인 것'을 표나게 내세우는 것이야말로 마르크스-레닌주의자들이 해결하지 못한 점이라 할만한 것이다. 물론 여기서 민족적 형식이란 전통적 형식을 가리킴이겠지만 그것을 설명하는 북한 문예 이론의 방식은 소련의 경우와는 썩 다른 차원에 속하고 있다.

---

7) 『김일성저작선집』제4권, p.152.

이러한 점으로 미루어 볼 때, 북한 문예 이론 및 그 문학의 접근은 (1)과 (2)의 방법을 그때 그때에 따라 적용해야 더욱 유연성을 얻어 낼 있을 것으로 기대된다. 그렇지만, 연구자가 한국인이라는 운명적 조건이 걸려 있다는 사실 만큼 큰 걸림돌은 없을 것이다. 그것은 스스로의 몸에서 돋아 난 제3의 감각(자질)의 하나라 할 것인데, 이로써 우리는, 이런 종류의 연구가 안고 있는 방법론상의 장단점이랄까 한계를 어느 정도 말해볼 수 있겠다.

3. 대상 작품의 네 가지 유형

구체적인 작품 읽기의 범주는, 여러 가지 자료상의 제약에도 불구하고 다음 네 가지 영역에서 가능하다.

① 「피바다」를 포함한 3대 고전 유형
② 『불멸의 력사 총서』 유형
③ 「청춘송가」를 비롯한 개별 창작 유형
④ ≪조선문학≫지에 실린 작품 유형

이러한 네 가지 유형이 1970년대에서 1980년대 오늘날에 걸치는 북한문학의 직접적인 범주인데, 이에 대한 사상 배경을 제시해 보기로 한다.

1986년 11월 현재 북한은 1967년을 기점으로 하여 오늘날까지의 시기를 한 단위로 묶어 "당의 유일사상체계를 더욱 철저히 세우며 사회주의의 완전승리, 온 사회의 주체사상화를 앞당기기 위한 투쟁 시기"라 규정하고 있다.8) 조선 노동당 대표자 회의(1966. 10)를 앞뒤로 한 시기 구분은 곧 1970년대를 어떻게 나아갈 것인가를 가늠한 것이라 할 수 있다. 구체적으로 그것은 지도자 김정일의 전면적인 부상에 관련된다. 조선 노동당 제5차 대회(1970. 11)를 계기로 하여 사상, 기술, 문화의 3대 혁명이 제시되었으며, 이러한 새로운 역사적 환경 속에서 주체사상의 고조가 크게 전면으로 나왔다. 이 3대 혁명을 통해 주체사상을 구현하기 위한 가장 효과적인 방식으로 고안해 낸 것이 ① 고전의 일반화 작업과 ②『불멸의 력사 총서』의 간행 사업이었다. 유일사상으로서의 절대화를 구축할 필요성이 어느 때보다도 요청되던 시기였다. 문예를 통한 김일성 절대화만큼 효과적인 것이 있을 수 없다고 판단한 지도자가 김정일이었으며, ① ②의 방대한 구상과 그것이 거둬들인 업적이란 결코 과소평가될 수 없는 것으로 보인다. 이 사실은 물을 것도 없이 김정일이라는 인물의 예술적 감각의 날카로움에서 비로소 가능하였다고 볼 것이다.

김정일의 저술인『영화예술론』(1973. 4)은 그의 재능이 영화예술에 있음을 새삼 가리키고 있거니와, 여기서 말하는 영화란 사회주의 건설과 깊은 관계가 있음을 먼저 지적할 수 있다. 소련 예술에서 영화가 차지하는 비중 및 그것의 높은 수준을 염두해 두어야 하며, 또한 "우리 근로자들과 청년들을 교양하는 데는 여러가지 예술이 다 필요하지만 그 가운데서는 소설과 영화에 힘을 넣어야 합니다"9)라는 김일성의 교시와도 밀접한 관계를 맺고 있음에 틀림없다. 그것은

---

8)『조선문학개관』(II, 인동 판), p.275.
9)『김일성저작선집』제4권, p.151.

김정일의 영화예술론의 중심 사상이 다음과 같다는 사실에서 새삼 확인된다.

> 로동계급의 당이 새로운 문학예술을 건설하기 위하여서는 위대한 주체사상을 유일한 지도적지침으로 삼고 모든 문제를 주체의 요구에 맞게 풀어나가야 한다.10)

김정일이 여기에서 '새로운 문학예술'이라 규정하고 있음에 눈줄 필요가 있다. 새로운 문학 예술이라 할 때 적어도 그 전에 있었던 문학 예술과는 구별될 수 있는 내용 및 형식 또는 장르를 가져야 한다는 것으로 해석될 것이다. 내용상에 있어 그 새로움이란 무엇이겠는가. 물을 것도 없이 주체사상을 '유일한 지도적 지침'으로 삼음에 있다. 말을 바꾸면 이전의 문학 예술에도 주체사상이 큰 몫을 차지하겠지만 그것이 '유일한' 지도적 지침임을 내세웠던 것이다. 새로운 문학 예술의 내용이 주체사상을 유일한 지도적 지침으로 삼고 있는 것이라면 그 내용에 상응하는 예술 형식은 과연 어떠한 것이었을까. 이 물음의 끝에 비로소 '피바다형' 가극 및 그것의 소설화와, 일찍이 전례가 없는 『불멸의 력사 총서』라는 복합적 창작 형식의 창출이 놓여 있는 셈이다.

① 유형에 속하는 3대 고전이란 「꽃파는 처녀」, 「피바다」, 「한 자위단원의 운명」이다. 김일성의 항일 독립 투쟁기에 씌어진 작품들은, i) 「조선인민혁명군」, 「반일전가」, 「조선광복회 10대강령가」 등의 시가, ii) 「안중근 이등박문을 쏘다」, 「혈분만국회」, 「3인 1당」 및

---

10) 『조선문학개관』(Ⅱ), p.278에서 재인용.

「성황당」으로 대표되는 극문학의 계보와, 역시 극문학이긴 하나, iii)「꽃파는 처녀」(1930. 11), 「피바다」(1936. 8), 「한 자위단원의 운명」(1936. 8) 등으로 갈라 볼 수 있겠다. 사실상 김일성은 조선 혁명군이 아니고, 팽덕회 휘하의 중국 공산당 동북 항일 연군 소속의 제2 연군 사장이었으며, 그 자신이 다른 지휘관보다는 문건 작성 및 문학적 자질이 출중하였음은, 사실인 듯하다.11) 김일성이 ≪서광≫, ≪3·1월간≫, ≪종소리≫ 등 잡지 및 소책자를 발간하는 사업 및 글쓰기에 재능이 뚜렷하였음은 그러한 글쓰기가 혁명의 한 원동력이라는 자각 외에도 글쓰기에 대한 타고난 재능과 깊은 관련이 있을 것이다. 동북 항일 연군 시절의 김일성의 문학 행위 중에서 가장 공들였고 또 독창성을 발휘한 것이 iii)유형이라 할 것이다. 「꽃파는 처녀」는 3대 고전 중 맨 먼저 씌어졌고, 혁명의 땅 오가장에서 첫 공연이 있었는데, 작품의 배경은 1920년대 말에서 1930년대 초로 되어 있다. 주인공 꽃분이의 아비는 지주의 등살에 못이겨 죽고, 어린 동생 순이는 지주에 의해 눈멀었다. 꽃분이는 병든 어미의 약을 구하기 위해 밤낮 꽃을 팔지 않으면 안 될 처지에 있다. 오빠 역시 죄 아닌 죄로 감옥살이중이며, 어미는 결국 죽는다. 그러나 오빠는 탈출하여 조선 혁명군이 되며 꽃분이는 마침내 지주에 맞서 사생결단으로 자기를 지켜 조직적 투쟁에 나선다는 이 작품은, 그들 평가에 의하면 옳은 종자를 품은 것이다. 이 작품이 꽃분이라는 어린 처녀의 성장 과정이어서 낭만적인 정취를 주는 것이라면 그 후에 씌어진 「피바다」는 김일성 자신이 "일제놈들이 조선인민을 닥치는대

---

11) 임춘추, 「혁명적출판물에 대한 그이의 지도」(고추잠자리 판 부록), pp.68~79.

로 학살하는 만행을 폭로하고 주인공이 점차 각성하여 혁명투쟁의 길에 나서는 것을 기본내용으로 하였음"12)이라 주장할 만큼 고전적 비극성을 갖추고 있는 희곡이다. 국내에서는 도저히 살아갈 수 없는 이 작품의 을남이 어머니와 그 일가의 생활과 운명이 극적으로 성공할 수 있는 요소를 골고루 갖추고 있었기 때문이다. 북간도로 이주해 온 을남이 일가는 지주와의 '7·3제투쟁'에서 아버지를 잃는다. 남편을 잃은 을남모와 그 가족은 정처 없는 길을 떠나게 되며, 그 방랑 과정에서 원수가 누구인지를 깨닫기 시작한다. 마침내 그 어머니는 김일성 장군의 전설 같은 이야기에 고무되어 자립적 인간으로 성장하여 혁명 대오에 나선다. 아들의 희생을 각오하면서도 유격대 조직을 보호하는 의식 수준에까지 나아간 을남모의 내면적 성숙은 고리키의 세기적 걸작 「어머니」(1907)을 방불케 한다. 한 농촌아낙이 혁명 대오의 일원으로 성장해 가는 내면적 계기와 탐구 과정은 「꽃파는 처녀」가 지닌 낭만성과 상통하지만, 내면 성장 과정의 깊이의 모자람과는 비교할 수 없을 만큼의 무게를 지닌 것이라 할 만하다. 딸과 어머니의 인생 체험의 차이만큼의 거리가 작품 사이에 가로놓여 있는 셈이다. 이 두 작품이 가극 또는 연극의 극적 요소를 충분히 갖춘 것으로 평가되며, 이를 일층 현대 감각에 맞게 확충, 증폭시켜, 혁명 자극의 높은 종합적인 수준으로 이끌어올린 것은 김정일의 소임이자 그 재능의 발휘라 볼 것이다. 이른바 혁명 가극으로서의 올바른 종자가 심어져 있었기에 김정일은 이를 세련시켜 고전적 작품으로 연출해 낸 것으로 보아도 될 것이다.

한편, 3대 고전의 하나인 「한 자위단원의 운명」의 경우는 어떠한

---

12) 『김일성저작집』제25권, p.17.

가. 이 작품은 김일성이 1936년 초 부대를 이끌고 남호두를 떠나 만강에 이르는 간고한 행군길에서 창작하고 그 해 8월 무송현 만강에서 무대에 올린 것으로 알려져 있거니와, 이 작품은 그 성격상 앞의 두 작품과는 매우 다른 것으로 비극적 요소랄까 산문적인 심도를 갖춘 것이어서 혁명 가극으로 대중화하기 어려운 점을 갖추고 있어 특징적이다. 실상 이 작품은 일본이 만들어 낸 비적 방지 자체 단체로 1932년에 만들어진 이른바 '민생단'과 그것이 동북 항일 연군 속으로 스파이를 침투시키는 아주 고약한 행위를 배경으로 이를 막아 내기 위한 김일성의 악전고투를 다룬 것이어서 구체적인 역사적 사건에 관련된 것이다. 두루 아는 바와 같이 김일성이 소속된 동북 항일 연군은 중국 공산당 소속이며, 비록 한인 숫자가 중국인 숫자보다 많은 부대 편성이긴 했으나 주도권은 중국측에 있었다. 이 '민생단'과 비슷한 '협군회'라는 것이 일본 헌병 중좌 가토 하쿠지로에 의해 1934년에 만들어졌으며, 빨치산에게 항복을 권유하는 일과 첩자를 교묘히 파견하여 중국인과 한인 사이의 이간질을 획책했는데, 이 사건은 한인측으로서의 참으로 어려운 과제였다. 「김일성 등 반국가자에게 권고문 — 재만주동포 150만의 총의로」라는 호소문이 국내의 ≪三千里≫(1941. 1)에 실린 것도 이런 문맥에 속하는 것이라 할 것이다. 민생단 및 그와 유사한 일본군 조종을 받는 조선인 단체의 첩자 침투 사건으로 동북 항일 연군 내부에 야기된 민족적 갈등의 해소와 극복을 위해 김일성이 주도적 역할을 한 것으로 북한은 기록하고 있으나, 이에 관해서는 여러 가지 의문점이 제기되기도 한다. 민생단 사건으로 400명의 조선인 당원이 숙청되고 그에 대한 두려움으로 탈주 귀국한 예가 속출했는데, 이런 상황에 대해 이

를 중지시키고 무고한 사람을 구하려는 움직임이 항일 연군 내의 조선인 지도자들에 의해 나왔음은 당연한 일이다. 그 속에 정치위원 김일성도 포함되었음은 물론이다.[13] 「한 자위단원의 운명」에 그려진 그같은 일은 중국 공산당에 소속되어 함께 일제와 싸워야 했던 김일성과 그 부대원으로서는 참으로 극복하기 어려운 고통이었다. 조선인 첩자의 숙청이 긴 기간 동안 지속적으로 진행되어 민족 갈등과 불신의 씨앗을 남겼기 때문이다. 이 첩자 사건은 비극적 소재임엔 틀림없지만 「피바다」나 「꽃파는 처녀」처럼 낭만적 공감대를 가진 혁명 가극으로 되기 위해서는 그야말로 희랍의 정통 비극 이론이 요청되는 것이라 생각된다. 물론 「한 자위단원의 운명」은 그러한 민족간의 갈등 속에 끼어든 첩자를 다룬 것이 아니다. 그런 것을 다루기엔 너무도 지적인 노력과 비극적 거리감이 필요했기 때문일 것이다. 이 작품에서 다룬 것은 다만 만주에서 갑룡이라는 청년이 자위단원으로 나갔다가, 그 비리를 깨닫고 과감히 자위단을 박살내며 승리를 쟁취하는 영웅담이다. 갑룡이는 노부모를 모시고 금순이라는 처녀를 사랑하며 혼례를 계획하고 산에서 벌목일로 돈벌이를 하다가, 결국 자위단원으로 억지로 끌려와 빨치산 토벌대로 활약한다. 그러나 그러한 토벌 사업이 얼마나 일제 및 그 추종 세력을 돕기 위한 것인가를 깨닫는데, 그 매개 개념은 김일성 장군의 빨치산 활동이었다. 갑룡은 자위단의 간부들과 일본군을 섬멸한 자리에서 다음과 같은 연설을 하는데, 그의 투쟁이나 연설이 모두 무협지의 주인공을 연상케 함이 특징이라 할 것이다.

---

13) 와다 하루키, 「김일성과 만주의 항일 무장 투쟁」, 《사회와 사상》 1988년 11월호. p.181:이재화, 『한국 근현대 민족해방 운동사』, 백산서당, 1988, pp.224~232.

갑룡은 잠시 깊은 생각을 더듬는 듯하더니 계속하였다
"유격대는 조선의 군대라오. 왜놈들과 싸울 마음이 있는 조선청년
은 모두 거기에 모인다오. 우리는 비록 지금까지 왜놈의 총을 메고
왜놈의 앞잡이 노릇을 하였지만 찾아가서 우리의 사정을 말하면 받
아줄것이라 생각하오. 동료들! 아무리 생각해봐도 우리에게 살길은
이 길밖에 없소. 유격대를 찾아 산으로 들어 가잔 말이오!"
갑룡이 번쩍거리는 눈으로 군중을 둘러보는데, 맞은편에 서 있
던 '대학생'이 한 걸음을 나서며 외쳤다.[14]

그토록 조선인 빨치산을 괴롭히던 조선인 첩자 사건의 아픔을 다
룬 것이 아니라, 갑룡이라는 영웅적 주인공을 내세워 무협지 작품의
수준에 멈추고 만 것이다. 바로 여기에, 3대 고전의 한계가 있는
것이다.

그렇지만 김정일에 의해 지도되고 계획된 1930년대 김일성의 극
작품을 혁명 가극으로, 영화로, 그리고 소설로 만들어 내었을 때 이
를 평가하는 기준은 먼저 그 동기를 알아보는 일에서 찾아야 하며,
그것은 주체사상을 유일한 지도적 지침으로 했을 때 비로소 달성된
다고 했음을 다시 확인할 필요가 있다. 그 때문에 김일성이 1930년
대에 종자를 심어 놓은 작품들을, 1970년대의 모든 예술적 기량과
축적된 현대적 예술 능력으로 집체적으로 재창조함으로써 주체사상
의 '본보기작품 창작'의 제시에 그 목적이 있었다. 한편으로는 김일
성의 인간적인 완전무결성을 내세우며, 다른 한편으로는 그것이 어
떻게 공산주의적 인간학의 표본인가를 형상성을 통해 제시함으로써
영웅 숭배의 유일한 본보기로 삼고자 한 것이다. 이 점에서 김정일

---

14) 『한 자위단원의 운명』(황토 판), p.519.

의 의도는 성공적이라 할 것이다. '본보기작품 창작'으로서의 의의가 보장되었다는 것은, 곧 다음 두 가지 사업의 길을 열어 놓았음에서 새삼 확인된다. 곧 『불멸의 력사 총서』와 김일성의 아버지와 어머니를 작품화한 것에로 이 '본보기작품 창작'이 실현될 수 있었던 것이다.

4. 총서 『불멸의 력사』의 등장

총서 『불멸의 력사』가 1970년대 초반에서 1980년대 후반까지 15권의 큰 분량을 이루었을 뿐만 아니라 그 만큼 긴 시간을 요청했다는 사실이 김정일의 권력 강화 과정, 이른바 '지도자동지' 시기에 대응되고 있음은 거의 확실하다. 관점에 따라서는, '어버이수령 시대'에서 '지도자동지 시대'로의 정치적 성격 변화에 해당되는 구체적 이미지 창출의 일환으로 제기된 여러 예술적 장치 중에, 그 예술적 성과에 있어 혁명 가극 「피바다」의 창출 못지 않은 비중을 가진 것이 총서 『불멸의 력사』라 할 것이다. 영화와 소설에 힘을 쏟으라는 김일성의 교시는 이미지를 통한 대중 계몽과 선전으로서의 예술의 기능을 겨냥한 것이었다. 『불멸의 력사』 총서는 소설 부문, 곧 묘사문학을 통해 주체사상을 의식화하는 최선의 방법으로 고안된 것이다. 가극이나 영화 예술 자체가 본질적으로 집체작 형식이며, 따라서 대중성을 띨 수밖에 없는 것이라면, 묘사문학으로서의 소설에서 그것에 대응되는 방식은 무엇인가. 이 물음에 대한 해답이 곧 『불멸의 력사』이다. 말하자면 "수령님의 령도의 현명성과 고매한 덕성을 깊이 있고 격조높게 형상화하는 것은 우리 문학예술작품 창작에서 첫째가는 원칙적 요구"(김정일 지적)라는 명제를 수행하는 일이 곧 지도자 김정일이 가장 잘 할 수 있는 사업이자 정치적 역량을 발휘할 수 있는 계기이기도 했는데, 그 명제의 첫번째이자 제일 효과적인 방식이 3대 혁명 가극 형식이었으며, 그것보다는 덜 효과적이긴 하나 버금가는 형식을 창출한 것이 바로『불멸의 력사』총서라 할 수 있다.「피바다」를 비롯한 3대 혁명 가극의 예술적 수준이랄까 장르적 성격이 소련이나 중국 또는 기타 사회주의 국가권의 일반적 수준과 얼마나 유사한 점을 공유하며 또한 그를 능가하는가를 평가하는 일이 간단하지 않은 것처럼, 총서『불멸의 력사』역시 다른 사회주의 국가권의 그런 사례의 유무와 또한 그 수준을 통해 비로소 제대로 평가될 성질의 것이다. 이러한 평가상의 난관이 극복되지 않는다면 북한문학 예술은 마르크스-레닌주의 미학의 평가, 곧 객관적 평가 단계에 이른 것이라 할 수 없는 만큼 단시일에 적절한 평가를 내리기 어렵다는 것은 쉽사리 인정될 것이다. 그렇기는 하나, 총서『불멸의 력사』가 김일성의 혁명 영도의 현명성과 고매한 덕성을 격조높게 형상화하고자 한다는 기본 조건을 염두에 둔다면, 이는 특정인의 영웅화라 할 수 있으며, 따라서 허구성과 사실성의 극복이라는 특수한 난관이 예상될 수 있다. 이 난관을 소설 형식에서 어떻게 해결해 나갔는가를 물을 때 비로소 총서 형식이라는 이른바 형식 문제가 의미를 갖게 된다. 곧 장편 형식이되 대하 소설과는 다른 고리형 소설 형식이 그런 것인데, 이를 '총서 형식'이라 부르기도 한다.

 이 총서 형식이 나오기 전에도 김일성의 혁명적 영웅성을 그린 소설이 없었던 것은 아니다.「맑은 아침」(1967, 고병삼),「철의 력사」(1967, 변희근), 「력사의 자취」(1967, 권정웅), 「크나큰 사랑」(1967, 리영규), 「눈석이」(1968, 석윤기), 「태양을 우러러」(1975, 김수범) 등이 그것인데, 이들 작품군은 단편 형식의 단계에 속한 것이어서 형식이 안고 있는 단면적 한계를 조금도 넘어설 수가 없었다. 물론 「만경대」(1973, 황민), 「동트는 압록강」(1975, 강효순), 「배움의 천리길」(1971, 문희준) 등의 장편소설이 없었던 것은 아니지만 개별적인 것에 그친 것이었다. 기왕에 있어 온 단편 및 장편을 기초로 하여, 이를 넘어선 새로운 묘사형 장편 형식을 창출할 수 없는 것일까. 이런 물음에의 해답이 총서 형식이거니와, 이는 3대 고전 혁명 가극 형식의 완성 다음 차례에 올 과제였다. 총서 형식이란 무엇인가. 그 근본 구조가 혁명 가극의 집체성과 성격을 같이한다는 것은 새삼 말할 것도 없다. 몇 편의 개별적인 김일성 혁명 투쟁을 전기나 연대기식 장편으로 반영할 것이 아니라, ① 방대한 규모로, ② 전일성과 총체성을 가진 형식을 창출한 것. 이런 원칙에 따라 씌어진 작품은 다음과 같다.

「닻은 올랐다」(1982, 김정), 「혁명의 여명」(1973, 천세봉」, 「은하수」(1982, 천세봉), 「대지는 푸르다」(1981, 석윤기), 「1932년」(1973, 권정웅), 「근거지의 봄」(1986, 리종렬), 「백두산기슭」(1978, 현승걸·최학수), 「압록강」(1983, 최학수), 「잊지못할 겨울」(1984, 진재환), 「고난의 행군」(1976, 석윤기), 「두만강지구」(1980, 석윤기), 「준엄한 친구」(1981, 김병훈), 「봄우뢰」(1985, 석윤기), 「위대한 사랑」(최창학,), 「혈로」(박유학)

위와 같은 작품 등이 전 15권의 총서를 이루고 있다. 이 총서 형식을 두고 "전인미답의 길을 개척한 것"이라 평가하고 있거니와, 총서 형식을 창출한 주역들의 견해를 분석해 보면 그 성격이 좀더 분명해질 수 있겠다.

이 총서 창작의 주역은 천세봉(김일성 훈장 수훈자·조선 작가 동맹 중앙위원장), 석윤기(김일성상 계관인, 4·15창작단장), 김영근(조선 작가 동맹 중앙 위원회 부위원장) 등이거니와 이 총서가 4·15창작단에 의해 주도되었음을 알 수 있다. 김정일이 4·15창작단을 지도하기 시작한 것은 1968년 8월 중순부터이며『불멸의 력사』총서 계획을 세워 명칭을 확인한 것이 1971년 8월 23일이다. 전인미답의 길이라 스스로 말하는 이 총서가 작가 개인의 이름으로 발표되고 있지만 천세봉의 지적대로 "그것은 어느 한 작가에 재능이나 열정에 의해 창작된 것은 결코 아니며 ……어떤 형식으로 어떻게 써야 하겠는가라는 문제를 가지로 얼마나 모색하고 또 론쟁하였던 것"15)의 결과물인 셈이다. 그런데 이러한 새로운 형식을 창조함에 그 난관을 돌파하는 데 결정적 몫을 한 존재가 바로 김정일이었는데, 그는 4·15창작단에게 이 총서가 총체성과 매개 권마다 독립성을 동시에 확보할 수 있도록 창작하라고 지시했다는 것이다. 천세봉의 회고에 따르면 김정일은 작가들이 쓴 초고를 두세 번씩 읽었으며 몸소 가필까지 했고 또 방도를 제시했으며, 작가들의 창작상의 제일 어려운 점인 당대 사회 미체험 부분의 극복을 위해 작가들로 하여금 김일성을 만나 지도를 받게끔 특별 주선(1971년 8월 말)까지 했다는 것이다. 이런 4·15창작단 중심의 집체적 성격을 거쳐 최초로 완성된 작품이 「1932년」이었다. 김정일이 이 작품 원고를 독파한 것이 1971년 8월 31일이었으며, 『불멸의 력사』총서 제1권으로

---

15) 《조선문학》 1985년 10월호. p.30.

출간된 것은 1972년 4월 15일(김일성 회갑일)이었으며, 김일성이 이 작품을 녹음으로 읽은 것이 1972년 2월 16일이었다.16)

최초로 총서 1권을 완성한 작가 권정웅은 과연 누구인가. 김정일이 작가 권정웅의 회갑상을 차려 준 것이 1985년 1월 8일이니까 1925년생이며, 함경도 탄광촌 버럭산 밑에서 자랐다. 석탄놀음하며 소년기를 보낸 그의 데뷔작은 「7급공 최아바이」(1954)이며 이어서 「백일홍」, 「준엄한 길」, 그리고 평판 높은 장편 「버럭산」 등을 썼다. 4·15창작단 창작실 소속인 그는 대동강가 5층 건물에 있는 창작실에서 가진 기자와의 인터뷰에서 그가 「1932년」을 구상하면서 백두산 혁명 전적지를 답사하기 위해 혜산행 열차를 탄 것이 1969년 4월이라 밝혔다. 총 14장으로 되어 있는 이 작품은 3,700매였고 김정일이 심의본을 열람하고 수정 보완 지시를 한 것이 1971년 8월 31일로 밝혀져 있다. 권정웅의 다음 작품은 「1945년」으로 되어 있다.17) 이 작품의 중요성은 김일성의 항일혁명투쟁 과정중 그것의 현실적 출발점이라 할 수 있는 조선혁명군 창설 경과를 다룬 점에서 찾아질 수 있다. 1932년에서 1933년 1월까지를 시대 배경으로 하여 김일성의 항일혁명의 기초를 닦기 위한 첫번째 원정을 소재로 한 것인 만큼 총서 중에서는 비교적 앞 단계에 속하여, 따라서 서정적이자 소박한 인간성 및 빨치산의 생활상 묘사에 중점이 가 있다. 이른바 유격대 근거지, 해방구 창설의 과정이 「1932년」인 셈이다. 동만의 항일 유격대의 조직의 배경엔 이곳 주민 7명 중 5명이 조선인이었다는 사실, 간도 전체의 공산당원 587명 가운데 조선인이 576

---

16) 《조선문학》 1988년 5월호, 「향도의 자욱을 따라」, 연재 제2회.
17) 《조선문학》 1985년 12월호 pp.15~16.

명을 차지했다는 사실을 고려하지 않으면 위의 사정을 이해하기 어렵다. 조선인은 대부분 농민이었으며 5·30폭동(1930), 9월 추수폭동(1931), 춘황폭동(1932. 3) 등이 모두 조선인에 의해 주도되었던 것이다. 한 연구가에 따르면 김일성의 유격대 조직은 1932년 4월 25일이라 하나, 18명으로 구성된 이 부대의 조직원 가운데 김일성 자신과 1932년 7월에 죽은 차광우 한 사람의 이름만 밝혀진 점을 비롯 여러 학설이 있어 종잡을 수 없는 것으로 기록되어 있다.[18] 한편 다른 연구자는 이렇게 기록해 놓고 있다.

> 민족주의자의 아들이며 부친의 타계 후 길림의 사립 중학교에서 수학했고 그후 이통현의 오가자나 고유수에 머물면서 이종락의 조선 혁명군 길림성 지휘부에 속하는 부대에 있었던 김일성은 1931년 초, 이 조직이 지도자의 체포로 괴멸된 후 모친이 사는 안도로 돌아왔다. 1912년생인 그는 그 때 19세가 되었는데, 그 해에 중국 공산당에 입당했다. 아마도 안도로 돌아온 후의 일일 것이다. 만주사변의 시작과 함께 무장 투쟁을 벌이기로 한 그는 그러한 까닭으로 해서 김성주라는 본명을 감추고 간도 지방에서 전해지던 전설상의 영웅의 이름인 김일성을 칭하게 된 것이라 생각된다. 그가 명월구 회의(안도현 명월구, 1931. 12)에 출석했다면 그것은 안도현의 당조직에 의해 파견된 것이었을 것이다. 유격대의 조직도 당 조직의 결정없이는 있을 수 없는 일이었다. 1932년 4월에 김일성은 이영배, 김철희 등과 함께 안도현 반일 유격대를 조직했다고 한다. 이것은 임춘추가 1960년대 처음 말한 것인데, 오늘날 중국의 내부 발행 자료집에서도 이 사실은 확인된다.[19]

만일 이러한 사실을 그대로 믿는다면 1948년 2월 8일에 창건된

---

18) 서대숙, 앞의 책, pp.11~12.
19) 와다 하루키, 앞의 책, pp.170-171.

북조선 인민군을 1948년 2월에서 1932년 4월 25일에로 이끌어올린 속뜻을 어느 정도 짐작케 한다. 그만큼 총서 중 「1932년」이 차지하는 비중은 클 것이었다. 권정웅의 이 소설 「1932년」을 첫신호로 하여 이른바 김일성의 '령도의 현명성과 고매한 덕성'을 깊이 있게 형상화하는 거대한 작업이 1970년대에서 1980년대에 걸쳐 진행되었던 것인데, 이 작업은 가히 북한문학의 총력을 기울인 것이라 할 것이다. 중요한 것은 이러한 작업의 총지휘자가 김정일이었다는 사실이다. 그가 후계자로 될 수 있는 구체적 기반은 바로 그의 예술적 재능에 크게 의존한 것이라 평가된다. 폐쇄 사회에서의 집중적인 이미지 창출과 그것의 교육적·선전적 기능은 교향곡의 지휘자가 갖추는 기술적 측면과 연극 연출가가 갖추는 통제 기능을 합친 것에 해당되는 것이기 때문이다.

5. 총서 『불멸의 력사』의 분석과 평가

「1932년」을 기폭제로 하여 씌어지기 시작한 총서의 문학적 지휘자는 김일성 훈장 수훈자이자 <조선작가동맹> 중앙위원장 석윤기가 아닌가 추측된다. 앞에서 잠깐 보인 특별 좌담회에서도 그 점이 엿보이지만 실제로 총서 중 「대지는 푸르다」(1981), 「고난의 행군」(1976), 「두만강지구」(1980) 등이 그 자신의 이름으로 발표되고 있기 때문이다. 석윤기 작 「봄우뢰」가 1985년 문예출판사에서 김일성의 제73회 탄생을 겨냥하여 출간되었음을 염두에 둔다면 그는 총서 중 무려 4권을 쓴 것이다. 김일성 교시 중에는 항일 혁명 소설과 건설기의 소설을 각각 50대 50의 비율을 창작하라는 대목도 있지만 또한 "항일무장투쟁을 내용으로 한 혁명적인 소설을 더 많이 써내야 하겠습니다."20)라는 대목도 있는 만큼 총서의 지속성은 거의 완전히 보장되어 있다 해도 과언이 아닐 것이다. 「봄우뢰」가 「대지는 푸르다」의 속편으로 씌어졌음은 이 사실을 말해 주는 것이다. 그렇지만 문예의 기준상에서 볼 때, 총서가 갖는 의미는 단순하지가 않다. 「피바다」가 단순한 김일성의 우상화에 멈추지 않고 연극적 공간으로서의 예술적 감동 충족의 고유한 영역이듯 총서의 경우도 꼭 같은 이중의 기능을 수행한 것으로 평가될 수 있다. 만일 이 사정을 몰각한다면 총서를 논의하는 일은 별로 의미가 없다 해도 과언이 아닐 것이다. 총서가 한편으로는 김일성 항일 혁명 투쟁의 형상화이어서 혁명 전통의 계승과 그 의의 및 그것의 역사적 계승에 대한 학습으로서의 의미를 갖고 있지만, 동시에 소설이 갖고 있는 고유의 기능인 예술성의 충족도 겨냥되어 있다고 볼 것이다. 이 두번째 기능이 얼마나 잘 성취되었는가를 묻는 일이야말로 주체사상의 독창성과 나란히 가는 소설쪽의 의미일 것이다. 그것은 곧, 일반 대중들이 좋아하고 또 오락적 기능까지를 충족시킬 수 있는 이른바 '무협지적 성격'이라 할 것이다.

'무협지적 성격'이란 무엇인가. 이 개념을 간단히 정의할 수는 없지만, 동양 문학에서의 그 개념은 「수호지」를 비롯한 비적 또는 불세출의 영웅호걸들의 모험과 슬기로움을 다룬 것으로 정의해 볼 수 있다. 그런데, 그 주인공들이 영웅 곧 초인적 능력의 소유자라는 점에서만 보면 희랍 서사시의 주인공 율리시즈, 헥토르, 아킬레스 등

---

20) 『김정일저작집』 제24권, P.411.

과 같지만, 불우한 영웅이며, 민중 편에 선 정의의 사도라는 점에서 스스로 구별된다. 민중 편에 선다는 것을 역사 : 사회적 문맥에서 보면 어느 단계에서는 봉건 제도와의 싸움이고 어느 단계에서는 제국주의와의 싸움일 수 있다. 동양 문학에서의 그 전형이 「수호지」라면 우리 문학에서의 그 전형은 홍명희의 「임꺽정」(1929~1941)이다. 이들 무협지의 문학적 평가 기준의 하나는 대중성(통속성)이고 다른 하나는 혁명 의식성일 것이다. 1930년대 우리 소설계에서 「임꺽정」이 이룩한 대중성과 계급 의식 고취는 뚜렷한 것이었으며, 게다가 그것은 풍부한 조선어의 발굴과 정확한 묘사력을 보여 주어 단순한 무협지의 경지를 넘어선 것으로 평가되었다. 「임꺽정」이 「대도전」이나 「홍길동전」과 다른 점은 선명한 계급 의식 편에 선 작가의 세계관에서도 왔지만, 풍부한 조선어 발굴과 황해도 어사들의 장계를 해독함으로써 얻어낸 세부 묘사력은 작가의 예술적 재능에서 온 것이다. 이에 견주어 볼 때 총서는 어떠한가. 물론 정확한 비교의 근거를 제시하기는 어려우나 총서가 설사 작가 개인의 이름을 지녔더라도 4·15창작단이 중심점에 놓여 있다는 사실로 하여 「임꺽정」의 경우와는 결정적으로 구분된다. 집체성을 띤 총서인 만큼 그 집체성의 중심부에는 주체사상으로 무장된 공산주의적 인간학이 자리잡고 있어 어떤 경우보다도 특수하다 할 것이다. 그렇다 하더라도 무협지가 갖고 있는 일반적 성격이라 할 대중성은 총서가 갖추고 있는 최대 강점이라 평가된다. 이 대중성이 인민성이 기초이며, 또 인민성의 최고 경지가 바로 예술성의 그것임을 염두에 둘 때 이 대중성의 의미는 크게 강조되어 마땅하다. 「봄우뢰」에서 이 점을 엿보기로 한다.

석윤기 작 「봄우뢰」는 1931년 12월 이른바 명월구 회의로부터 1932년 4월 25일 안도현에서의 반일 유격대 창건까지를 역사적인 배경으로 한 것인데, '9·18사변' 이후 눈발 날리는 음산한 간도땅이 펼쳐진다. 추수투쟁 대열의 함성의 불덩이가 일제 기마경찰대와 난투극을 벌이는 3·7 춘황폭동 직후 김일성 장군은 명월구를 향해 떠난다. 장군은 명월구 조직 보고를 받고 차광수를 여순에 파견한다. 차광수가 떠난 후 장군은 수수한 농가 웃간에서 장차 열릴 회의 문건을 작성하여 혁명 단계 구상에 여념이 없을 때 차광수가 돌아왔다. 장군은 드디어 무장투쟁을 결심했고, 유명한 명월구 회의(1931. 12. 16)를 소집한다.

한편, 동만 특위 책임자 동자경이 용정에서 일본군에 체포되었다는 것을 안 장군은 허재률을 거기에 파견한다. 허는 인삼 장수로 변해 유치장에 침투하여 마침내 동자경을 만난다. 안도현에서 허재률은 부강촌 지구의 대지주 안윤재의 보위단에 체포되어 강금당하나, 안재윤의 아들이며 혁명 의식화에 물든 안영효와 처녀 부금의 도움으로 탈출한다. 이들은 최득만을 구출하다 차광수를 만나고 최옥섭과 만남으로써 간도, 돈화, 안도를 연결하는 삼각형 혁명 근거지를 구성하는데, 그 중심에 바로 부강촌이 놓여 있었다. 부강촌을 혁명 근거지로 삼아야 될 필연적인 이유가 여기 있었는데, 이 근거지 확보를 위해 장군이 몸소 나서게 된다. 부하 오정혁의 집, 곧 부강촌 오별장네 머슴으로 들어간 것이다. 장군은 명월구를 떠나 부하 오정혁과 눈속으로 말발구를 끌고 부강촌으로 가는 도중 부강촌의 장사 송남칠과 마주쳤다. 길을 비켜 주지 않는 송남칠과 장군의 첫 대면이 이루어진다. 장군은 송남칠을 형님으로 대접하며 스스로의 인간성의 넓음을 보여 준다. 장군이 장사 송남칠의 나무짐을 대신 지고 동네를 향하는 대목을 보이면 이러하다.

　　김일성동지께서는 단단히 뻗친 작심이를 꽉 움켜쥐시고 눈우에 무릎을 끓고 앉은 마른다리에 힘을 주시였다. 허리를 솟구치려 하자 짐이 머리우로 쏠리면서 기울기울한다. 아니게 아니라 만경대에서부터 오가자, 명월구에 이르기까지 농사일이며 별일을 다 해보셨지만 이렇게 큰 짐을 져보신 적은 없었다. 그러나 이제부터는 공작상 명목이 머슴인 것만큼 이런 짐을 조석으로 져야 한다. 더욱 동네에 대한 공작이나 다른 지방조직에서 오는 보고를 산속에서 이런 나뭇짐을 져내리면서 토론하기로 오정혁이와 이미 짜놓았기 때문이다. 그렇다고 따로 연습을 할 시간은 없다. 이렇게 사람을 사귀면서 짐을 지는 연습도 하고 오별장네 새로운 머슴이 일을 잘한다는 소문도 내놓아야 하는 것이다. 가까스로 마른 다리를 펴고 허리를 일으키시자 왼쪽발이 눈우에 미끌어졌다. 그바람에 댓걸음이나 옆으로 지쳐서야 겨우 몸의 균형을 바로잡으시였다.

　　《아무래도 형님은 못당하겠군요. 엿 한근 밑졌는데요》
　　한순간에 내뿜는 이마의 땀을 소매로 훔치며 이렇게 말씀하시자 남칠이가 묵중한 표정으로 고개를 설레설레 흔들었다.
　　《아니야 그만하면 괜찮아. 우리 동네에서 이 나뭇짐을 지고 일어설 사람은 저 안윤재영감밖에 없을걸.》
　　《안윤재영감이 그렇게 힘을 쓰나요?》
　　《지금은 모르겠네만, 한 삼년전에 씨름을 안아봤는데 만만치 않더군. 내가 자네한테 진 셈이니 밤에 우리 집에 오라구. 내 술한상 내지. 그 짐을 보면 백두산 호랑이도 피똥을 갈기겠는데, 대장부가 엿내기를 하다니 말이 되는가?》
　　《고맙수다. 그럼 형님한테서 술도 배우지요. 어서 발구를 타시요. 주인이 성나지 않게 말씀 해달라구요. 》
　　김일성동지께서는 걸핏하면 한쪽으로 쏠리려는 나뭇짐의 균형을 잡으려고 신고하시면서 남칠이를 옆구리로 떠미셨다. 남칠이는 걱정스러운듯 나뭇짐과 그이의 얼굴을 살피더니 말발구로 다가가 자연스럽게 마부자리에 올라앉았다. 오정혁의 채찍을 슬그머니 빼앗아쥔 남칠이는 말잔등을 가볍게 건드리며 말했다.
≪괜찮은 사람을 얻어오는군. 오별장 영감이 인복이 있는 영감이야. 눈치가 좀 무딘 것 같지만, 머슴이 똑똑해서 뭣하겠나. 말썽이나 부렸지.≫
그 어조는 어딘가 제 신세타령처럼 침울하게 울려왔다. 말발구 뒤를 따라가면서 그말을 다 들으신 김일성동지께서는 아랫도리가 후둘후둘하도록 짐이 무거운데다가 길까지 미끄러워 통 걷기가 힘드셨지만 쾌활한 목소리로 말씀하시였다.
≪말을 때리 몰라요. 나는 얼마든지 따라갈수 있수다.≫
남칠이는 뒤를 돌아보더니 못들은 척하고 부시럭부시럭 담배를 말았다. 부시를 툭툭 키면서 그는 오정혁에게 넌지시 귀뜸하였다.
≪안윤재영감한테 사람을 떼우지 않게 하라구. 요즘 그 영감은 저런 어수룩한 친구들과 총을 보기만 하면 제손에다 걷어넣으려고 돈을 아끼지 않는다네.≫
오정혁은 잠자코 있었다. 그는 속으로 남칠이가 역시 속은 살아 있는 사람이구나 하는 확신을 가지게 되였다.[21]

오별장네에서 3년간 머슴 계약을 맺고, 오별장의 아들이자 부하인 오정혁을 대동하고 혁명 근거지 부강촌에 침투하는 김일성의 행동에서 그의 인간 됨됨이와 사람 사귀는 뛰어난 재능, 곧 '령도의 현명성'을 유감없이 드러내었다. 뿐만 아니라, 송남칠을 통해 부강촌의 지주이자 마을을 지키기 위한 친일 세력 단체인 소위 보위단의 두목격인 안윤재의 힘과 근황을 알아차릴 수 있었고, 한편 오정혁은 송남칠의 인간 됨됨이를 깊이 있게 파악할 수조차 있었다. 이러한 묘사력의 효과는 장편소설이 제일 잘 해낼 수 있는 소설 미학에 속할 것이다. 말하자면 무협지의 고유한 영역인 대중성을 바탕에 깔면

---

21) 『봄우뢰』(고추잠자리 판), pp.127~128.

서도 그것을 넘어서는 대목인 셈이다. 그러나 이 작품의 진행 속에는 무협지적 성격이 아주 짙게 깔려 있어 흥미를 돋우고 있고, 그때문에 장군의 슬기나 인간성의 밀도가 엷어져, 일종의 신출귀몰한 영웅성으로 흐르고 있다.

장군은 오정혁 집 머슴살이를 하면서 마을 청년들의 도박을 금지시키는 일에서부터 서서히 혁명적 의식화 작업을 진행시켜 나간다. 일제 특무 기관의 후꾸다, 니시자와 등의 사주를 받아 보위단을 조직한 안재윤에게로 접근해 가는 장군의 모습은 가히 초인적이다. 김책, 허재률, 리광, 송남칠, 오정란 등을 중심으로 반제 청년 동맹을 조직한 장군은 박일모의 사망 진상을 밝혀 안윤재를 규탄함으로써 마침내 부강촌을 혁명 거점화하기에 성공하고 유격대 거점으로 이용하게 된다. 보위단 사건과 관련 중국의 우사령 부대를 찾아 직접 담판한 장군의 탁월한 능력 묘사는 「봄우뢰」의 클라이맥스라 할 수 있다. 일본의 음모에 의해 저질러진 죄악을 폭로함으로써 공산당의 무혐의를 증명한 장군의 능력은 가히 무협지적 성격의 특징이라 할 것이다. 우사령 부대를 공격한 것이 공산당이 아니라 일제의 음모임을 폭로함으로써 중국과 조선의 공동의 적이 일제임을 밝히는 과정과 이에 대한 역사적 해석은 「한 자위단원의 운명」에서 이미 시도된 터이기도 하다. 「봄우뢰」는 우사령 부대와의 화해가 이루어진 다음 1932년 4월 25일 유격대 창건이 선포되고 5·1절 경축 안도현 시가 행진으로 끝나게 된다.

6. 문학사적 시각

총서 『불멸의 력사』는 여러 장편이 역사적 순차로 연결되고 전일적으로 집대성되는 방대한 규모의 독창적 소설 형식이라 규정되고 있거니와 이를 북한의 소설 문학사적 시각에서 자리매김을 한다면 다음과 같다.

- 제1기…건설기. 여기에는 「개벽」(이기영), 「노동일가」(이북명), 「탄맥」(황건), 「호랑영감」(천세봉), 「땅」(이기영) 등을 비롯, 남조선 인민 항쟁을 형상화한 「그 전날밤」(이동규), 「제2전구」(박태민) 등이 포함된다.
- 제2기…해방 전쟁기. 여기에는, ① 「불타는 섬」(황건), 「싸우는 마을 사람들」(천세봉) 같은 민중 항쟁, ② 반미 사상과 군대를 다룬 「구대원과 신대원」(윤세중), 「승냥이」(한설야), 「바다가 보인다」(김사량, 수기 형식), 「해방된 서울」(이동규), 「미군격멸기」(남궁만)등이 포함된다.
- 제3기…전쟁 복구기. 여기에는 「맹반항장」(유항림), 「빛나는 전망」(변희근), 「시련속에서」(윤세중) 등이 포함된다.
- 제4기…생산 관계. 여기에는 「첫수확」(이근영), 「석개울의 봄」(천세봉) 등이 포함된다.
- 제5기…계급 교양. 애국주의. 여기에는 「개마고원」(황건), 「두만강」(이기영), 「서산대사」(최명익), 「임오년의 서울」(최명익) 등이 포함된다. 「갑오농민전쟁」(박태원)까지 넣는다면, 월북 문인이나 혹은 순수 문인들의 살아 남는 방식은 역사 소설쪽이었음을 새삼 확인케 된다. 여기에서 예외적인 것

은 미제를 집요히 비판한 증오에 찬 「승냥이」의 작가 한설
야뿐이다. 그는 「설봉산」을 씀으로써, 다른 원로 작가모양
역사물에로 후퇴함으로써 작가적 생명을 잇고자 하지 않았
는데, 아마도 이러한 현역적·현재적·정치적 의식과 역량
이 그로 하여금 1959년 12월 이후의 숙청을 가져왔던 원
인의 하나가 아닐까 한다.
- 제6기…혁명적 전통. 「길동무들」(김병순), 「동지애」(김북향) 등을
거쳐 마침내 총서『불멸의 력사』에 이르게 된다.

　지금까지 대략 6기의 시기를 문제삼았는데, 『불멸의 력사 총서』는
제7기에 해당되는 것으로 '주체사상기'라 규정된다. 주체사상기의 기
초 다지기를 위한 문학쪽의 총역량의 집약적인 업적이 총서인 셈인
데, 이를 역사적으로 규정한 문맥을 그대로 옮기면 다음과 같다.

> 혁명투쟁의 어느 한 단면이나 혁명활동의 일부분만을 그리는 단
> 계를 벗어나 수령의 혁명력사의 혁명활동전반을 전면적 체계적으
> 로 포괄하는 대서사시적 화폭으로 창조될 때에만 로동계급의 혁명
> 투쟁에서오는 수령의 결정적역할을 예술적으로 가장 힘있게 확증
> 하고 혁명적수령관 확립에 이바지하는 자기의 사명을 수행하고 있
> 다.[22]

　"위대한 령도를 따라 우리 소설문학이 걸어온 영광의 40년"이라
는 표제로 정리된 위에서 보인 7단계의 소설적 전개에서 총서가 차
지하는 비중은 거의 절대적이라 할 것이다. 이러한 진술 속에는 다
음과 같은 문학적 사실(평가)도 포함되어 있다.

---

22) 《조선문학》, 1985년 6월호, p.9.

첫째, 가극이나 영화와는 달리 소설이 제일 잘 감당할 수 있는 묘사로서의 성격을 최대한으로 부각시켰다는 점. 이 점을 '대서사시적 화폭'이라 불렀다. 문학쪽이 할 수 있는 주체사상기의 최대의 기여가 이로써 가능하였다.

둘째, 총서는 서사시적 범주에 속한다는 것. 고전적 의미에서 대서사양식에는 서사시와 소설이 포함된다. 서사시는, 희랍적 문맥에 따르면, 세계와 자아의 완전한 합일 상태를 그리는 것이라 규정된다. 우리가 갈 수 있고 가야만 할 길의 지도의 몫을 하늘의 별이 수행해 주는 그러한 세계가 서사시의 주인공이 살고 있는 장소이거니와, 이러한 곳에 살고 있는 주인공과 그가 사는 세계 사이에는 추호의 낯섦도 있을 수 없다. 세계는 자기 집과 같으며, 그가 행하는 일거수 일투족이 그대로 모든 것의 표준이 된다.[23] 총서만큼 이 원칙에 철저한 경우는 거의 없을 것이다. 총서의 주인공 김일성은 "갈 수 있고 가야만 하는 길"을 추호의 방해 없이 이룩하고 있었는데, 왜냐하면 그는 서사시 속의 목가적 영웅이었기 때문이다. 이 영웅의 손짓 하나 말 한마디, 행동 하나가 그대로 진실이고 사실이고 혁명이었다. 바로 이러한 사실 때문에 그는 고전적 의미에서의 목가적 영웅이며, 따라서 서사시의 주인공일 수밖에 없다. 동양적 표현을 빌면 무협지의 주인공과 조금 닮아 있지만 그 닮음은 한갓 겉으로의 닮음에 지나지 않는다. 무협지의 주인공의 활약상은 흡사 영웅처럼 보이지만 그는 조만간 막강한 현실 권력층에 의해 운명적으로 패배하게 되어 있다. 곧 패배함을 전제로 했을 경우에만 그의 행위는 위대하게 그려진다. 「삼국지」의 제갈량을 비롯한 모든 영웅이 그

---

[23] 루카치, 『소설의 이론』 (루흐트한트 판), p.21.

러하며, 「수호지」의 영웅들도 그 운명은 모두 같은 것이었다. 밝음의 세계속에 서 있는 것이 아니라 밖의 논리, 어둠의 세계에 속한 영웅이었던 만큼 그들이 아무리 초인적 능력 보유자라도 마지막엔 패배하게 되어 있는데, 그 점이 바로 비극적 의미를 낳게 되는 요인이었다. 이에 비할 때 총서의 주인공 김일성은 그 성격이 본질적으로 다르게 설정되어 있다. 그의 모든 행위는 그 자체가 정당화고 합리적이자 운명적으로 패배를 모르는 장면 위에 설정되어 있다. 이러한 불패의 영웅은 소설의 세계가 아니고 고전적 의미의 서사시적 세계에 속하게 된다.

셋째, 총서의 세계에는 시간이 정지되어 있다는 점. 총서가 무협지적 겉모양을 갖고 있다는 사실은 그것이 민중에게 잘 읽힐 수 있는 패배한 영웅, 승천하려다 실패해 용이 못된 '강철'의 신세를 연상케 한 점이겠으며 이 점에서 총서는 문학적으로 성공한 작품군으로 평가될 수 있다. 그러나 총서의 속구조란, 앞에서 지적한 바와 같이, 무협지적 성격과는 판이한 것으로, 영웅 서사시의 성격 그대로이다. 말을 바꾸면 총서는 소설의 범주를 넘어서는 것으로, 서사시의 범주에 멈추어 있는 형국이라 규정된다. 목가적 영웅 시대, 이른바 저 클로드 로랭의 그림에서 드러나는 황금시대를 재현하고 있는 총서를 소설적 범주에서 평가할 수 없는 이유가 여기에서 말미암는다. 자아와 세계가 합일된 세계, 영웅적 주인공이 세계를 휩쓸고 가고 있는 세계라는 서사시적 본질(성격)을 내면 구조로 가지면서도, 악의 무리(일제)와 대결하여 쫓기도 있는 주인공을 다루고 있는 세계(곧 무협지적 겉구조)를 겉으로 한 총서야말로 북한의 1970년대, 이른바 주체사상기가 낳은 기형아이자 기념비적인 작품군이라 할 것이다.

참고문헌

국토통일원, 『북한의 문학연구』, 1978.
김윤식, 『한국 근대 사상 연구』(Ⅰ), 일지사, 1984.
『김일성저작선집』제4권(1971), 제6권(1974), 조선로동당출판사.
『김일성저작집』제24권, 제25권(1983), 조선로동당출판사.
레닌, 『문학 예술론』, 논장, 1988.
서대숙, 『김일성』, 청계 연구소, 1989.
이재화, 『한국 근현대 민족해방 운동사』, 백산, 1988.
임춘추, 『혁명적출판물에 대한 그이의 지도』(고추잠자리 판 부록)
《조선문학》 1985년 6월호, 10월호, 12월호, 1988년 5월호.
『조선문학개관』(1·2), 평양, 1986.
『조선문학사』, 평양, 1979~1981.
『조선문학통사』, 평양, 1959.
한국 철학 사상 연구회 편, 『철학 사전』, 동녘, 1989.
홍기삼, 『북한의 문예 이론』, 평민사, 1986.
와다 하루키, 「김일성과 만주의 항일 무장 투쟁」, 《사회와 사상》, 1988년 11월호.
좌담, 「북한문학 바로 읽기의 입문」, 《문예중앙》, 1989년 봄호.
특집, 「북한문학, 어떻게 볼 것인가」, 《문학사상》, 1989년 6월호.
특집, 「북한의 역사학과 문학」, 《문학과 사회》, 1989년 봄호.

(1990)

3. 북한문학을 어떻게 대할 것인가
― 현실주의와 유토피아

1. 좌표 설정 문제에 대하여

객(客) : 안녕하십니까. 불쑥 이렇게 찾아와서 혹시 실례가 되는 것은 아닌지 모르겠습니다. 다름아니고,「피바다」「꽃파는 처녀」등 김일성 원작의 집체작을 비롯,『불멸의 역사』,「조선의 아들」「갑오농민전쟁」「백두산」(조기천)·「노동일가」(이북명) 등등 어느 정도 순문학으로 보이는 작품군이 지금 시중 서점에서 팔리고 있는 실정 아닙니까. 이러한 추세라면 어느 정도 앞으로 전개될 상황도 조금 짐작이 되긴 합니다만 이 점 어떻게 생각하고 있는지요?

주(主) : 글쎄요. 제가 점쟁이도 아니고 무엇을 얼마나 알겠습니까. 아마도 이러한 추세라면 이기영의 대표작으로 꼽히는「땅」(48~49)·「두만강」(5)을 비롯, 이갑기의「묘원」(49), 황건의「불타는 섬」(50), 한설야의 야심작「황초령」(52)·「설봉산」(56), 천세봉의「석개울의 봄」(55~59), 윤세중의「시련 속에서」(57) 등도 멀지 않아 서점에서 볼 수 있지 않을까 싶군요.

객 : 선생께서는 이러한 작품군을 언제 접한 것입니까.

주 : 관변측 연구라고 비난당할 수도 있겠지만 제가 북한 작품을

접한 것은 1977~78년간입니다. 당시 통일원(이용희 장관)에서는 북한문학 연구 프로젝트가 있었는데, 시·소설·희곡·평론·아동문학 등의 분과 중 제가 평론(문학이론) 분야에 참가한 일이 있습니다. 당시 문학 평론 연구 작업은 『김일성 선집』을 상세히 분석하여 거기에 제시된 문학 예술에 관한 부분만을 제 나름으로 살펴보는 것이었지요. 그때 제가 접한 북한 자료는 통일원 도서관의 것이었습니다. 물론 남산에서 발행한 신분증으로 그 자료를 읽게끔 조치가 된 것이니까 일종의 특권이었던 셈이지요. 이 프로젝트 다음으로 북한의 민족 의식에 관한 것에도 참가한 바 있습니다.(이에 관한 두편의 보고서는 최근의 졸저 『한국현대문학사론』, 한샘, 1988에 수록되어 있음). 북한문학의 경우 그 보고서 발표회가 통일원 회의실에서 비공개로, 신문 기자들의 초청만으로 있었는데, 중앙일보의 정규웅형이 맨 앞줄에 앉아서 여러 가지 까다로운 질문을 한 기억이 지금도 머릿속에 남아 있습니다. 제가 알기로는 통일원 도서실에는 상당한 자료가 복사본으로 비치되어 있습니다. 북한의 월간지 《조선문학》도 빠짐없이 갖추어져 있었지요. 마음만 먹는다면 지금쯤 이런 작품군을 상세히 체계적으로 읽고 논문을 쓸 수도 있을 것입니다. 저를 포함해서 모두 열의가 없거나 게으른 탓이겠지요. 이 도서실에는, 이기영의 대표작인 「고향」(1933)의 초판본(雅文閣, 1948)과 북한에서 간행된 「고향」 두 가지가 있습니다. 알려진 바로는, 「고향」 초판본은, 작가 이기영이 《조선일보》 연재 도중 경찰에 잡혀 중단될 운명에 놓인 것을 김팔봉이 대필했다는 것 아닙니까(김팔봉 회고록 참조). 그러니까 뒤의 것은 이기영이 북한에 가서, 그 대필된 부분을 자기 나름으로 다시 쓴 것이지요. 이런 것은 저 같은 호사가에게는 특별한 의미가 있습니다.

  객 : 최근 「피바다」를 비롯 3권의 책을 정부측서 압수한 모양인데, 이 점은 어떻게 보시는지요.

  주 : 국가보안법 개정안(88. 12. 2)에 따르면 "공산주의 서적, 북한 서적의 발행·판매·소지·탐독 및 북한 방송 청취 문제에서 명백히 북한을 찬양하는 등의 목적으로 한 행위가 아닌 경우 단순히 발행·판매·소지·탐독 등의 사실만으로 처벌되지 아니함"(《서울신문》, 88. 2,3)으로 되어 있지 않습니까. 그러니까, 북한 원간은 이 범주에서 벗어날 것입니다. 북한 국민들을 위한 용도로 만든 책이라면 우리측을 선동 선전하기 위한 것과는 구별되는 것이겠지요. 문제는, 국가보안법 개정안이 각의를 아직 통과하지 않았다는 점(현재, 89. 1. 23)에 있지 않겠는가, 그러니까 정부 차원의 이에 대한 태도 표명의 일종이 아니겠는가, 말을 바꾸면 속도 제한이 필요하다고 본 견해가 아니겠는가, 이렇게 생각합니다. 홍정선형이 언젠가 제가 갖고 있는 역사에의 전망에 대한 둔감함을 힐책한 일이 있습니다만 저는 역사의 큰 진행 방향에 대해서는 낙관적이지만 그 구체적인 실천적 면에서는 여전히 보수주의적이지요. 그러나 북한문학의 전면적인 개방에 관해서라면 아무도 이를 저지할 수 없다고 믿고 있습니다.

  객 : 북한 원간의 작품을 두고 지금은 과도기라고 말씀하신 줄 압니다. 그러니까 과도기에는 그 나름의 현상이 벌어지지 않겠습니까. 두 가지 현상이 그것이지요. 하나는, 북한문학이 쏟아져나오자 처음엔 모두 호기심에 이끌려 달려갔지만, 조금 지나자 그 황당무계함에 싫증을 느껴 '그저 그렇군' 한다든가, '별것 아닌걸 갖고 그랬군' 하

는 식으로 멀미를 일으킨다는 것이지요. "영생불멸의 김일성 주석의 주체사상에 따라서 ……"라고 시작되는 북한 원간의 작품을 두고 아무리 인내력 강한 독자라도 견디기 어려웠을 것입니다. 다른 하나는, 이러한 경박성과는 달리, "영생불멸의 주체사상……"이라고 표현될 수밖에 없는 그 나름의 이유가 반드시 있을 것이라는 것, 그 이유를 캐본 뒤에야 북한 작품을 올바로 읽을 수 있지 않겠느냐는 자각, 이른바 '좌표찾기'부터 해야 한다는 것입니다. 첫번째 반응이 시류적인 것이라면 두번째 반응은 자각적인 것이라 할 만합니다. 이에 대한 선생의 견해는 어떠신지요.

주 : 좋은 지적을 해주었소. '별것 아니군'하는 수준의 얘기를 두고 저차원의 독자들의 반응이라 한다면 이만저만의 망발이 아니겠지요. 우리 사회, 그러니까 (1) 자유 민주주의 체제, (2) 산업 정보 사회의 두 가지 조건이 만들어낸 사고의 틀 속에 우리가 살고 있지 않습니까. 이를 넘어설 수 있다고 자처하는 것도 망발일 성싶지만 이를 지나치게 강조하는 것도 망발이겠지요. 요컨대, 이 두 가지 제약 속에서 우리의 인식의 틀이 형성된 것인 만큼 알게 모르게 이 지평 속에서 벗어나기란 결코 쉬운 것은 아니지요. 두루 아는 바와 같이 조세희씨의 「난장이」시리즈(1976)는 그 서론격이 「뫼비우스의 띠」, 결론격인 것이 「클라인씨의 병」이었지 않습니까. 뫼비우스나 클라인은 수학자들이고, 괴델과 더불어 이들이 제시한 이론은 형식화에 대한 최종적인 회의, 그러니까 자기 언급적인 self-referential 모든 사고는 확정 불가능에 빠진다는 것이지요. 가령, "모든 크레타 사람은 거짓말쟁이다라고 한 크레타 사람이 말했다"라는 진술이 그러한 것이지요. 자기 언급적인 이러한 진술(사고)은 형식화를 지향하

는 모든 사고에 관련된 것이어서 그 선후를 확정하기 어려운 것 아니겠는가. 중심부와 주변, 안과 바깥, 본질과 현상, 존재와 부재 등, 이항 대립적인 사고, 그러니까 플라톤, 헤겔, 후설적인 모든 형이상학의 정점에 수학이 놓여 있는데(코기토로 말해지는 데카르트, 후설까지 포함해서), 그 수학이야말로 따지고 들어가면 확정 불가능한 것이라고 뫼비우스, 클라인, 괴델이 증명해놓고 있는 형편이지요. 산업 정보 사회란 이 '형식화'를 기본항으로 하여 성립된 것인 만큼 이것에 침윤된 처지에서 보면 주체성이 섰다든가, 중심이 있다든가 인간다움 운운하는 사고는 이 처지에서 어긋나는 것이겠지요. 여담이지만, 제가 양귀자씨의 「원미동」 시리즈를 높이 평가한 것은 그것이 이러한 '형식화'의 증명으로 읽혔기 때문입니다. 곧 뫼비우스의 현상이 80년대 우리 사회에 돌이킬 수 없는 세력으로 진행된 까닭이지요. 원미동이란, 도시도 시골도 아닌 곳이지요. 안과 바깥의 구별이 사라지듯, 도시와 시골, 중심부와 주변부란 없어졌기에 확정 불가능한 처지에 놓여버린 것이지요.

이러한 사고의 변혁 앞에, 북한 작품이란 여지없이 우스운 꼴, 그러니까 우리 작품모양 우스운 꼴이 되고 말 처지에 놓이지 않을 수 없지요. 이런 현상을 두고 김병익형은 '순진성의 상실'이라 한 것이겠지요. 이런 시각에서 보면 북한문학도 우리 문학 그것처럼 그저 그런 것, 별것 아닌 것으로 수용되고 말 것입니다. 이런 사실은 강조되어도 좋을 만큼 확실한 측면이며, 아무도 앙탈을 부릴 영역이 아닐 터입니다. 600억 불을 수입하고 600억 불 이상을 수출하는 이 사회의 산업화를 염두에 두지 않은 논의들은 어차피 제한적일 수밖에 없지 않겠습니까.

그러나, 북한문학에 대한 '조금의 자각적인 측면'을 문제삼는 일은 통일을 전제할 때 불가피한 것이 아닐 수 없음도 엄연한 사실이지요. 북한문학은 북조선이라는 국가적 실체를 전제로 한 것이며, 그것은 많건 적건 또 알게 모르게 공산주의 체제라는 조건을 떠날 수 없는 것이지요. 이때 문제되는 것은 북한이 '외국'으로 치부될 수 없다는 점입니다. 우리의 골머리를 아프게 하는 것, 심사숙고하여 좌표축을 만들지 않을 수 없는 까닭도 바로 여기에서 말미암는 것입니다. 북한문학이란 사회주의 체제, 공산주의 사회라는 역사적·사회적·철학적인 조건 속에서 비로소 그 독법이 가능한 것인 만큼 이 조건들에 대한 막대한 노력을 기울여 이해하지 않고는 결코 올바로 파악될 수 없지요. 만일 우리가 이러한 점에까지 관심을 기울이게 된다면 적어도 다음 몇 가지에 대한 고찰은 불가피할 것입니다.

2. 공산주의적 인간형 : 고귀함의 근거

객 : 그러니까 선생께서는 '공산주의적 인간'을 문제삼아야 한다는 뜻이 아닌지요. 가령 아라공이라든가 베르코르의 경우……

주 : 불문학을 전공한 분이니까 그런 사례가 쉽사리 머리에 떠오르겠지요. 아마도 지금 5,60대쯤 된 세대의 지식인이라면 프랑스의 문인 루이 아라공의 『공산주의적 인간』이란 책을 읽고 감동한 분도 있을 것입니다. 프랑스 인민의 자유와 독립을 위해 솔선, 자발적으로 나치즘과 싸운 휴머니스트, 영웅들의 순교자전이라 할 수 있는

내용이죠. '공산주의적 인간'이란 무엇인가. 대략 이렇게 규정되고 있지요. 그 사회적 계층적 출신 여하에 관계없이, 일단 분명히 '세계'를 보아버렸기 때문에, 그 이후엔 어떠한 것도, 가령 일신상의 안일·행복 따위란 그 '세계'의 인식에는 도무지 영향을 주지 못하는 하찮은 것으로 생각하며, 그런 기준에 따라서 행동하는 인간을 가리킵니다. 이른바 인간을 자기 자신 이상으로 두고 자신을 위해 아무것도 구하지 않고 인간을 위해 모든 것을 구하는 사람, 자기에 관한 일체를 희생하며 만인의 행복과 안녕을 희구하는 인간인 것이지요. 이러한 훌륭한 품성과 선의를 가진 공산주의적 인간이란 프랑스에만 사는 것이 아니라 지구 어느 곳에도 있고 지금도 있고 앞으로도 있을 것이라고 저는 물론 믿습니다. 이러한 영웅은 기독교에서 말하는 성자의 계열에 들 수 있는 순수형이어서, '세계'로서의 공산주의 그것의 운명을 좌우하는 공산주의의 이른바 정치적 보스형과는, 같은 공산주의라도 차이가 있지 않겠는가. 공산주의 정치 지도자가 이러한 성자적 인간형을 겸비하기란 거의 불가능한 것이 사실일 터입니다. 로마 교황, 추기경 등이 성자의 반열에 오른 경우가 극히 드물다는 사실과 흡사하지 않겠습니까. 잠시 「코뮌」의 주필이자 공산주의자이며 나치에 의해 처형된 쟈크 도크르의 최후의 편지 한 구절이 떠오릅니다.

> 그대도 아는 바와 같이 나는 이 날이 올 것을 두 달 전부터 예기하고 있었소. 때문에 나는 그것에 대비할 충분한 시간적 여유가 있었소. 그러나 나는 신앙을 갖고 있지 않은 탓에 죽음의 명상에 빠지는 일은 없었소. 나는 이른바 흡사 나무에서 떨어져 비료가 될 흙으로 되는 한 닢 나뭇잎이지요. 비료가 될 흙의 품질은 이 나뭇잎의 품질 여하에 걸려 있습니다. 나는 내가 그것에 내 희망 모두

를 걸었던 프랑스 청년에 관해 말하고 싶었던 것입니다.

나치의 손에 죽은 《위마니테》지의 평론가 가브리엘 페리의 유서에는 "나는 최후로 자성해본다. 나는 틀리지 않았다. 만일 내가 인생을 다시 산다 해도 지금까지 걸어온 그 길을 갈 것임을"이라고 적혀 있습니다. 이런 문장은 참으로 성스럽고 고결하며 아름다운 리듬을 갖추고 있지 않습니까.

객: 그러한 성자적인 인간이란 공산주의적 인간일지는 모르나, 프랑스 레지스탕스 운동의 일환에 지나지 않지 않습니까. 프랑스 레지스탕스란, 잘 모르긴 해도, 공산주의자뿐 아니라 모리악 같은 가톨릭계도, 사르트르나 카뮈 같은 실존주의자(무신론자)도 있는 형편 아닙니까. 베르코르의「별에의 행진」이라든가「바다의 침묵」이란 실상 좀더 폭이 넓은 독법이 필요한 것 아닙니까.

주: 그렇습니다. 위의 논의에서는 파시즘에 대해 싸우는 프랑스인의 얼굴이 크게 나와 있지요. 이를 단순히 추상화시켜, 파시즘을 일종의 비유로 바꾸어버릴 수 있느냐 아니냐는 참으로 어려운 과제일 터입니다. 인간으로서, 가정의 아내로서, 남편으로서, 자식으로서, 또 프랑스 국민으로서 이들의 모습이 우리 가슴을 치는 것은 인간으로서의 인간의 존경이 아니겠는가. 곧 윤리성이겠지요. 윤리성에서 보면 이들이 초역사적인 지점에까지 깊이 발을 들여놓았음은 감명적이지요. 이 윤리적인 것은 그 위에 형성된 사상적 내실과는 별도로, 깊게 사람의 마음을 반영하여 그들에 대한 인간으로서의 평가를 하도록 합니다. 그러나 이러한 것은 비단 공산주의자만이 아니고 카톨릭 교도도 무신론자도 했던 것이지요. 루이 아라공은 "공산주의적 인간은 전체의 맥락 속에서 낳아졌다. 그와 다른 국민간에는 연

락이 끊어지지 않는다"고 적고 있군요. 요컨대 프랑스 레지스탕스 운동이라는 역사적 맥락을 쉽사리 추상화시켜 일반화할 수는 없겠지요. 적절한 예가 못 될지는 모르나, '프라하의 봄'으로 불린 체코사건(1969)때, 소련군 탱크에 저항하는 시민들의 모습을 보면서 저 유명한 고리키의 대작 「어머니」(1907)를 연상한 것은 저 혼자만은 아닐 것입니다. 이런 현상은 단순히 역사의 아이러니라고 치부해버릴 수 없지요. 성자적 모습을 상황에서 분리해내어 추상해버리는 것은 참으로 난처한 일이 아닐 수 없지요. 말하자면 변증법을 문제삼을 필요가 여기서부터 생기지 않겠습니까. 또 여기서부터 전략 전술 개념조차 한몫 할 터이겠지요.

　객 : 그렇기는 하나, 또한 원론적인 것을 어느 정도 문제삼지 않을 수도 없지 않겠습니까. 제 말씀은, 이른바 마르크스주의라는 그 야말로 원전(原典)에서 규정된 공산주의적 인간형이 어떠한 것인지 궁금합니다. 프랑스 레지스탕스 속에서 드러난 성자적 모습도 그러한 원전 속에서 나온 것이 아니겠느냐 하는 점은 어떻게 보시는지요.

　주 : 원론적인 것 곧 공산주의 인간형의 '원형' 개념이란 어떤것이냐는 말씀 같은데, 이 물음은 조금 심각한 것이 아닌가 합니다. 지금 우리가 확인해두어야 할 제일 처음의 과제라 생각되기 때문이지요. 보통 마르크스주의라 할 때, '주의'란 '원전' 그러니까 규범적·원형적인 것을 가리킴이지요. '典'이란 전범의 뜻 아니겠는가(여담이나 요즘 저널리즘에서 쓰고 있는 '북한 원전'이란 용법은 '원간' 또는 '원본'이라 불러야 옳지 않을까. 그것이 '전범'일 수 있겠는가). 이에 비할 때, 모택동 사상, 김일성 사상 등 '사상'이란 범주가 있지 않겠

습니까. '사상'은 가변적인 것이어서 '주의'와 같은 수준과는 구별될 것입니다. 그러니까 마르크스주의란 레닌까지만 포함되어 원칙, 곧 고전적 성격이 아니겠는가.

고전적 의미에서의 공산주의적 인간형이란 무엇인가. 이런 물음에는 제가 알기엔 아마도 『독일 이데올로기』 속의 다음과 같은 대목에서 해답을 볼 수 있지 않을까 합니다.

> 인간이 자연적으로 진화된 사회에 살고 있는 한 그러니까 특수 이익과 공동 이익간의 분열이 있는 한, 그러니까 활동이 자유 의지에 의해서가 아니라 본능적으로 행해지고 또 활동이 분화되어 있는 한, 인간 자신의 활동은 그 인간에 대해 적대적인 하나의 소외된 힘이 되며 인간은 이를 지배하지 못하고 오히려 거기에 노예가 된다. 노동 분업이 시작되자마자 모든 개인은 특정한 배타적 활동을 갖게 된다. 이 강요에서 그는 자유로울 수 없다. 그는 한 사람의 사냥꾼이거나 어부거나 목동 또는 비평가일 뿐 각자는 생활 수단을 잃지 않으려는 한, 그는 자기의 일정한 분업적 활동 속에서 살아야 한다. (이와나미판, pp.43~44)

이 대목은 자본주의 사회의 인간형 그러니까 원형적 인간을 그려보인 것이겠지요. 노동 분업이 나타나자마자 인간은 특정한 배타적 활동 영역을 갖게 되며, 이 분업의 철저화는 소외의 철저화에로 치닫는 것 아닙니까. 루카치라는 사람 말대로, 카프카의 「변신」에서 드러나는 철저한 인간 소외 현상이 나타나는 것이겠지요. 그렇다면 총체성 회복, 고전적·르네상스적 인간형(드골이 A. 말로를 처음 만났을 때의 평가)이란 자연 그 윤곽이 떠오르지요.

공산주의 사회에서는 아무도 하나의 배타적 활동 영역을 갖지 않으며, 모든 사람이 그가 원하는 분야에서 자신을 수양할 수가 있다. 그리고 사회가 생산 전반을 통제하게 되므로 각 개인은 자신이 하고 싶은 대로 오늘은 이 일을, 내일은 저 일을, 즉 아침에는 사냥하고 오후에는 낚시하고 저녁엔 소를 몰며 식후에는 비평을 할 수 있으며, 그럼에도 그는 사냥꾼도 어부도 목동도 비평가도 되지 않는 일이 가능하게 된다.

해답은 아주 일목요연하지 않습니까. 노동 분업이 총체적 인간활동을 억압해왔다는 것, 이를 극복하여, 한 인간이 그의 총체적 인격과 역량을 발휘할 수 있는 것은 공산주의 사회만이 가능하다는 것입니다. 노동 분업의 폐지는 물론, 심지어 노동의 폐지를 주장하며, 정치적 상부 구조인 국가의 법적 소유를 논하는 마당에서는 국가조차 완전 폐지해야 한다는 주장을 포함하고 있는 이처럼 논쟁적인 점을 풍요로이 갖춘 『독일 이데올로기』에서 저자가 내세운 공산주의적 인간형의 규정은 아주 상징적이라 할 것입니다. 그것은 다음과 같은 명제에 수립됩니다. 곧 "모든 인간은 가슴마다 라파엘을 갖추고 있다"는 것.

> 산쵸(스티르너의 별명:인용자)는 아마도 알고 있었으리라. 모차르트 자신이 아니고 다른 사람의 대부분이 모차르트의 진혼곡을 제작·완성한 것이며 라파엘은 그의 프레스코 벽화의 아주 작은 부분만을 완성한 것에 지나지 않음을. [……] 각자는 라파엘 대신에 노동하는 것이 아니고 자기 자신 속에 있는 라파엘을 발전시키는 것이다.(위책, p.200)

각자는 날 때부터 라파엘을 가슴속에 품고 있다는 것, 그러니까 공산주의 사회만이 이러한 라파엘을 발휘할 수 있다는 것, 또 다르게 말하면, 공산주의 사회에는 화가가 따로 없다는 것 아니겠는가.

노동자가 따로 없듯이 예술가가 따로 있을 수 없지요.

객 : 공산주의 사회에서는 예술가가 따로 없다. 곧 전문가가 있을 수 없다는 『독일 이데올로기』의 저자들의 생각은 과연 원초적인 것이라 할 만하군요. 사람은 가슴마다 라파엘을 품고 있다는 것, 그것을 개발할 수 있는 곳은 공산주의 사회만이라는 것이니까 얼핏 들으면 천국과 같다는 뜻이 아닌지요. 천국에 예술이 있을 수 없듯이 말입니다. 제 느낌으로는 너무 허황된 것 같네요.

주 : 그 점은 두 가지 사실을 좀더 설명해야 될 것 같군요. 하나는 '인간적 노동'과 '유일적 노동'을 갈라본 탓이겠지요. 공산주의 사회는 이 구별이 없다는 것입니다. 노동이 '놀이'로 되는 것에까지 나아갔을 때의 얘기인 까닭이지요. 다른 하나는, 이와 바로 연결되는 것으로, 공산주의 사회의 인간형은 자율성·자발성에 모든 근본을 두고 있다는 점입니다.

객 : 자발성이란 그러면 주체성 그것을 가리킴인가요. 이론의 실천 그것 말입니다.

주 : 지금까지 말해온 것을 요약하면 프랑스 레지스탕스 운동에서 드러난 성자적 모습으로서의 공산주의적 인간과 그것의 원형으로서의 라파엘을 품은 인간 아닙니까. 이 두 명제를 함께 관통하는 기본 원리가 있다면 그것은 '자율성'이라는 한마디가 아닐까 합니다. 인간이 성자적 모습으로 보이는 것은 그 인간성의 고귀함의 드러남이 아닐 수 없는데 인간이 얼마나 고귀할 수 있는가의 극단적인 양상은 아무런 선입관이나 이기심이나 강요 사항 없이 순전히 주체적으로 자발적으로 그러한 수준에 도달했을 경우이지요. 정의랄까 동지를 위함이랄까, 생명의 존엄성을 위해 자기 목숨을 초개같이 버리는 인간이야말로 고결한 인격의 소유자가 아닐 수 없는데, 이러한 고귀

함을 100% 발휘할 수 있는 사회란 공산주의 사회만에 국한된다고 보는 것이 『독일 이데올로기』의 저자들의 생각이지요. 그런데, 그러한 인간성의 고귀함이란 다름아닌 누구나 갖추고 있다는 것 아닙니까. 이 고귀함을 스스로 발현케 하는 그러니까 주체적인 사회가 공산주의 사회라면 흡사 달걀과 닭의 논쟁을 불러일으킬 법도 하지 않겠는가, 제도적 장치의 힘에 따라서 그러한 능력의 발휘가 가능하냐, 그러한 제도의 창출 역시 라파엘을 가슴에 품고 태어난 인간의 자발성이냐를 두고 순환논법이 가능할지도 모르겠습니다. 그렇지만, 인간의 고귀함, 고귀한 인간성이란 공산주의적 인간형의 기본항이라는 점, 그리고 그것은 주체성(자발성)에 근거를 두고 있다는 점은 분명하지 않겠는가, 곧, 분업을 전제로 한 근대 사회 속에서의 인간형을 문제삼는다면 자본주의 사회가 작은 꽃으로 말해지는 전문적인 꽃송이를 묶어 커다란 꽃다발을 만들 수 있을 것인데, 이에 대해 공산주의적 인간형은 한 개의 커다란 꽃송이를 만든다는 것으로 비유할 수 있을지 모르겠습니다.

객 : 공산주의적 인간형이란 한 개의 커다란 꽃송이 만들기이고 자본주의적 인간형이란 작은 꽃송이를 묶은 꽃다발이다. 그러니까 아름답기는 마찬가지다, 이런 뜻입니까. 꽃은 어느 것이나 마찬가지다, 라고 말해볼 수 있는 정도의 것입니까. 어쩐지 해체주의자들이 그토록 증오하는 이항 대립의 재판 같은 느낌이 드는데요.

주 : 목소리를 좀더 낮추기로 합시다. 무엇보다 첫걸음부터 시작해보고자 하는 우리의 태도가 소중하지 않을까 합니다. 배우고자 하는 일만큼 겸허한 것이 없는데, 이 점을 좀 염두에 오래 두어도 좋지 않겠는가, 그런 점에서 조금은 유치한 말을 해도 좋지 않겠습니

까. 무식하다는 핀잔을 조금 듣는 것도 이 시대에서는 미덕일 수도 있지 않겠습니까.
    객 : 알겠습니다. 선생께서는 언젠가 제가 한 다음과 같은 주장을 지나치다고 한 적이 있지 않습니까.

> 적어도 민족 문제는, 계급 문제가 제국주의 세계하에서 국가라는 고리를 통해 관철되는 과정 속에서 주요 모순으로서 부각된 문제라는 현 사회과학자들의 의견을 경청할 필요가 있다고 생각합니다. 그럴 때 민족 개념은 스스로의 소멸까지 감당할 수 있어야 합니다. 그렇지 않은 경우, 민족이라는 자기 동일성에 대한 열망은 집착으로 전환되고 그 전환은 깊이 모를 자기 숭배, 즉 나르시시즘으로까지 악화될 것이다. (≪문학과사회≫, 제1호, pp.99~100)

선생께서 이 대목을 지나치다고 말한 적이 있음을 기억하고 있습니다. 북조선의 모시조개가 서울 백화점에서 팔리고 있는 이 마당에서 다시 생각해보면 선생의 그때의 그 지적이 옳다기보다는, 의미가 있다는 생각이 듭니다.
    주 : 제가 조금 늙었고 순수하지 못하다는 뜻에 지나지 않지요. 그렇지만 인간의 고상함·고귀함에 대한 견해는 서로 일치하는 것은 아닐는지요.

3. 『조선문학통사』및『조선문학사』비판: 과도기의 정리 양상

    객 : 조금 무슨 뜻인지 알 것 같은 생각이 듭니다. 실상 저는 요

즘 『김일성 선집』을 읽어보았거든요. 우선 한 가지 의문만을 선생과의 대화에서 조금 해소된 듯합니다. 곧, 『김일성 선집』 속의, 너무도 소박한 발언에 놀라고 있습니다. 김일성 주석은 문학・음악・영화・무용・언어 문제 등에 관해 모르는 것이 없더군요. 그런데, 김일성 주석은 정치가 아닙니까. 경제 문제・정치 문제는 물론 전공이겠지만 예술 문제에 있어서도 정치・경제 문제와 꼭 같은 수준에서 발언하고 있지 않습니까. 레이건, 나카소네, 박정희씨 등의 발언 수준에 익숙해 온 우리로서는 썩 낯선 풍경이지요. 몇 가지 사례를 들어볼까요.

(1) 모든 문학 예술 작품은 오늘의 우리 인민들에게 어떻게 살며 일하며 투쟁할 것인가를 가르쳐주는 데 복무하여야 합니다. 그러므로 작가・예술인 들은 지난날보다도 현실에 더욱 관심을 돌려야 합니다. 현실 생활에 가까운 것을 그릴수록 작품이 더욱 가치있는 것으로 될 수 있습니다. (『김일성 저작선집』 제2권, p.573)

(2) 우리 문화인 중에는 그릇된 두 가지 경향이 있습니다. 하나는 우리의 고유한 것만을 좋다고 하고 외국의 것은 다 나쁘다고 하는 경향이며 다른 하나는 이와는 반대로 우리의 것은 다 나쁘다고 하고 서양 것만을 좋다고 하는 경향입니다. (위책, 제1권, p.100)

(3) 우리는 민족 문화 유산을 평가하고 처리하는 데서 옛날 것은 다 글렀다고 하면서 그것을 무턱대고 업수이 여기는 경향도 반대하여야 하며 민족적인 것을 살핀다고 하면서 옛날 것을 지나치게 평가하거나 현대판으로 만드는 경향도 철저히 경계하여야 합니다. 우리가 만일 옛날 것을 인정하지 않고 모조리 내버리는 방향으로 나간다면 민족 허무주의에 빠지게 될 것이며 옛날 것을 절대화하거나 필요 이상으로 내세우는 경향과 타협한다면 복고주의에 빠지며 혁명적 원칙을 잃어버리게 될 것입니다. 우리는 민족 유산 가운데서 뒤떨어지고 반동적인 것은 버리고 진보적이며 인민적인 것은 오늘의 사회주의 현실에 맞게 비판적으로 계승 발전시켜야

하겠습니다. (「조선노동당 제5차대회 중앙위원회 보고 연설」, 1970. 11. 2)

이러한 문학 예술에 대한 교시가 분업을 전제로 한 우리측의 처지에서 보면 소박하기 이를 데 없는 것, 적절한 비유가 아닐지 모르나 하나마나한 상식적인 것으로밖에 보이지 않습니다. 그러나 절대로 틀린 말은 아니지요. '사람은 동물이다'라는 수준의 발언이니까 말입니다. 너무도 기본적인 레벨의 발언인 만큼 절대로 틀리지는 않지만, 아무 쓸모없는 것처럼 들립니다만.

주 : 노동 분업의 폐지, 나아가 노동 자체의 폐기를 전제로 하는 쪽에서 보면, 정치·경제·예술의 구분이란 근본적으로 성립되지 않는 만큼, 정치 경제의 교시 역시 상식적인 수준을 넘어서지 않을 것입니다. 그렇기는 하나 사회주의 사회를 건설하고 마침내 공산주의(최종 목표)를 향해 나아가는 마당에서는 단계적인 수준 그러니까 전술·전략 개념이 불가피해지지 않겠습니까. 말을 바꾸면 사회주의 건설의 첫 단계에서의 전략에서 보면 정치 경제가 맨 윗자리에 놓이고 나머지는 그것에 종속되는 형국을 취할 것입니다. 레닌의 유명한 「당조직과 당문학」(1905)의 경우도 그렇게 읽어야 되겠지요. 1905년의 제일혁명의 한가운데에서 씌어진 이 문헌은 지금껏 사회주의 리얼리즘의 근본 원칙으로 군림하고 있는데, 그 요점은 다음 3가지로 요약됩니다. (1) 문학은 당적(黨的)인 것이어야 한다는 것, 프롤레타리아 정당 활동의 일부분이어야 한다는 것, 인민 해방의 문학인 만큼 인민 해방의 정치에 종속되지 않으면 안 된다는 것을 원칙으로 삼았다. (2) 문학의 자유는 부르주아적 질서에 봉사하는 거짓의 자유에서 벗어나는 것, 곧 인민 대중의 해방 운동에 '자발적'으로

봉사한다는 것, 인민 대중의 자유의 실현을 향해 자주적으로, 자발적으로 봉사함을 원칙으로 한다는 것. (3) 이러한 문학은 곧 과학적 사회주의 사상과 사회주의적 프롤레타리아의 실천을 결부시키는 것이며, 과거의 경험들(공산주의)과 현재의 경험들(실천 투쟁)과의 상호 작용함을 원칙으로 한다는 것, 말을 바꾸면 당적인 문학은 공산주의적 이론과 실천의 결합인 것. 이 셋 중에서 원칙 중의 원칙은 (1)이 아니겠는가. 진짜 1917년 10월 혁명의 성공 이후, 보그다노프 중심의 문학 단체이자 관변측 조직체인 프롤레트 쿨트 Proletcult 에 대해 레닌이 격렬하게 비판한 바 있는데, 이 사정도 음미될 필요가 있겠지요. 프롤레트 쿨트가 (a) 프롤레타리아의 문화 투쟁을 그 경제투쟁이나 정치투쟁과 나란히 내세워, 당이나 정권의 활동과 맞먹자고 덤빈 것; (b) 새로운 프롤레타리아의 계급 문화의 창조를 내세운 것; (c) 부르주아적 개인주의에 대해 집단적 이데올로기를 대치시킨 점으로 요약되지요. (b)(c)란, 누가 보아도 유아적 사고의 소치라 할 것이지만 레닌이 용납할 수 없었던 것은 (a)였지요. 일개 문학 단체가 소련 정권 또는 당과 맞먹겠다는 것은 어림도 없는 것 아닙니까. 레닌의 견해에 따르면 프롤레타리아 문화 창조를 당면한 전소련에 걸친 문화혁명의 일환으로 파악하기에 당의 지도하에, 부르주아 문화의 좋은 과실이 대중의 소유가 되지 않으면 안 된다고 쓴 것이지요. 프롤레타리아뿐 아니라 농민의 압도적인 다수가 문맹이라는 조건 아래인 만큼 이 문맹을 없애기와 보통 교육의 일반적 보급이야말로 프롤레타리아 문화 창조의 전제라고 본 것이지요.

객 : 선생께서는 지금 사회주의 단계에서 공산주의에로 넘어가는 과정에서 벌어지는 전략 전술 문제, 그러니까 이른바 프롤레타리아

독재의 성격에 관련된 지적을 해놓은 셈인데, 이렇게 되면 오늘 대화는 너무 범위가 커질 것 같습니다. 프롤레타리아 독재 기간을 두고 소련·중국·북조선 등이 각각 다르며 특히 북조선의 경우는, 그 독재 기간을 자국의 공산화가 끝난 뒤에도, 세계의 공산화가 될 때까지 계속하겠다는 것 아닙니까. 소련이나 중국은 거기까지 독재 유지를 내세우고 있지는 않지요. 주체사상이 세계의 지도 이념일 수도 있다고 하는 것도 이런 시각에서 왔는지 모르긴 합니다만.
　주 : 동감입니다. 다만, 전략 전술 개념이라는 점에 관해서는 잠깐 유연성을 부여해두고 싶습니다. 오해가 생길 염려 때문인데요. 레닌의 경우는 고전적인 노선 그러니까 스탈린주의와 비교할 때는 전술 전략 개념이 없는 원칙론이라 할 것입니다. 인민성과 당파성의 원본적인 의미에 관련되니까.
　객 : 지금껏 논의된 것은 그러니까 원칙론에 관한 것이겠습니다. 고귀한 인간, 성자적 인간형이야말로 공산주의적 인간형이라는 것, 그것은 어디까지나 자발적 주체적이고, 실천적 인간형이라는 것, 그리고 총체성에 바탕을 둔 전인적인 인간 능력의 발휘에 있다는 것으로 요약될 것입니다. 그러나 이러한 원칙이 역사적·사회적인 제약 속에서 구체적으로 전개될 때는 상당한 다양성을 내보일 것임도 쉽사리 짐작되는데요. 전술 전략 개념을 떠난다 해도, 역사적·사회적 단계별 성숙과 그것에 대응되는 문학예술의 수준이 문제될 것으로 봅니다마는.
　주 : 저더러 북조선의 최근세 문학사를 분석해보라는 말씀처럼 들리는데, 이 과제는 제 능력으로는 가능하지 않습니다. 제가 북조선 작품 이해에 조금의 조언을 할 수 있는 것은 지금껏 반복하여 말했

던 공산주의적 인간 원형 개념이지요. 「피바다」「꽃파는 처녀」 그리고 4·15창작단의 집체작 『불멸의 력사』(「봄우뢰」편) 등에서 문제되는 것은 인간의 자발적으로 드러나는 '고귀한 성품'에 가치 평가가 놓여 있다는 점입니다. 다른 작품도 마찬가지로 어떤 역경도 헤치고 자기 희생을 감행하는 고상한 인간형이 아니면 절대로 작품의 주인공이 될 수 없다는 것, 그러니까 이 원칙론을 언제나 염두에 두고 읽어야 한다는 점입니다. 그야 부르주아의 작품의 주인공도 마찬가지이며, 그것이 곧 휴머니즘이 아니겠느냐고 말해버릴 수 없는 것은 바로 역사적·사회적 단계에 그 인간형이 어떻게 대응되는냐에 관련되기 때문입니다.

객 : 그러한 점을 알아보는 한 가지 방편으로 북조선 최근세문학사를 검토해볼 수가 있겠다는 말씀이군요. 다른 방법도 있겠지만 우선 손쉬운 방법이 그것이다, 라는 의미 같은데, 맞습니까.

주 : 그렇습니다. 문학 작품의 이해란 참으로 섬세한 것이어서 그것이 창작되는 사회 분위기랄까 감수성에 접하지 않고는 비평을 할 수 있는 이해 수준엔 결코 이를 수 없지요. 제가 존경하는 후배이긴 하나 대형 비평가 K교수의 경우, 그는 그가 그리던 프랑스 유학을 가긴 했는데 만 1년을 못 채우고 뛰어온 적이 있습니다. 그만큼 우리 문학을 떠날 수 없었기 때문이라고 저는 알고 있습니다. 제 자신의 경우 외국 유학을 3번 했지만 그때마다 때려치우고 단축하여 되돌아오곤 했습니다. 그 이유는, 제일 큰 이유로, 비평가로서 우리 작품 이해의 감수성 상실의 공포 때문이었지요. 작가의 경우만 그런 것은 아닐 터이지요. 한국 사회를 수년이나 수개월 떠났다가 되돌아와서 작품을 쓸 수 있을까. 거의 없으리라고 저는 믿습니다. 어림도

없는 일이지요. 작품 이해의 감수성도 꼭 마찬가지 아니겠는가. '아'해서 다르고 '어'해서 다른 극히 미묘한 감수성이란 그 사회 분위기를 함께 숨쉬는 언어 감각이 아니고는 절대로 포착되는 것이 아닐터이지요. 그러기에, 몇 년을 침묵하다가 다시 작품을 쓸 수도 있지만, 이 땅을 떠났다가 되돌아와서 글을 쓸 수 있다는 것을 저는 믿지 않습니다. 그가 쓴 글이란 헛소리, 상식적인 것, 그러니까 '논리의 수준'에 지나지 않겠지요. 누가 '논리적인 것'을 작품이라 하랴. 누가 논리적 수준의 작품 이해를 '비평'이라 하겠는가.

객 : 선생께서는 북조선 작품 이해와 한계를 말씀하고 있군요.

그러나 젊은 우리는 선생께서 그토록 경멸해 마지 않는 그 '논리적 이해 수준'이라도 가능한 방법은 혹시 없을까 하는 판 아닙니까. 흡사 열병환자처럼 너절하게 말입니다.

주 : 제가 검토해본 논리적 이해 수준은 3가지 텍스트입니다.

제 전공은 한국 근대 문학사인데, 이와 관련된 부분만 조금 말해볼 수 있을 따름인데, 첫번째 텍스트는 사회과학원 언어문학연구소(이는 소련의 콤 아카데미 문학부와 흡사하다)에서 간행한 『조선문학통사』 현대편입니다. 1959년 2월 16일 간행인데, 이 시기는 북조선 문인의 숙청이 세번째로 이루어진 시점임을 알지 않으면 안 됩니다. 임화가 「너 어느 곳에 있으냐—사랑하는 딸 혜란에게」(1951)를 내었다가 비평가 엄호석에 의해 감상주의의 틀에서 벗어나지 못한 망발이라 비판당한 직후, 그러니까 1953년 8월에 미제 스파이란 죄목으로 사형당했음이 남로당 숙청 제일 단계였습니다. 이로부터 이 년 뒤인 1956년 한설야는 이태준의 「농토」 「해방 전후」 「고귀한 사람들」 등의 작품을 비인민적이라 하여 격렬하게 비판했는데, 이 직후 이태준이 노동 동원으로 숙청되었으며 이런 한설야를 떠받들던 안막이 숙청된 것은 그로부터 2년 두인 1958년이었습니다. 그러니까 『조선문학통사』 현대편은 임화·이태준·안막 등 남로당 계열이 철저히 숙청된 직후, 말을 또 바꾸면 구 카프 토착파인 한설야(문예총 중앙위원장)가 숙청되기 두 해 전에 나온 책입니다.

객: 선생께서 지금 말씀하신 요지는 이 책의 논리적 거점은 한설야로 대표되는 이념을 중심적으로 하여 씌어진 것, 적어도 그러한 것과 관련이 있다는 뜻입니까. 물론, 마르크스주의 원칙, 공산주의적 인간형을 전제로 한 것이긴 하나, 한설야 및 그가 표상하는 계보의 감수성이 그 책에 짙게 스며 있다는 뜻입니까.

주: 그렇습니다. 공산주의적 인간형에 관한 것은, 원론적으로는 이 시기엔 특히 강렬하다는 것, 이 원칙 위에서 남로당 숙청이 일층 분명해진 것이라 생각됩니다. 적어도 그러한 원칙 위에서 이 책을 판독해야 옳으리라 생각합니다. 제가 몇 가지 이 책에서 예문을 들어보아도 되겠지요.

(1) 이 나라 땅에도 한 '괴물'이 돌아다니게 되었으며 놈들이 '괴물'이라고 불러 무서워한 그것은 가는 곳마다에서 로동 운동, 농민 운동, 청년 운동, 녀성 운동 기타 등의 새로운 력량을 자래웠다. (인동판, p.41)

(2) 리상을 지키며 초지를 관철시키며 일체의 유혹과 어려움을 극복하고 한 길을 걸어나간다는 것은 심히 고결한 일이다. [……] 애써 목적의 고개로 고개로 올라가던 단발랑 C는 그 고귀한 길의 시련을 이겨내지 못한다. 작가는 정신상 십자로에서 머뭇거리다가 마침내 평탄하고 쉬운 내리막길에로 미끄러떨어지는 C의 형상을 통하여 그 운명의 비극적 말로에 대하여 이야기하였다. (위책, p.55)

(3) 이 시기에 리태준은 반동 문학단체 '9인회'를 조직해가지고 '해외문학파'와 마찬가지로 예술 지상주의 문학의 중간 로선 등을 고창하면서 카프문학을 반대하여 진출하였다. 그는 자기의 창작 활동을 통하여 반동적 사상을 퍼뜨리었을 뿐만 아니라 기타 문학 활동을 통하여도 일제의 리익 앞에 전적으로 복무하여왔는바 그는 자기의 주간 잡지 『문장』을 통하여 오늘의 리승만 괴뢰에게 충성을 다하는 일련의 반동 문학가들을 길러내었다. /박영희·최재서·백철·림화·리원조·김남천 등이 또한 여기에 단합하였다. 박영희는 이제 와서는 일체의 가면조차도 떨쳐버리고 카프문학을 가리켜 "얻은 것은 이데올로기요 잃은 것은 예술"이라고 공공연히 중상 반대하여 나섰으며, 최재서는 '사실주의 확대'란 이름으로, 백철은 '사실문학론'이란 이름으로, 림화는 '세태소설'이란 레텔로써, 리원조는 '문학의 포즈'란 명제로써, 김남천은 '고발문학' 또는 '풍속문학'이란 이름으로, '9인회' 일파 또는 '해외문학파'류의 일체의 부르조아 반동 문학을 격찬·옹호하면서 일제의 환심을 사기에 노력하였다. 〔……〕 림화는 사실주의 간판 밑에 본질에 있어서는 자연주의를 예찬해 나섰으며 〔……〕 리태준은 사상적 경향과 대립하는 순수 투명한 경지에서만 예술의 정도는 열린다고 지껄였다.

　　프로레타리아 문학가들은 이러한 부르죠아 문학가들의 악선전을 날카롭게 반대하여 투쟁하였는바, 이 시기에 한설야는 「사실주의 비판」이라는 자기 평론 가운데서 다음과 같이 말하였다. 〔……〕 리기영은 「문예적 시감 수제에서 우울·퇴폐·회고적 경향 등의 문학을 반대하면서 다음과 같이 논파하였다. (위책, pp.172~73)

(4) 리태준과 함께 림화도 자기의 반동 시작품들로써 우리 인민에게 해독을 끼쳐온 자였던 것을 이미 널리 알려진 사실이다. 이 자는 카프를 일제에 밀고한 흉악한 반역자로서 후에는 리광수·리태준 등과 함께 일제의 어용 문학 단체인 '문인보국회'의 간부로서 일제에 충성을 다하였다. 역시 그는 시 「우리오빠와 화로」 「네거리의 순이」 「현해탄」을 비롯한 자기의 시들에서 비애와 고독과 절망의 감정을 인민들 속에 부식시킬 것을 꾀하였으며 인간 증오 사상, 패배적 감상주의, 꼬스모뽈리찌즘 사상을 유포하였다. 〔…

…] 림화는 그의 시 「너 어느 곳에 있느냐」 「바람이여 전하라」 등에서 '종잇장처럼 얇아진' 가슴을 조이며 애처로이 전선에 간 자식을 생각하는 어머니와 아버지의 형상을 그림으로써 영웅적 투쟁에 궐기한 우리 후방 인민들을 모욕하고 그들에게 패배주의적 감정과 투항주의 사상을 설교하였으며 또 「흰눈을 붉게 물드린 나의 피 우에」에서는 우리의 마뜨로쏘브인 한 전투영웅의 애국주의를 파렴치하게 왜곡하면서 영웅의 어머니를 아무도 돌보는 사람이 없는 외로운 존재로서 절망적으로 왜곡하여 형상화하였다. (위책, pp.247~48)

지금 예로 든 것들은 한설야가 숙청되기 두 해 전에 나온 것이라는 점을 염두에 둘 필요가 있습니다. 실상 이 책은 임화를 정점으로 하여 김남천·이태준 등을 철저히 숙청하는 마당으로 집필되어 있으며, 증오의 대상이 오직 남로당계 문인계로 총집결되어 있는 형국이지요. '고용 간첩 도당' '지껄였다' '반동적' '미제앞잡이' '흉악한 반역도' 등의 어투가 거침없이 쏟아져나와 있고, 오체츠크(르포문학), 찌쁘(유형), 빠뽀스(페이소스), 마뜨로쏘브(선원) 등등 소련말도 거침없이 사용되어 있지요.

객 : 그렇다면 이 책은 남로당 숙청 사업의 부산물이란 뜻입니까. 또 소련말의 사용 빈도도 지적했는데, 주체사상의 대두는 1955년이라고 들었는데요.

주 : 제가 조금 과장했나요. 요컨대 이 책의 섬세한 부분, 그러니까 감수성 부분을 지적한 것입니다. 남로당 문학 세력 숙청은 북로당의 처지에서 보면 아주 심각한 것이었지요. 그런데, 이 대립은 실상 그 뿌리가 아주 깊습니다.

첫번째 단계는 임화·이북만 등 카프 동경 지부가 헤게모니를 장악한 1927년에서부터 이에 대항하는 세력이 카프 진영에 있었는데,

그 중심 인물이 한설야였습니다. 이기영은 중립적이었다고나 할까. 두번째 대립은 해방 공간에서입니다. 해방 직후 임화·이태준·김남천 중심으로 조직된 것이 <문건>인데, 이에 맞서 조직된 것이 구카프(이기영·한설야·한효)이지요. 이들과 문건이 서울 봉황각(중국집)에 모여 문학자의 자기 반성 좌담회(1945. 12, 참석자: 이기영·한설야·김사량·임화·김남천·이태준·이원조·한효)를 열었던 사건은 주목할 만합니다. 구카프계 이론 분자인 한효는 계속 당파성을 외쳤고, 임화는 인민성을 크게 내세웠지요(졸편,『한국현실주의 비평선집』, 나남, 1989 참조). 물론 형식상 1945년 12월에 문건과 구카프가 연합하여 <조선문학동맹>을 만들고 이것이 <조선문학가동맹>으로 명칭을 바꾼 것은 이듬해 2월 8~9간에 열린 전국문학자대회에서였지요. 그러나 실상 구카프계는 일찌감치 월북하였으며, 그 중심 분자는 한설야였지요. 한설야가 얼마나 세력이 컸느냐 하면 소련의 만행을 그린 소설「모자」를 쓸 정도였는데 이는 적어도 당 고위층의 의견 없이는 불가능한 일이기 때문입니다. 내각의 교육상 인민예술가 칭호를 받을 정도로 그의 위치는 대단했는데 이 세력권에는 박팔양·한효·이동규·엄홍섭·이찬·이북명·엄호석·김북원·홍순철이 들어 있었지요. 이러한 한설야·이기영 그룹이 문단 주도권을 잡기 위해서는 무엇보다 스스로 중앙(중심부)이라 믿고 있는 남로당 문인의 막강한 세력을 꺾지 않으면 안 되었는데, 그 시기가 1953년 전후였던 것입니다. 박헌영까지 처형된 것은 1958년 아닙니까. 이제 안심하고『조선문학사』를 한설야 중심으로 기술할 수 있었던 것이 아닌가, 저는 이 책의 한계를 이렇게 평가합니다.

 객 : 이 책에서 가령 "그들은 반동 경찰 기관에 문학 강연을 초청

받아 실행한 것을 큰 자랑으로서 자기 기관지에 발표 선전하면서 일방 진보적 작가들, 특히 카프 출신 계열의 작가들은 일체 배격하였으며, 조선 문학사상 카프는 일고의 가치도 없는 것이라고 왜곡 중상하였다"(p.247)라고 한 뜻도 이제 조금 이해가 됩니다. 그러니까, 최근 젊은 비평가들 사이에 카프 해소파·비해소파 논쟁이 일고 있는데, 그 연원도 이 문제에 관련된 것 아니겠습니까.

주 : 카프 해소파란 남로당계(임화·김남천)를 가리킴이고 비해소파, 이런 말은 성립되기 어려우나, 한설야·이기영 등을 가리킬 수는 있겠지요. 카프 해산계는 1935년 5월 21일 김남천이 경기도 경찰부에 제출했지요. 김남천은 공산주의협의회 사건에 걸려 두 해 동안 옥살이를 하고 나와서 조선중앙일보 기자 노릇을 했지요. 한편 임화는 전주 사건에는 용케도 빠져 평양·서울·마산 등지에서 병 요양을 한 때입니다. 최근 이와 관련 김재용씨의 「카프 해소·비해소파의 대립과 해방 후의 문학 운동」(《역사비평》, 1988 가을호)과 그 반론인 임규찬씨의 「카프 해소·비해소파를 분리하는 김재용에 반박한다」(《역사비평》, 1988 겨울호)가 씌어진 바 있지요. 앞의 논문은 결과론에서 출발한 것 같고 뒤의 것은 발생론에서 파악한 것이어서 좀더 지켜볼 필요가 있겠지만, 요컨대 시야를 확대해보면 결국 북로당·남로당의 대립으로 치달을 위험성이 있습니다. 저는 이 점을 크게 경계하고 싶으며, 따라서 두 분에게 청량산인의 「민족문학론」(《문학》 7호, 1948. 4)을 재검토해볼 필요가 있으리라고 권하고 싶습니다. 예술도 정치 체제의 우격다짐으로 결판이 날 수 있는 것으로 그 노선이 승리할 수도 있겠지만 논의의 객관적 수준도 빠뜨릴 수 없는 항목이 아니겠는가, 곧 남로당도 북로당도 아닌 올

바른 '시점'이 문제가 아니겠는가.

객 : 이 책에 관해 한마디만 더 물어보겠는데요, 공산주의적 인간형의 파악 방법은 어떻습니까.

주 : 비평 용어만을 두고 지적한다면, 앞에서 이미 보인 격렬한 증오심의 거침없이 드러내기와 정반대로 고귀한, 혹은 고상한 인간성 예찬으로 되어 있음을 곳곳에서 볼 수 있습니다.

(1) 우리나라의 프로레타리아 아동문학은 출발 당초부터 우리나라의 고귀한 인민 구두 창작의 ……(p.85)
(2) 예술성으로 더욱 강하여진 고상한 사상성 ……(『김일성 선집』제4집, p.39, 위책, p.249)

여기서 고상한, 고귀한 인간성이란 자기 희생, 영웅적 애국주의 수준을 가리키지만, 요컨대 비평의 초점은 어떻게 자발적으로, 물론 매개항은 있지만, 그것이 발휘되는가에 놓여 있는 것입니다. 이 책에 한마디 첨가한다면 김일성의 항일투쟁문학(「피바다」「성황당」등)에 대한 부분이 크게 다루어지지 않고 종래 우리 문단 문학에 압도적인 비중이 놓여 있다는 것입니다. 이 점에서 이 책은 우리와 썩 가까운 친근한 것으로 보입니다. 적어도 논쟁적인 대상이지요.

4. 근대 문학의 이원성 극복의 과제: 『조선문학개관』(Ⅰ, Ⅱ)

객 : 역사는 써 보태는 것이 아니라 다만 새로 쓰는 것 아닙니까.

그 뒤에 씌어진 문학사들은 어떻습니까. 많이 달라졌습니까.

주 : 그렇게 대단한 지위에 있던 한설야가 숙청된 것은 1962년 12월인데 표면상의 죄목은 종파주의·복고주의, 일제 시대 군수의 아들, 부화방탕 등으로 알려져 있지요. 출당 처분에 1963년 2월 노동 개조에 돌려져 자강도 협동농장으로 추방되었으며 당시 나이 63세였을 겁니다. 1900년생이니까, 1896년생 이기영보다 4년 아래이지요. 죄목 중 복고주의·종파주의라는 대목은 음미될 필요가 있지요. 카프 해소파든 분리파든 결국 한갓 종파주의·복고주의가 아니겠는가, 제3의 시각, 공산주의적 인간형의 시각에서 보면 분명한 일이 아니겠는가.

『조선문학사』란 이름으로 그 다음에 나온 것은 과학·백과사전출판사에서 간행한 여러 권이 것이 있는데, 『조선문학사(1945~58)』는 1978년에, 『조선문학사(19세기말~1925)』는 1980년에, 『조선문학사(1926~45)』는 1981년에 각각 간행되었군요. 78년도판은 사회과학원 문학연구소 집필로 되어 있으나 80년도판에는 집필자 박종원·최탁호·류만이며 81년도 판은 김하명·류만·최탁호·김영필로 밝혀져 있습니다. 두루 아는 바와 같이 78~81년간이란 주체사상의 고조 시기 아닙니까. 적어도 이들 책이 집필되어 인쇄에 붙여질 때까지를 계산한다면 70년대 중반쯤으로 볼 수 있지요. 주체성, 그러니까 상당한 자신감을 가진 그들 당과 국가적 이념을 문학 쪽에서도 뚜렷이 내보일 필요가 있었을 겁니다.

그 때문에 문학사를 45~58년부터 먼저 집필하고, 19세기말~25년까지를 그 다음에 하고 제일 난처한 1926~45년까지를 맨 나중으로 돌려놓은 것 아니겠는가. 종파주의·복고주의가 완전 극복되고 주체사상으로 무장한 문학사의 단계가 시작된 것이지요.

객 : 현재부터 시작해서 거꾸로 기술해 올라갔다는 뜻이군요. 그러니까 현재의 시점이란 바로 이른바 "영생불멸의 주체사상……"으로 역사를 본다는…….

주 : 78년의 책의 구도는 (1) 평화적 민주 건설 시기 문학(45. 8~50. 6); (2) 위대한 조국 해방 전쟁 시기 문학(50. 6~53. 7); (3) 전후 복구 건설 및 사회주의 기초 건설 시기 문학(53. 7~1958)으로 구분되어 있으며, 어느 장에서도 어느 절에서도 "위대한 수령……" 이라든가 "빛나는 혁명 전통……" 또는 "조국 해방 전쟁의 승리……" 등의 제목을 달고 있음을 특징으로 하고 있습니다. 말을 바꾸면 다음과 같은 김일성 교시로 모든 것이 대표되는 것이지요.

> 우리 당은 1955년에 주체를 세운 데 대한 단호한 방침을 내세우고 그것을 관철하기 위하여 계속 강한 사상 투쟁을 하여왔다. 교조주의를 반대하는 우리 당의 일관된 투쟁에서 1955년은 하나의 전환점으로 되었다. (『김일성 저작집』 제4권, p.221, 과학・백과사전출판사, p.253에서 재인용)

이러한 시각에 섰기 때문에, 남로당 따위가 반동적이고 어쨌다든가 한설야 그룹이 어쨌다는 따위의 기술은 한군데도 얼굴을 내밀지 않지요. "사상 사업에서 교조주의와 형식주의를 퇴치하고 주체를 확립할 데 대하여……"라는 교시가 이 책 첫 장부터 끝장까지 울리고 있는 형국이지요. 그러니까 우리와는 너무나 이질적이자 거리가 먼 별세계의 문학권처럼 보이게 됩니다.

객 : 그들이 '1926~45' 부분을 막바로 쓰지 않고 81년 그러니까 마지막에 가서야 쓴 이유를 조금 짐작할 수 있을 것 같습니다. 별세

계와 연결시키기엔 난처했던 것이겠지요. 짐작건대, 별세계와 연결시킬 수 있는 부분은 김일성의 동북만 항일 게릴라전의 전개 과정 속에서의 의식화 운동이 아니겠습니까.

주 : 맞습니다. 제1편 위대한 수령 김일성 동지의 지도 밑에 항일 혁명 투쟁 과정에서 창조된 혁명적 문학 예술, 제2편 항일 혁명 투쟁의 영향 밑에 발전한 진보적 문학으로 구성되어 있으며 불후의 고전이라는 이름 아래「안중근 이등박문을 쏘다」「성황당」을 비롯「꽃파는 처녀」「조국 광복 10대 강령가」「피바다」「한 자위단의 운명」 등이 집중적으로 논의되고, 오직 이기영의「고향」, 강경애의「인간 문제」 등이 조금 다루어져 있습니다. 시가에는 김창술·조운·박아지 등이 조금 거론됩니다.

객 : 19세기말~25년의 문학사, 그러니까 위책보다 먼저 씌어진 이것은 어떻습니까. 엉거주춤한 것이 아닐까 짐작됩니다만.

주 : 제1편 19세기 후반기~20세기초의 문학, 제2편 1910년~1925년의 문학으로 되어 있는데, 제목 자체가 가치 중립적 객관적 용어로 되어 있음만 보아도 그들의 주체사상에의 연결에 대한 고충이 조금 엿보이지 않습니까. 그렇지만 이 책에서도 주체사상의 여파는 적대 계급이나 이데올로기에 대한 증오심의 형태로 드러나 있음이 특징적입니다. 다음 구절이 그러한 점을 상징적으로 말해주지요.

> 위대한 수령 김일성 동지께서는 다음과 같이 교시하시었다. "리광수는 감옥에서 나온 혁명가를 모욕하는 내용의 작품「혁명가의 안해」라는 소설을 썼습니다. 리광수는 또 조선 사람은 일본 제국주의자들과 '동조동근'이라고 떠벌이던 놈입니다." (과학·백과사전출판사, p.179)

이러한 시각인 만큼 제1편의 제5장 제2절의 신소설 항목에서는 이해조·안국선 등만 기술하고, 이인직을 전면적으로 제거해 놓고 있습니다.

객 : 가장 최근에 나온 『조선문학개관』(1986. 11)은 어떻습니까. 정홍교·박종원이 제1권을, 박종원·류만이 제2권을 집필한 것인데, 아주 큰 변화가 있는 것인지요. 6,7년의 세월이 흐른 것인데, 어떻습니까.

주 : 표면상으로는 놀랄 만큼 변했습니다. '신소설과 창가' 항목에서는 막바로 '신소설과 리인직, 리해조의 창작 경향'이라 하여 말살했던 이인직을 머리에 3페이지에 걸쳐 다루고 있습니다. 다만 끝부분에서 "리인직은 [……] 친일적이며 반인민적인 사상 독소를 가진 작품들을 내놓음으로써 인민들의 사상 정신 생활과 민족 문화 발전에 적지 않은 해독을 끼쳤다"(제1권, 인동 p.322)고 했군요. 개척적 선구자적 역할을 높이 평가하면서 토를 이렇게 단 것이지요. 이광수의 경우도 사정은 비슷합니다. 3페이지에 걸친 이광수의 평가 특히 「무정」에 대한 상당한 평가를 한 뒤, 맨 끝에 이렇게 적고 있습니다.

> 이처럼 '신문학 운동'은 후기에 와서는 그것이 기초하고 있었던 부르죠아 민족주의 사상 자체가 진보성을 상실한 것과 마찬가지로 시대의 요구와 인민의 지향에 맞지 않는 반인민적이며 반동적인 길을 걸었으며 민족 문학의 건전한 발전에 부정적으로 작용하였다.(위책, p.248)

그러나 무엇보다 약간의 변화로는 카프문학에 대한 평가입니다. '염군사' '파스큘라'에서 카프로 나아가는 경로도 밝혀놓았고 작품에 관한 논의도 다양한 편입니다. 물론 카프의 평론가인 임화·김남천·안막·한설야 등의 이름은 빠져 있고 그 대신 윤기정·조명희·이기영의 평론이 소개되었으며, 창작으로는 조명희의 「낙동강」, 이기영의 「고향」, 강경애의 「인간 문제」가 프롤레타리아 소설로 평가되고, 비판적 사실주의로는 채만식·심훈·이효석이 평가를 받고 있습니다.

객 : 그렇다면 두 가지 의문점이 떠오르는데요. 하나는 1926년에서 해방 전까지의 문학적 전개는 이중적이다. 곧 김일성 항일 투쟁의 문학 운동과, 국내의 문학 운동이 거의 일 대 일로 맞먹는 비중으로 처리되고 있다는 점인데, 이 원칙만은 어느 시기의 문학사도 변동 없이 지키고 있다는 것 아닙니까. 다른 하나는, 그러니까 해방 이후 지금(그들은 문학사적으로, 또 국가적으로, 1961년대부터 사회주의의 전면적 건설과 사회주의의 완전 승리를 앞당기기 위한 투쟁기로 설정해놓고 있거니와)까지에 걸쳐 그 30년대 유산의 이중성을 어떻게 극복하느냐에 관해서입니다.

주 : 첫번째 질문은 아주 섬세한 것으로 생각됩니다. 만일 우리식으로 문학사를 보면 (1) 카프문학, (2) 민족 개량주의(민족주의는 근본적으로 제국주의와 쌍생아라는 시각)문학, (3) 모더니즘 문학으로 설명될 수 있지 않습니까. 조금 전문적으로 말하면 (3)을 가치 중립적인 기법의 수준으로 환원해보이면 (1)과 (2)에 흡수될 수 있지요. 그러니까 (1)과 (2)에서 원론이 주어집니다. 그런데, 김일성 항일 투쟁의 시각에서 보면 (1) (2)가 같은 수준으로 묶일 수 있는 것 아니겠는가. 이는 역사를 파악하는 변증법 본래의 방법이 아니겠는가. 북로당이 만들어지고 그들식의 역사 전개를 해나올 때, 민족적 형식

에 사회주의적 내용을 담는다고 할 때, 레닌의 명제대로, 전시대의 우수한 가치를 계승 발전함은 당연한 것이 아닙니까? 바로 이 때문에 「피바다」「성황당」「꽃파는 처녀」의 재음미, 집체작·집체 쟝르(가곡화·영화화, 기타)에로 증폭되는 것입니다. 그러니까, 30년대에 창작된 「피바다」 등이 따지고 올라가면 우리 민족 고유의 여러 놀이에 연결되는 것이며, 새로운 조류에 맞추어 이들 작품을 확대 증폭하는 길이야말로 연속성·정통성 확보의 방식이 아니었을까. 민족적 형식 개념이란 원래 스탈린의 명제지요. 소련은 90개 민족의 합중국이고 민족 이론을 전공한 스탈린이고 보면 조화롭게 응집되는 예술관을 내세운 것이지만 다른 시각에서 보면 민족 전통의 연속성이랄까 정통성을 확보하는 이론으로도 충분히 사적 유물론의 일부분이며 유물변증법의 적용이 두번째 관점으로 되는데, 곧 전체(정치·경제)의 범주내에서 미학적인 것이 문제되는 것입니다. 이 관점에서 보면 이해하기 쉽지요.

객 : 그러니까 선생께서는 「피바다」「꽃파는 처녀」 등이 민족적 형식에 닿아 있고 또 그것의 증폭·발전에로 나아갈 수 있도록 하는 일은 김일성 우상화의 측면이 아니고, 민족 문화 형식의 연속성·정통성 확보의 측면에서 평가할 수 있다는 뜻이군요.

주 : 이른바 해방 공간(1945~48)에서의 작품 수용 양상에서도 어느 정도 같은 얘기를 할 수 있지요. 이기영의 「땅」(개간편, 48:수확편, 49), 이동규의 「그 전날밤」(48), 이북명의 「노동일가」(47), 한설야의 「개선」(48), 남궁만의 「하의도」(49, 희곡), 조영출의 「폭풍지구」(49, 희곡) 등의 작품군이 평가, 수용되고 있는데, 그것은 곧 30년대 카프계의 연속성을 말해주는 것입니다. 이기영의 「두만강」(57)이 해

방 공간을 돌파하여 '사회주의 기초 건설을 위한 투쟁 시기'에 솟아 있다는 것은 의미심장한 것이지요. 요컨대 상당한 다양성도 인정되고 있음을 말해주는 것 아니겠는가.

5. 역사를 이해하기 위하여

객 : 문인·예술가 교류 문제도 나오는 모양인데 이 점 어떻게 보시는지요.

주 : 정책적인 수준은 잘 모르겠습니다. 아마 동서독 관계 비슷해질 수도 있지 않겠는가. 그렇지만 저는 조금 엉뚱한 생각도 한 바 있지요. 《로동신문》을 대학 도서실에 열람케 한 것은 GNP 4천2백 불이지 정치가의 머리에서 나온 것이 아니라는 것, 북조선산 모시조개가 서울의 백화점에서 팔리고 있는 것은 우리가 산업·정보사회 속에 깊숙이 들어왔음을 말해주는 것이라는 점, 음악·예술·스포츠·학술 따위의 교류란, 실로 가소로운 것이 아니겠느냐 하는 생각을 떨쳐버리기 어렵습니다. 장사꾼이 물건 팔기 위해 구멍을 뚫는 것이지 거기 예술 나부랭이가 뭣이겠느냐 하는 경박한 생각이 스칠 때가 있습니다. 제 바탕이 워낙 천박하고, 깊이있는 공부가 없기 때문이겠지요. 인간은 자발적으로, 고귀한, 고상한 그 무엇이라는 생각이 도무지 환각인지도 모르겠습니다.

객 : 제가 선생께 질문을 잘못한 것 같습니다. 이렇게 북조선 책들이 마구 쏟아지고, 또 철학계에서는 'NL론 비판' 세력과 주체사상 세력과의 논쟁이 벌어져 양쪽의 잡지들(『철학 논쟁』 I, 『현실과 과

학』 2 등)이 간행되고 있는 실정 아닙니까. 이럴때 우리가 잃은 측면은 없겠는가라는 점 같은 것은.

주 : 저는 남로당에 관한 연구 및 평가가 소홀해지지 않을까 하는 점을 지적해두고 싶군요. 저는 어느 글에서 남로당은 좌우 합작 노선이지 북로당과 같은 그러한 것은 아니라고 적은 바 있습니다. 곧 임화가 내세우는 인민민주주의론에서 '인민성'에 개념 설명을 그렇게 했지요(졸저, 『한국현대문학사론』, 한샘, 1988, 부록 참조), 남로당도 당이니까 왜 당파성이 없겠는가. 그러나 그들이 월북하여 북로당과 마주했을 때, 돌연 당파성을 상실했거나 아예 갖출 수 없었던 것이지요. 이쪽도 저쪽도 거부당한 남로당이란 무엇이겠는가. 문득 저는 이 대목에서 새삼 청량산인(이원조)의 「민족문학론」을 떠올리고 숙연해집니다.

객 : 선생께서는, 청량산인을 두 번씩이나 들고 있는데, 틈이 나면 한번 읽어보겠습니다.

주 : 아닙니다. 제 혼자 생각이지요. 역사는 결과론으로 해석되는 것인가, 그렇게 정당화되어도 좋은가, 라는 점에 관해 저 나름으로 고민한 적이 있다는 뜻에 지나지 않지요.

객 : 그 혼잣생각은 다음 기회에 또 듣기로 하고, 역사에 관한 선생의 느낌만을 한말씀 들었으면 합니다만,

주 : 저는 루카치의 저서들을 오래도록 조금씩 읽어왔고 지금도 가끔 펴놓고 음미하곤 합니다. 근자에는 반성완 교수의 우리말 영역이 나와서 제가 몰랐던, 혹은 잘못 해석했던 대목들을 때늦게 깨치곤 합니다. 한번은 반교수를 만나 독일어 접속사 'und'를 '동시에'라고 해석할 수 없는가를 문의해본 바도 있습니다.

객 : 『소설의 이론』에 나오는 그 시간 개념의 발견 대목이겠군요. 곧 "Nur im Roman, dessen Stoff das Suchenmüssen und das Nicht-finden-Können des Wesens ausmacht, ist die Zeit mit der Form Mitgesezt" (Die Theorie des Romans, Luchterhand, 1971, p.108). 이를 반교수는 "본질을 찾아야만 하지만 그러나 찾을 수 없다는 사실을 그 소재로 삼고 있는 소설에서만이 시간은 형식과 함께 주어진다"(심설당, p.161)라고 옮겨놓았지요. 선생께서 질문하신 것은, "본질은 찾지 않으면 안 된다, 동시에 그 본질은 찾아질 수 없다는 것을 소재로 하는 소설에서만 시간은……"이라고 옮길 수 없겠느냐는 것 아닙니까. 그야 어쨌든, 선생께서 루카치에 관심이 많다는 것은, 클로드 로랭의 그림을 찾아 유럽 미술관을 몇 년을 두고 헤맨 기행문 『황홀경의 사상』(홍성사, 1984)·『낯선 신을 찾아서』(일지사, 1988)를 보아도 알 만 합니다.

주 : 루카치가 죽은 지 9년만에 나온 자서전(초록)과 엘시라는 비평가와의 대담집이 나온 바 있습니다. 이 대담집 앞에는 대담자 엘시의 「최후의 말의 정당성」이라는 긴 해설이 실려 있습니다. 그 속에는 이런 구절이 포함되어 있지요. 곧, 1968년 가을 바르샤바 조약기구군의 프라하 침입 때에 루카치의 입에서 단 한번, 다음과 같은 말이 흘러나왔다는 것입니다. 자기가 들었다는 것이지요. "추측컨대 1917년에 시작된 실험의 모두가 실패로 끝났는지 모른다. 그리하여 모든것은 다르게 한번, 다른 장소에서 시작되지 않으면 안 된다. Vermutlich ist das ganze Experiment, das 1917 begonnen hat, misslungen, und das Ganze muss ein anderes Mal und an einem anderen Ort angefangen werden (Suhrkamp, 1981, p.

14).

　그러나 그 후의 어느 곳 어느 글에서도 두번 다시 이런 말을 입에 담지 않았다는 것입니다. 엘시가 감동적으로 묘사한 대목이 바로 이 부분인데, 루카치는 모든 저서에서 이런 말을 적은 적이 없고, 결코 공표하기를 전제로 하지 않은 자기와의 대담에서조차 입에도 담지 않더라는 것입니다. 저는 이 대목을 좀더 음미하고 싶습니다. 레닌의 방식이어야 하는 것인데 스탈린의 방식으로 전개되고 만 역사를 두고 단 한 번 루카치는 자기 생애를 건 선택을 후회했지만, 그러나 단 한 번도 그것을 글로는 쓰지 않았고, 뿐만 아니라, 공간을 전제로 하지 않는 대담(자전적인 것이며, 심지어 이 대담 속에는 부호인 아비의 후광으로 일차 대전의 군 복무조차 **빠졌다**는 것, 형과의 관계, 어머니와 불화 등도 상세히 말하고 있는 형편인데도)에서조차 입 밖에 내지 않더라는 것입니다. 처형당하기 직전의 임화의 심정도 이러하지 않았을까, 역사란 이런 문제를 일깨우는 그 무엇이 아니겠는가, 그런 생각을 하고 있습니다.

　객 : 뭔가 좀 정리가 될까 기대했는데 어쩐지 점점 머리가 복잡해지는 것 같습니다. 오히려 새로운 숙고되어야 할 과제들이 등장하고요.

　주 : 제 자신이 혼란되어 있기 때문입니다. 또 만나 이야기할 기회가 있겠지요.

(1989)

4. 유럽지역의 한국학 대회와 북한학자들의 발표내용
― AKSE 제 17차 대회의 표정

1. 프라하 가는 길

　제 17차 AKSE(유럽지역 한국학모임 Association for korean Studies in Europe)이 1995년 4월 21일에서 25일에 걸쳐 유서깊은 중세의 도시 체코의 수도 프라하에서 열렸다. 참가자 160여명을 헤아리는 이번 대회의 규모는, 역대의 어느 AKSE 대회보다 크고 화려한 것이다. 특히 주목되는 것은, 한동안 중단되었던 북한학자들 5명(그 중 1명은 통역 겸 인솔자)의 참가라 할 것이다. 아는 분들도 있겠지만, 아직도 생소한 AKSE에 대해, 이 자리를 빌어 조금 소개하면 안될까. 우리의 세계화에 대한 학문적 창문이랄까 거점의 하나로 그 존재가 우뚝하다는 시각에서 볼 때 더욱 그러한 필요성이 있지 않을까 싶기 때문이다.
　AKSE가 창설된 것은 1977년이다. 파리 7대학의 이옥, 런던대학의 시킬렌드 등이 중심이 되어 조직된 이 학회는 국가단위에서 지역단위를 겨냥한 점에서 큰 진전으로 평가되었다. 당초 이 학회는 서유럽 중심이었으나, 어느새 동유럽(소련 포함) 한국학 학자들간의 학술교류로 확대되어 나아갔고, 이런저런 곡절을 겪으면서 마침내 북한학자까지 참가하기에 이른 것은 그만큼 이 학회의 성격이랄까 내적 충실성을 입증한 것으로 볼 수 있다. 학회의 내적 충실성이란 새삼 무엇이겠는가. 각 분야에 대한 상호존중과 정보 교류의 충실성이 그 첫 번째 조건이라면 이 다양성 속의 조화로운 공존 및 그 바탕 위에서의 창조적 노력 못지 않게 소중한 것이 두 번째 조건이다. 곧 그것은 정치적 빛깔의 철저한 제거이다. 모두가 아는 바와 같이 한반도는 분단상황에 있었고 지금도 그러하다. 세계적 냉전체제의 산물인 이 분단이야말로 해외에서의 한국학이 안고 있는 제일 부담스럽고 또한 민감한 부분의 하나였다. 아무도 정치적 상황에서 자유로울 수 없는데, 왜냐면 정치 곧 현실인 까닭이다. 학문연구라 해서 이에서 자유로울 수 없음은 삼척동자라도 아는 일이 아닐 수 없다. 그렇다면 유럽지역의 한국학 종사자들의 이에 대한 태도는 어떠해야 했을까. 냉전체제에 대한 중립성 확보가 제일 바람직한 태도였을 터이다. 서울과 평양, 그 어느 쪽에도 기울어지지 않는 균형감각의 유지야말로 AKSE가 취한 태도였으며, 오늘날 이 학회가 지닌 권위 및 그 역사성은 이러한 바탕 위에서 구축된 것으로 볼 것이다.

학자에겐 물론 조국이랄까 국적이 엄존하지만 학문에는 원래 국경이 없는 법. 이데올로기에 대한 균형감각 유지는 이러한 명제에 충실할 때 겨우 얻어지는 것이겠거니와, 이러한 의미에서 AKSE의 중심부가 넓은 뜻의 한국학 속에 놓여 있음은 당연한 일로 보인다. 우리가 통칭 <국학>이라 할 땐, 현대적인 연구분야보다는 고전적 연구분야를 가리킴이 보통이다. 이 점에서 AKSE는 그 성격이 뚜렷하다. 스킬렌드 교수의 「심청전」 연구, 부셰(프랑스 학술진흥재단)

교수의 「구운몽」 연구, 렌트너(홈볼트 대학) 교수의 「박씨부인전」 연구, 프로바인(드렘 대학) 교수의 국악 연구, 부체크(챨스 대학) 교수의 신소설 연구 등등이 잘 말해주듯 한국학이라면 단연 이러한 고전적 역사연구에 토대를 둔 것인 만큼 현대적인 분야가 지닌 이데올로기적 성향에서 좀더 멀리 떨어질 수 있었다고 볼 것이다. 시류성에 휩싸이기 쉬운 현대적인 분야를 피하는 또다른 이유로 꼽을 수 있는 것이 대학과의 관련성이 아닐까 한다. 대학이 지닌 속성으로 보아 현대적인 것에 대한 연구란 썩 제한적임을 면치 못하는데, 이는 아카데미시즘이 지닌 그 나름의 고전성(우월성)에 알게 모르게 관련되어 있다. 한국학 연구의 자생력이 대학 밖에는 별로 없다는 사실은 강조되어 마땅한 사항이라 할 것이다. 한국학 연구가 대학에서 벗어나 특정기관으로 옮겨질 경우, 많건 적건 또 알게 모르게 특정기관의 이데올로기에 물들지 않을 수 없음을 염두에 둔다면 이 사정이 좀더 뚜렷해지리라 믿는다.

2. AKSE가 지닌 매력

AKSE 대회에 내가 처음으로 참가한 것은 라이든에서 열린 제12차 대회(1988) 때부터이다. 라이든 대학의 발라벤 교수가 조직한 이 대회에는 조브티스 교수를 비롯한 소련학자들과 오가레트 최(바르샤바 대학), 피히트(홈볼트 대학) 교수 등, 동구권 학자들의 참가와 활동이 내겐 썩 인상적이었다. 국내에서는 이기문(서울대), 윤병석(인하대), 박영석(국사편찬위원회 위원장) 등, 중진급이 참가한 바 있다. 내 발표논문은 「한일 프롤레타리아 문학의 관계에 대한 한 고찰―임화와 나카노 시게하루(中野重治)」였다. 카프 시인 임화의 시를 통해 한국과 일본의 프롤레타리아 문인 간의 관련성, 곧 계급성과 민족성의 관계에 대한 논의가 그 논점이었다. 일본의 NAPF(일본 프롤레타리아예술연맹) 시인 나카노 시게하루(中野重治)의 시 「비내리는 품천역(品川驛)」(1929)에 화답한 임화의 위의 시와 비교하는 마당에서 나는 나카노가 조선의 프롤레타리아를 두고 일본의 프롤레타리아의 '앞잡이자 뒷군'이라 부른 대목을 문제삼고, 그 계급성 이전에 가로놓인 민족적 한계의식을 지적해 보였다. 내가 이러한 주제를 들고 나간 것은 아직도 냉전체제가 삼엄한 시대이며, 특히 동구 및 소련학자들이 참가한다는 점, 또 북한학자들의 참가 여부도 논의되고 있었음을 의식했기 때문이었다. 불행히도 북한학자들은 불참했으며, 동구권 및 소련학자들의 면면으로 보아 근대문학 전공자가 별로 없었음으로 내 딴엔 김이 빠지는 것이었다.

 그러나 뜻밖에도 나는 두 사람의 질문공세 앞에 노출되지 않으면 안 되었는데, 하나는 피히테 교수의 것이었다. <한국 민족문학>의 성격규정을 어떻게 하는가고 내게 묻는 것이었다. 그 물음엔 1988년도 여름 평양에서 열릴 예정인 한민족학술대회에 대한 나의 의견까지 포함된 것이었다. 남한문학, 북한문학 그리고 동포문학 등, 세 가지 범주를 아우르는 개념 정립이 전제된 물음이었다. 『아시아―맑스・레닌에의 길』(1983)의 저자이며, 이기영의 단편 「쥐」의 번역자이자 평양에서 공부한 피히테 교수의 이러한 질문을 나는 쉽사리 물리칠 수 있었다. 그 문제를 내가 아직 검토해 보지 않았음으로 답변할 수 없었던 것이다. 정치문제가 아닌 이상 누구나 자기가 아는 것만큼, 또 생각한 것만큼밖에 더 말할 수 없지 않겠는가. 난처한 것은 그러나 다음과 같은 두 번째 질문이었다.

계급성과 민족성의 비교에서 그대는 민족성의 우위에 지나치게 비중을 두고 있는 것 같다. 그도 사실이긴 하나 일본의 경우, 조선교포들의 노동자와 일본의 노동자 사이에 얼마나 깊은 유대관계가 있는지에 대해 그대는 어떻게 생각하는가.

이런 요지의 질문자는 이 대회의 초청자로 「에도(江戶) 시대의 조선통신사」라는 역사기록물 필름 제작자인 재일교포 학자 신기수(辛基秀) 씨였다. 주최측에서 그를 특별초청한 것은, 이 영상기록물을 상영함으로써 한국학에 대한 흥미와 역사이해에 도움을 주기 위한 배려였을 터이다. 특히 일본문학과의 긴 전통을 지닌 라이든 대학의 힘도 작용했을 터이다. 내가 신씨의 이 질문에 당황한 것은 신씨가 제시하는 구체적 인물 때문이었다. 암살된 일본인 노동자의 장례를 치러준 조선인 청년 노동자 30인의 행위, 독방에 있던 김천해(金天海)를 헌신적으로 간병한 옆 감방에 있던 야마베 겐타로(山邊健太郎)의 행동, 그리고 이북만(李北滿)과 나카노 시게하루가 강연회를 마치고 나란히 걸어갈 때의 그 섬광과 같은 강렬한 느낌 등의 지적이 그것. 이런 부분들은 내가 미처 모르는 터이다. 훗날 신기수 씨는 『아리랑 고개를 넘어서 —재일(在日)에서 국제화를 묻다』(해방출판사, 1992)라는 저서 제 5장에서 이데 대해 상세히 논의한 바 있다.

이 대회에서 내가 잊기 어려운 것이 따로 몇가지 있었는데, 고송무(헬싱키 대학) 교수가 입수한 의병장 홍범도의 묘지 사진이 그 하나이요, 어학자 콘체비치(모스크바 과학원)가 가져온 방대한 한글 창작소설(미발표) 한 권이 그 둘째이며,『소월시집』을 비롯, 한국 시가

집 18권을 번역한 조브티스(알마아타 사범대) 교수와 스킬렌드 사이에 벌어진 논쟁이 그 셋째이다. 이 모두는 AKSE가 지닌 매력이 아닐 수 없었다. 내가 계속 이 대회에 참가해 온 이유도 이 매력과 무관하지 않다. 순수한 외국인들이, 이유야 어쨌든 저마다의 목소리와 몸짓으로써 낯선 나라 한국의 문화와 문학 또는 역사와 언어에 관해 논의한다는 것 자체가 나로서는 신기함을 넘어 불가사의한 것처럼 느껴지기조차 했던 것이다.

3. 제 13, 14, 15차 대회와 북한학자들의 면모들

AKSE 제 13차 대회는 1989년 런던에서 열렸다. 4월 중순(5일~8일)이었다. 원래 이 대회는 부활절 휴가중에 열게 되어 있었으나 런던의 경우는 조금 빨랐다고나 할까. 4월 초순의 런던은 놀랍게도 눈보라가 치고 있었다. 벚꽃조차 망울져 피어나고 있는 계절에 심한 바람과 눈보라조차 몰아치는 고약한 날씨 속에 열린 이 대회엔 의외에도 열기가 가득했는데 뜻밖의 사건 때문이었다. 곧 늘 기대했던 북한학자들의 대거참여가 그것.

대회의 주최측 조직자는 런던 대학 스킬렌드 교수였다. 런던 대학 SOAS(Studies of Asia and Africa) 소속인 스킬렌드 교수의 정년과 관련된 이번 대회의 실무급은 그 후임으로 내정된 도이클러(한국사) 및 박영숙(동양미술사) 박사 등이었는데, 참가자는 사상 최대규모인 140여명을 헤아렸다. 이 대학 부총장(총장은 명예직으로 황실에서 맡는 모양)의 리셉션에서의 발언에서도 이 대회의 중요성으로 북한학자 5명의 참가가 거론되는 것이었다.

파브르(파리동양학교) AKSE 회장의 개회선언에 이어, 부셰 박사(프랑스 학술진흥재단)의 「구운몽」에 관한 논문발표가 있었다. 이른바 유럽 동양학의 수준을 대표하는 것으로 선택된 것이 부셰 박사의 이 논문이라 볼 것이다. 모두가 아는 바와 같이, 게일 박사의 번역(The Cloud Dream of Nine, London, 1922) 이래 한국 최대의 고전으로 군림한 것이 「구운몽」이었다. 「춘향전」이 고전성에 오를 수 없는 조건은 「구운몽」에 비할 땐 자명하다. 「춘향전」의 텍스트가 진행중에 놓여 있음에 대해 「구운몽」은 완결(폐쇄성)되었음이 첫 번째 고전성의 조건이다. 두 번째로 「구운몽」은 당나라를 배경으로 했다는 점이 지적된다. 「구운몽」의 성진이 지상으로 추방되어 인간으로 태어난 곳은 대 당나라 <쉬> 땅에 있는 양처사의 집이었다. '대 당나라'란 무엇인가. 동양학의 중심부가 아니었겠는가. 「구운몽」에 나오는 배경, 사상, 관직 명칭은 물론 지명, 행동규범, 윤리관조차도 당나라스런 범주에서 읽히게끔 유도하는 힘을 가진 것이 「구운몽」이 지닌 최대의 매력이자 강점이 아닐 수 없었다. 이 사실을 내가 거듭 확인한 것은 부셰 박사와 처음 대면한 한 세미나(라이든 대학에서 열린 한국문학 세미나, 1984. 6. 28~29)에서였다. 부셰 박사의 주장은 「구운몽」 판본은 한글본이 먼저이고 한문본이 뒤에 나왔다는 것으로 요약된다. 이러한 주장은 국내의 「구운몽」 전문가 정규복 교수가 한문본을 먼저로 내세우는 것과 정면으로 대립된다. 한글본이 원본이냐 아니냐에 대한 두 학자 간의 싸움이 아직도 진행중에 있거니와 그야 어쨌든, 부셰 박사가 1984년도에 발표하는 논의방식이야말로 내겐 썩 인상적이었다.

"이 땅은 대당국 회남도 휘따이오 이 집은 양처사의 집이니 처사는 너의 부친이요 처사의 처 유씨는 너의 모친이라"(「구운몽」, 한글본, 서울대 소장본)

성진이 지상에 태어나는 장면이 이렇게 되어 있거니와, 부세 박사의 추리방식은 이러하였다. 첫째 그는 커다란 중국 지도를 제시하는 것이었다. 당나라 지도였다. 그 지도에 나타난 회남도(淮南道)의 지명 속에는 <(壽)>라는 지명이 뚜렷이 있지 않겠는가. 그런데 「구운몽」의 한글본 각주에는 <수주(秀州)>라 표기되어 있지 않겠는가. 정병욱 편 『구운몽』(민중서관)엔 <쉬땅>을 <수주(秀州)>라 주석했는데, 이는 한문본에서 따온 것이다. 어째서 정교수는 확인도 않고 한문본 것을 이용했던 것일까. 작자 김만중은 수주(秀州)를 정확히 알고 있었을 터이다. 이를 한글로 <쉬따>이라 표기했을 터이다.

부세 박사의 추리방식은 물론 이뿐이 아니지만 요컨대 그의 추리방식에서 내가 느낀 것은 「구운몽」이야말로 유럽의 동양학 연구 범주 및 전통에 연속되어 있음이라는 점이었다. 남원을 배경으로 하고 수십개의 이본을 가진 「춘향전」이 어째서 외국인에게는 문학 텍스트로 부적절하게 인식되는가에 대한 해명도 이로써 가능해졌으리라고 믿는다.

런던 대회의 두 번째 발표문은 최병헌(서울대) 교수의 「도선의 풍수지리설과 고려의 건국이념」이었다. 한국학자의 발표를 초청형식으로 예우한다는 AKSE의 기본방침 외에도 정통 국학(한국사)을 중시한다는 의미가 새삼 느껴졌다. 세 번째로는 레드야드(컬럼비아 대학) 교수의 「임진왜란의 최후전쟁―그림에서 본 것」이었다. 회화사와 국사의 만남이라고나 할까.

이상 셋이 주제강연이었던 셈이거니와, 이에 못지 않게 비중을 지닌 것이 북한학자들의 발표문이었다. 북한학자의 첫 번째 발표문은 김하명 씨의 「김려의 시창작과 서사시 '방주의 노래'에 대하여」였다. 이는 내 발표문 「산업사회와 한국현대문학」의 바로 다음에 행해진 것이었다. 김하명 씨의 직함은 북조선 사회과학원 주체문학연구소 소장이었다. 서울대학 출신이며, 「신소설과 '혈의 누'와 이인직」(≪문학≫, 1948. 5)을 쓴 바 있으며, 김일성 대학 문학부장을 거친 김씨의 논문은 매우 치밀하게 계산된 북조선 문학이념의 학문적 제시로 보였다. 대체 김려(金鑢, ?-1821)란 누구인가. 호를 담정(潭庭)이라 하는 김려를 북한문학계에서 발굴 소개한 것은 60년대 초이다. 그들이 간행한『문학예술사전』(1972)엔 「구운몽」의 작자 서포 김만중과 꼭같은 비중으로 다루어져 있는 김려의 서사시 「방주의 노래」란 대체 어떤 것일까. 古詩爲張遠卿妻沈氏作(장원경의 아내 심씨를 위해 지은 고시)라는 이름의 미완성 3520자, 5언절구 176수의 장대한 서사시를 두고 어째서 「방주의 노래」라 이름지었던가. 이 작품의 주인공이 심방주(沈蚌珠)였음에서 말미암은 것이라고 김씨는 주장하였다. 방주의 아비는 호남의 버들고리장수(양수척)로, 이른바 백정 신분인데 늘그막에 딸 방주를 두었다. 어느날 북쪽에서 말을 달려 온 파총(무관 벼슬)이 물을 구하자 방주가 공손히 이에 응하였는데, 그 예의 바른 모습에 놀란 파총이 며느리삼기에 나아갔다는 것. 왜? 파총 자신이 겪어온 험난한 생애가 그 이유로 전개된다. 작품은 여기까지이고 뒷부분은 없지만, 그 주제사상은 "기본적으로 밝혀졌다"고 김씨는 주장하였다. 야사류로 처리·분류되는『담정유고』(한문)는 규장각에 소장되어 있거니와, 이 작품의 문학사적 의의는 과연 어디있는

가. 민중서사시의 발견이란 점이 그 정답이다. 모두가 아는 바와 같이 우리 문학사에서 서사시로는 이규보의 「동명왕편」이 거의 독보적인 존재이며, 또한 이는 영웅서사시 범주에 드는 것. 그렇다면 민중서사시는 과연없는 것일까. 민중서사시가 없는 문학사도 있는 것일까. 이러한 실질적 물음이 발견해낸 것이 바로 「방주의 노래」였던 것으로 보인다. 한국 고전문학사 구성에 맥 하나를 이어 놓은 성과라고나 할까. 그 뒤 남한에서는 이가원 교수의 『한국한문학사』에 부분적 언급이 있었고, 임종대의 「담정 김려 연구」(고려대 석사논문, 1984), 박준원의 「담정 김려 시 연구」(성균관대 석사논문, 1984)가 이어졌다.

　문학에서의 두 번째 발표는 정홍교(사회과학 주체문학연구소 실장) 씨의 「고전소설 '춘향전'의 주제사상 평가에 제기되는 문제」였다. 두 가지 점이 주장되었다. 춘향의 성격이 '조선민족의 성격'이라는 점이 그 하나. 다른 하나는, 월매에 대한 재평가, 곧 춘향을 키운 모성애를 들었다. 한편 최정후(사회과학원 언어학연구소 실장) 씨의 「고대조선말에서 무성음과 유성음에 관한 문제」 역시 그들 나름의 연구성과를 보인 것으로, 문헌에 의거한 정밀한 고증에서 최씨가 내세운 결론에 따른다면 고대 조선엔 무성음과 대립되는 유성음이 존재하지 않았다는 것이다.

　이번 대회에서 제일 큰 비중을 지닌 것은 따로 있었는데, 정영률(사회과학원 역사연구소 소장)의 「조선역사상의 첫 통일국가」였다. 한국학의 중심이 한국사에 있음을 염두에 둔다면, 북한 역사학의 최고 수뇌부의 발표라는 점에서 정씨의 주장이 주목되지 않을 수 없었다. 정씨의 주장은 통일신라 부정론으로 요약되는 것이었다. 고구려 건국이 신라보다 한 세기 정도 앞선다는 것을 전제로 한 정씨의 통일신라 부정론의 근거는 (1) 문헌상의 검토와, (2) 영토상의 검토에 두고 있었다. 발해가 엄존해 있는 한 통일신라란 어불성설이라는 것. 따라서 '남북병존기'에 지나지 않는다는 것. 뿐만 아니라 신라영토의 북상선이 기껏해야 자비령 행성(황해도 황주군 철도리에서 신평리)에 이를 뿐이라는 것. 그렇다면 진짜 통일기는 언제인가. 고려 건국이 통일에 해당된다는 것이었다. 고구려가 신라보다 1세기 앞서 건국되었다는 것은 문병우(사회과학원 역사연구소 실장, 사학자 문일평 씨의 후손)의 「조선에서의 세 나라의 성립시기와 봉건화 과정에 대하여」에서였다.

이에 대한 남한학자들의 질문이 있었고, 토의가 진행되었거니와, 민족사의 정통성을 가운데 둔 이 논의는 이데올로기에 좌우될 수 없는 과학(특히 고고학)의 진전에서 실마리를 찾아야 될 성질이 아니었을까. 그야 어쨌든 북한학자의 참여와 그것이 지닌 의의의 어떠함이 이로써 조금 드러났을 줄 믿는다.

1990년 4월에 열린 AKSE 제 14차 대회(바르샤바 대학)에는 4명의 북한학자의 참가가 있었거니와, 두 사람의 국사학자(김일성 대학 교수)와 두 사람의 문학 연구가들이었다. 국사쪽의 발해사 연구가 돋보였는데, 이는 남북병존기에 대한 그들의 관심의 표명으로 읽혀질 수 있었다. 이 대회에서 내게 인상적인 것은 문학분야였다.

런던 대회에서도 참가한 바 있는 정홍교 박사의 「서민 시인 조수삼의 문학사적 지위에 대한」은 무엇이었던가.『추계집』의 저자 조수삼(1762-1849)은 여항시인으로 서민 시단인 <송석원 시사>에 관련된 대표적 시인이다. 김려의 「방주의 노래」가 민중서사시의 대표작이라면 서민의 서정 서사시적 형식의 대표적 존재가 바로 조수삼인 셈이다. 한시로 된 조수삼의 서정서사시가, 신분적 제약으로 관직에 나아가지 못한 계층의 시적 대변이었다는 점에서 이는 김려와 쌍을 이루는 것으로 파악되었다. 이로 볼진댄 북한의 국문학자들이 AKSE라는 창구를 통해 무엇을 내보이고자 했는가를 엿볼 수 있지 않겠는가.

이 대회에서 주목되는 것이 바로 류만 씨의 「1920년대 조선 시문학에 형성된 조국애」였다. 근대문학을 다룬 논문이 처음으로 선을 보인 까닭이다. 북한 발행의 『조선문학개관(Ⅱ)』(1986)의 공동저자의 한 사람인 류만(사회과학원 주체문학연구소 실장, 준박사, 부교수) 씨를 내가 안 것은 그의 저서(남한판은 인동출판사, 1988)를 통해서였다. 내 전공이 근대문학인 만큼 북한의 근대문학사를 집필한 장본인의 한 사람을 만나본다는 것은 나로서는 썩 흥미로운 바 없지 않았다. 류만 씨가 집필한 문학사에서 주목되는 것은 근대문학 중 항일혁명투쟁 시기(1926. 10~1948. 5)의 설정과 그 평가에 있었다. 대체 1926년 10월로써 한 시대를 그은 이유는 무엇이었을까. 김일성 수령이 항일의 길에 나선 14살 적에서부터 역사적인 명월구 회의에서 무장투쟁에 나아가 1945년 해방에 이르기까지로 보았기 때문이리라. 「조선의 노래」 「안중근 이등박문을 쏘다」에 이어 「피바다」 「한 자위단원의 운명」 등으로 이 시기의 문학사가 채워지거니와, 그렇다면 카프와 그 전통을 이은 문학적 유산 평가는 어떻게 되는 것일까. 『조선문학통사』(1959)엔, 이 시기의 문학을 (1) 김일성 원수 항일투쟁과정에서의 혁명문학을 앞세우고, (2) 온갖 부르주아 반동문학을 반대하는 투쟁에서의 프롤레타리아 문학평론의 역할 및 사회주의 사실주의문학의 승리를 내세웠다. 이는 김일성의 항일투쟁을 문학사 앞에 내세우면서 카프의 전통을 부차적으로 기술한 것으로 볼 것이다. 『조선문학개관(Ⅱ)』에서도 이 근본구조는 같았다. 그러나 다만 그 표현이 썩 간략화되었다. '항일혁명투쟁기(1926. 10~1945. 8)'라는 제목 밑에 (1) 항일혁명문학, (2) 항일혁명투쟁의 영향 밑에 발전한 진보적 문학으로 처리된 점에서 이 점을 엿볼 것이다. (1)이 「피바다」을 비롯한 김일성 중심의 서술이라면, (2)는 좀더 폭이 넓었음이 확인된다. 소설의 경우, 이 시기의 문학이 진보적인 문학으로 규정되고, 이는 다시 (1) 프롤레타리아 소설(조명희, 이기영, 강경애, 엄홍섭, 리북명), (2) 비판적 사실주의 소설(채만식, 심훈, 이효석) 등으로 분류하였다.

한편 이 시기의 시문학은 어떠했던가. 프롤레타리아 시인인 유완희, 김창술, 권환, 박세영, 송순일, 박아지에 국한되어 기술되었을 뿐이다.

이로 볼 때 북한의 근대문학사 기술의 이중성이 분명해진다. 주체사상에 입각한 기술이 원론격으로 앞서 나와 있고, 그 영향 하에서 다만 각론으로 카프문학 및 기타의 비판적 리얼리즘문학이 기술될 따름이다. 이 사실은, 뒤집어 보면, 만일 주체사상의 시각이 쇠퇴되거나 완화되기만 하면 뒤에 서 있는 (2)부분이 문학사의 중심으로 기술될 것임을 예견케 하는 것이다. (1)의 현실적 무게에 짓눌린 (2)의 복권이랄까 영역 확대가 조금씩 이루어지지 않겠는가. 이러한 내 예감이 류만 씨의 발표에서도 조금 느낄 수가 있었다. "1920년대 조선에서 현대적 시문학이 새롭게 발전하던 역사적 시기"라는 전제 밑에 류만 씨가 내세운 시인으로는 「향수」의 시인 정지용과, 「통곡」의 시인 이상화, 「님의 침묵」의 한용운, 「초혼」의 김소월 등이었다. 이 중 한용운의 '님'에 대한 평가와 정지용의 「향수」에 대한 '향토애'의 평가는 『조선문학개관(Ⅱ)』속에는 없는 새로운 시도이다. 사석에서 내가 류만 씨에게 정지용 평가에 대해 조금 놀라움을 표시하자, 정지용 시전집을 그들이 갖고 있지 못함을 아쉬워하는 것이었다.

북한학자들의 세 번째 AKSE 대회 참가는 프랑스 뒤르당에서 열린 1991년(제 15차 대회)이었다. 유감스럽게도 역사학자 두 명만이 참가했다. 조대일(사회과학원 역사연구소 실장) 씨의 「조선 도자공예와 일본 자기의 발전」이 그 하나이고, 최영식(김일성 종합대학) 교수의 「18세기 전반기 자본주의 관계 발생의 전제로 된 <자유로운> 노동력 형성에 대한 사적 고찰」이 그 다른 하나이다. 이 중 후자에 사람들의 이목이 쏠렸는데, 문헌을 통해 실증적으로 고찰한 논문이었던 까닭이다. 자본주의 맹아를 어디서 찾느냐라는 과제는 곧 근대성의 기점에 관련되는 것이다. 17세기에서 18세기에 걸쳐 겹친 흉년과 학정으로 뿌리뽑힌 농민들이 황해도 지역으로 유랑하였으며, 이들이 광산에서 부랑노동자로 바뀌었다는 것에 대한 연구인 만큼 그 주제의 중요성이 부각되었던 것이다.

그러나 불행히도 AKSE 제 16차 대회(1993년 베를린)에는 북한학자들이 불참하였다. AKSE가 두 해에 한 번씩 열리기로 한 그 첫 번째 회의인 만큼 그들의 불참은 곧 두 해에 걸치는 것으로 볼 수 있다. 그 이유는 헤아리기 어렵거니와, 좌우간 이번 프라하 대회에 4명의 북한학자가 참가한 것은, 이 점에서 새삼 돋보이는 것이라 할 것이다.

4. 단군릉 발굴과 평양중심주의 사상

프라하 대회에서의 북한학자들의 발표 중 센세이셔널한 것은 단군릉에 대한 두 사학자의 발표문이었다. 먼저 최태형(사회과학원 역사연구소 실장) 씨의 「조선민족의 원시조 단군에 대하여」부터 살펴보기로 한다.

"최근년간 우리 학계에서는 종전의 신화적 인물로 간주되어 오던 단군이 실재한 인물이었다는 것을 과학적으로 밝힘으로써 조선민족이 단군을 원시조로 하는 반만년의 유구한 역사를 가진 슬기로운 단일 민족이라는 것을 온 세상에 떳떳이 자랑할 수 있게 되었다."

최씨의 발표문은 이러한 대전제 아래 씌어진 것이었다. 그렇다면 무엇보다도 신화적·전설적 인물인 단군이 어떻게 해서 실재한 인물임을 '과학적으로' 증명할 수 있는가를 증명하는 일이야말로 이 논문의 존재의의일 터이다. 최씨가 증명하고자 하는 과학적 측면이란, 그의 직함이 암시하듯 역사학의 측면, 곧 문헌학적 실증주의였다. 1993년 평양시 강동군 강동읍에서 단군릉이 발굴되고 거기서 단군 유골과 유물들이 나왔다는 사실의 과학적 증명은 원칙적으로 고고학의 소관이 아닐 수 없다. 이에 비해 문헌학적 증명이란 따지고 보면 한갓 보조에 지나지 않는 것이거니와, 좌우간 최씨가 내세운 문헌학상의 자료제시는 다음과 같다.

(1) 『조선왕조실록』(그들은 『이조실록』이라 부름) 『숙종 실록』 1697년 7월 14일에 기록된, 숙종이 강동군 단군묘와 평양 동명왕묘

를 수리할 것을 건의한 이인엽의 상주를 승인한 것.

(2) 『영조실록』 1739년 5월 23일과 1763년 4월 22일, 영조가 평양감사에게 단군릉 순시를 명령한 것.

(3) 『신증동국여지승람』(1530년 편찬) 권55에 강동현 고적조에 "현의 서쪽 3리에 둘레가 410자나 되는 큰 무덤이 있는데 민간에선 단군묘라 한다"는 기사.

(4) 강동지(1626년 편찬)에도 같은 내용이 실려 있다는 것.

단군릉에 대한 신빙할 만한 문헌적 근거는 이처럼 이 네 곳밖에 더 찾아내지 못하고 있다. 실상 최씨가 주장하는 바는 다음과 같이 단군묘 자체보다도 그 소재에 대한 강조로 일관되었음이 잘 드러나게 된다.

(1) 5천여년 전에 태어난 단군의 출생지가 평양이라는 것, 평양을 수도로 정했다는 것.

(2) 박달나무 아래 내려온 그 산은 다름 아닌 묘향산 또는 구월산이라는 것(백두산이나 태백산과는 아무 관련이 없음을 암시하고 있다).

(3) 평양이 고조선의 수도였다는 사실.

이처럼 발표문에서 평양을 '수십번' 강조하고 있었다. 단군이 난 곳, 고조선의 수도가 깡그리 평양이었다는 사실을 증명하기 위해 동원된 자료를 들면 이러하다. 『삼국유사』 『동사찬요』 『동국역대총목』 『증보문헌비고』(이들에서 태백산이 묘향산이라 증거됨), 『택리지』 『연변지』 『동국역사』 『동사정략』 『동국사략』(묘향산설), 『삼국사기』

(평양은 선인왕검이 살던 곳, 권 17), 『고려사』(지리지) 등등.

그렇다면 문헌학상으로 볼 때, 단군의 고조선 건국의 해는 언제인가. 이승휴의 『제왕운기』에 기록된 기원전 2333년을 부인하고, 기원전 2993년으로 된다는 것이었다. 고고학적으로 단군의 탄생일이 5011년(고고학적 근거) 전이기에 그의 나이 25세에 나라를 세웠을 가능성이 큰 만큼 그렇다는 것이다.

최씨는 끝으로, 신라에서조차 단군을 시조로 떠받들었음을 증명하고자 애쓰고 있었다. "영밖 집집마다에 선인단군의 화상이 있으니 솔거 그 당년에 절반은 그렸으리"(오세창 편,「솔거」,『근역서화징』)을 그 증거로 들었다.

이러한 단군의 실재성을 누가 부정하고자 했는가. 일제의 간악한 사학자들이라고 최씨는 보고, 다음처럼 기술하기를 멈추지 않았다. 단군에 대한 숭배는 일제 강점기에도 계속되었다는 것, 대종교(1909년 창설)의 창시와 단군릉 수축 논의(1921), 단군릉 수축 기성회(1932), 단군릉 개건사업(1936) 등으로 이어졌다는 것. 이러한 단군릉의 발굴 및 재건이 수령의 유훈이었다는 것, 1994년에 강동땅에 최상 수준의 단군릉이 만들어졌다는 것.

북한학자들은 슬라이드를 통해 단군릉의 장대한 모습을 소개하는 것이었다. 최씨가 제시한 문헌상의 증명이라든가, 그 문헌의 사료적 가치에 대해 비전문가인 내가 용훼할 처지는 못되나, 단군이 고조선의 시조라는 것, 그가 평양서 낳고 도읍을 평양에 정했고 또 평양서 묻혔다는 사실의 일방적 강조로 이를 요약할 수 있겠다. 곧 민족통일의 중심부가 평양이라는 것, 그러니까 <평양중심주의>라는 것.

김종혁(사회과학원 고고학연구소 실장) 씨의「최근 평양 부근에서 발굴된 단군조선관계 유적에 대하여」는 어떠할까. 만일 단군의 실재에 대한 과학적 근거를 밝힐 수 있는 뚜렷한 영역이 있다면 단연 고고학 영역이 아니겠는가. 사람들이 이 논문을 크게 주목한 것은 오직 이 때문이었다. 그러나 매우 불행하게도 이 논문의 내용은 지나치게 비약이 심한 비과학적인 것이어서 많은 사람들의 의문을 더욱 증폭시켰을 따름이었다. 조소의 목소리조차 들릴 지경이었다. 그 일부를 소개하면 다음과 같다.

단군릉은 평양시 강동읍에서 서북쪽으로 좀 떨어진 대박산의 동남쪽 경사면 기슭에 자리잡고 있으며, 단군릉의 형식구조는 돌로 쌓은 고구려 양식의 돌칸 흙무덤이다. 반(半)지하에 만들어 놓은 무덤칸은 주검칸과 무덤 안길로 구성된 외칸무덤이며 남향이다. 주검칸의 크기는 동서 275㎝, 남북 276㎝, 바닥에서 천정고임 1단까지의 높이는 160㎝. 그 바닥에 관대가 남북방향으로 나란히 놓여 있었다. 일제시에 도굴당하였다는 것, 따라서 이번 발굴에서도 유물은 많이 나오지 않았다 한다. 그러나 참으로 놀랍게도 두 사람 분의 뼈가 발굴되었다는 것이다.

"무덤에서는 뼈가 모두 86개 나왔는데, 주로 팔다리뼈와 골반뼈들이다. 그 중 하나의 개체는 남자뼈이고 다른 개체는 여자뼈이다. 남자뼈는 주인공의 뼈이고 여자뼈는 주인공과 함께 묻힌 아내의 뼈로 인정된다. 사람뼈에 대한 인류학적 감정에 의하면 남자는 오래 산 장수자였다고 인정되며, 여자는 비교적 젊은 나이로 추정된다. 남자의 뼈들은 길고 상당히 굵으며 170㎝ 이상으로서 당시로서는 매우 크고 체격이 웅장한 사람이었다는 것을 보여주고 있다. 단군릉에서 나온 단군의 뼈에 대한 연대측정을 진행한 것에 의하면

4. 유럽지역의 한국학 대회와 북한학자들의 발표내용 249

지금으로부터 5011년 전의 것이라는 점이 확증되었다."

과연 이러한 사실이 가능한지, 고고학적 지식이 없는 나로서는 감히 뭐라고 할 수 없으나(미술사 전공의 박영숙 박사의 지적에 따르면 비상식적이라 하거니와), 발표자의 주장에 따른다면 유골이 기나긴 기간 삭아서 없어지지 않고 보존될 수 있는 것은 부패 변질이 쉽게 이루어질 수 없는 조건이 잘 보장된 '석회암 지대와 유리한 지층'에 묻혔던 까닭이라 했다. 뼈의 모형 슬라이드까지 보여주었지만, 발표장의 그 누구도 의아한 표정을 짓지 않는 자 없었다.

재건된 단군릉의 규모에 대한 설명에서도 슬라이드로 보여주었는데, 밑단의 한 변의 길이 50cm의 정사각형, 높이는 22m, 피라미드형 돌무덤이었다. 1994개의 화강석을 다듬어 9개의 단을 쌓아올렸으며 한 짝의 무게가 2.5t 되는 두 개의 돌문이 설치되어 있다. 10여명이 동시에 출입할 수 있으며 무덤칸엔 두 개의 유골이 안치된 유리관이 관대돌 위에 놓여 있다. 층 주변 네 귀엔 조선범 돌조각이 서 있고 고조선의 전형적인 무기인 비파형 단검을 형상한 4개의 검탑과 단군의 아들과 신하들의 조각상이 세워져 있다.

이 발표가 끝났을 때 나는 다만 멍하니 앉아 있었다. 뭔가 빠진 듯한 느낌 때문이었다. "평양 일대에는 무려 1만여 기에 달하는 고인돌 무덤이 집중되어 떼를 이루고 있다"라는 발표자의 지나치며 하는 듯한 지적이 내 머리 속에서 떠나지 않았던 것이다. 그 많은 고인돌 무덤과 돌관 무덤 중에는 이런저런 것들이 있지 않겠는가. "단군릉 발굴 이후 평양일대에서는 단군조선 시기의 유적들이 적지않게 발굴되었다"라고 했거니와, 그런 것 중에는 이런저런 유물, 유골이 있지 않았을까. "단군릉이 발굴된 이후 평양일대의 고인돌 무덤과 돌관 무덤에서는 사람뼈가 적지않게 발굴되었다"라고 한 점으로 미루어 보면 특히 그러한 추측을 해 볼 수가 없을까.

5. 최근의 북한문학과 언어학의 과제

이번 프라하 대회 발표문 중 내게 직접적으로 관계된 것은 정성무(사회과학원 문학연구소 소장, 주체문학연구소라 표기되지 않음에도 주목할 것) 씨의 「최근 조선민주주의 인민공화국에서의 문학예술의 혁신적 발전」이었다. 가장 책임있는 사람의 발표인 만큼 기대도 컸지만 발표 내용 또한 역시 그것에 상응하는 것이기도 하였다. 인간의 지적 창조물인 문학예술을 인간의 발전과 사회적 진보에 더 잘 이바지하도록 만들려면 어떻게 해야 하는가. 이것이 정씨가 제시하고자 하는 발표문의 기본명제였던 것이다. 말을 바꾸면 '시대의 요구'에 알맞게 창조발전시켜야 한다는 것.

'시대의 요구'에 알맞게 창조발전시켜온 북한의 문학예술이란 어떠한가. 정씨는 우선 그 시대의 요구에 알맞게를, 시대와 인민의 요구에 알맞게로 바라보면서 시기구분을 다음 두 단계로 해놓고 출발했다.

> "그 첫 단계는 1960년대 말부터 1970년대 말까지 우리 시대 문학예술의 본보기 작품들을 창조하는 단계였으며 두 번째 단계는 1970년대 이후부터 오늘까지 문학예술의 본보기 창조에서 이룩된 성과와 경험들을 널리 일반화하면서 그것을 더욱 공고발전시켜 나가는 단계입니다."

이로 보면 60년대 이전이 빠져 있고 70년대에서 80년대 그리고 90년대 중반까지 같은 원칙 아래 서 있음을 알아차릴 수 있다. "시대와 인민 대중의 요구에 응하기"란 그러니까 약 20년간 변하지 않고 있음을 새삼 말해주는 것이 아니겠는가. 그 동안의 "시대와 인민의 요구에 응하기"란 구체적으로 어떤 것인가. 우선 내용의 측면. (1) 자주성 문제. 『불멸의 역사총서』(김일성 투쟁사의 소설화, 총 165권)가 해당됨. (2) 생활영역의 폭 넓히기. 이발사, 신발수리공 등 직업의 귀천을 없애기가 이에 해당된다는 것.

그렇다면 형식상에서의 인민 대중의 시대적 요구란 어떠한가. 인민들의 감정정서와 비위에 맞게 예술형태와 형식들을 개조발전시키기란 어떤 것인가. 그 성과를 다음처럼 강조했거니와, 실상 이 발표문의 중점은 바로 여기에 있었다.

그동안 북한에서 널리 보급된 예술형태 가운데서 북한 인민의 정서와 비위에 맞지 않는 예술형태는 <가극>과 <연극예술> 형태였다. 노래 속에 극이 있고 극 속에 노래가 있는 정서의 예술인 가극이 어째서 인민의 정서와 비위에 맞지 않았던가. 그 이유를 분석해 본 결과 그 '기본 형상수단'에 문제가 잠복되어 있었다는 것. 곧 종래의 가극의 기본 형상수단인 <대화창>과 <아리아> 등의 노래형식들은 조선인민의 감정정서와 노래극으로서의 가극의 특성에 잘 맞지 않았던 것이다. 주인공을 비롯한 인물들이 주고 받은 대사에 기계적으로 곡을 붙여 부르는 <대화창>은 말도 아니고 온전한 노래도 아니어서 부르기도 듣기도 어색하고 힘들었다는 것. 또한 아리아는 주인공이 혼자서 몇 분씩 부르기에 극의 흐름을 중단시키기에 알맞다는 것. 대화창과 아리아를 완전히 없애버리고 가극의 모든 노래들을

<절가> 일색으로 바꾸지 않을 수 없었다는 것. 이를 바탕으로 「피바다」「꽃 파는 처녀」를 가극화했다는 것이다. 말을 바꾸면 「피바다」「꽃 파는 처녀」의 가극화 과정에서 <절가 형식>이 발견되었다는 것.

이 <절가>야말로 인민적 가요형식의 정수이거니와 이와 버금가는 또하나의 형식이 발견되었는데 <방창>이 그것이다. 무대밖의 성악 형식인 방창(남녀 독창, 중창, 소합창, 대합창 등)을 도입한 것은 하나의 위대한 발견이라는 것이다. 아마도 김정일의 암시에서 발견된 것이 아니었을까. 연극 무대의 입체화 역시 인민정서에 알맞는 것으로 혁명 연극 「성황당」에서 입증되었다고 정박사는 힘주어 지적하였다.

문예이론가인 정박사의 발표문은 물론 미술, 무용 등도 언급했으나, 중심이 혁명가극에 놓여 있었다. 문학에 대해서 기대를 갖고 있던 나로서는 썩 불만이었으나, 어쩔 수 없는 일이었다. 크리스탈 호텔에서 4일간 함께 먹고 자면서 나는 정박사에게 사석에서 몇가지 물어보았다.

(1) 임화의 저서 『조선문학』(1952)이 과연 새로운 저술이냐 아니면 그동안 발굴된 글의 모음이냐. 그는 모음에 지나지 않는다고 대답했다.

(2) 한설야의 몰락 이유는 무엇이냐. 정씨는 침묵했다.

정박사가 내게 물은 것은 이런 것이었다. ≪창작과 비평≫에 무슨 이변이 생겼느냐였다. 왜? 라고 묻자 요즘엔 보이지 않는다는 것이었다. 우리의 대화는 그런 것들보다 프라하의 봄날씨, 음식, 그리고 환상적인 프라하만이 지닌 중세스런 도시의 아름다움에 관해서였다.

어학부에서의 발표자인 정순기(사회학원 언어학연구소 소장) 박사의 「조선어의 통일적 발전을 위한 몇가지 이론 문제」도 썩 적절한 주제선택으로 보였다. 문학부 제1부 정기호 교수의 발표(사회는 필자였다)의 질의 토론 과정에서 질의자로 나섰던 정순기 박사의 엉뚱스러움에 다소 당황한 나는 그의 발표문도 뭔가 당혹스러운 것이 아닐까 의심했으나 전혀 그렇지 않았다. (그의 질의 내용은 훈민정음보다 훨씬 먼저 고조선 시대에 고유문자인 신지(神志)문자가 있었다는 것,『영변지』에 16자가 있다는 것) 그의 주장을 요약하면 이러하다.

대전제. 남북언어가 이질화되었다고 하나 이는 어불성설. 왜? 언어구조의 이질성이 전무하니까. 다만 여러 <언어규범>의 차이가 적지 않다는 것. <언어규범>의 차이를 어떻게 줄이는가라는 과제가 언어학자들이 해야 될 통일에의 기여이다.

이 대전제 아래 정씨가 문제삼는 논점은 다음 세 가지.

(1) 형태주의냐 표음주의냐. 한자어 어두의 ㄹ, ㄴ의 표기와 사이ㅅ 등이 차이. 북한은 위의 ㄹ, ㄴ을 1946년부터 고정시켰다는 것. 김수경의 지적에 따라, 표음대로 적으면 시대변이에 따르지 못한다는 것, 이를 존중하여 한자어 어두 ㄹ, ㄴ을 북쪽이 고수했다는 것.

(2) 음운이냐 글자도형이냐. 북한에선 자모수를 40자로 보고 있으나 남한에선 한글맞춤법통일안(1933)에 따라 24자로 보고 있다는 것. 북족의 자모와 그 순서는 이러하다.

ㄱ ㄴ ㄷ ㄹ ㅁ ㅂ ㅅ ㅇ ㅈ ㅊ ㅋ ㅌ ㅍ ㅎ ㄲ ㄸ ㅃ ㅆ ㅉ ㅏ
ㅑ ㅓ ㅕ ㅗ ㅛ ㅜ ㅠ ㅡ ㅣ ㅐ ㅒ ㅔ ㅖ ㅚ ㅟ ㅢ ㅘ ㅝ ㅙ ㅞ

이러한 40자의 근거란 음운위주설에 따른 것으로 24자의 글자도형 위주설보다 일층 과학적 이상적이다.

(3) 고유한 우리말이냐 어렵고 힘든 한자어와 외래어이냐. 남쪽에는 한자어와 외래어가 많음에 비해 북한엔 고유어가 많다는 점. "고유한 우리말은 남과 북의 언어적 차이를 없애는 데서 최대공약수로 된다."고 그는 이 항목을 요약하였다.

언어의 민족적 순결도를 표준으로 할 땐 그런 논법이 성립될 지 모르나, 언어의 순결성이 문화창조의 걸림돌일 수 있음 또한 고려해야 되지 않을까. 세익스피어가 사용한 언어의 복잡성은 그 당대 언어의 혼잡스러움에서 창출되었던 것이 아니었던가. 이 점에서도 파브르 (파리 동양어학교 교수, 「토지」의 공역자)의 발표문 The Korean Writing : Old Views and New Views는 시사하는 바 많았다. 어째서 위대한 문화를 창출한 나라 중 많은 경우 스스로 문자를 만들지 않았는가. 이 물음에는 심리적 해석이 불가피하다. 무의식 속의 심리적 억압을 줄이고 창조에로 나아가기 위해서는 남의 글자체계를 인용하는 것이 훨씬 낫다는 것이다. 문자쓰기란 무의식의 영역이지만 말하기란 의식의 영역이라는 Pommier의 최근 학설이 여기에 빛을 던지고 있지 않겠는가.

6. 신진연구진의 등장무대로서의 AKSE

AKSE 제 17차 회의는 4일간에 걸쳐 60편 (두 분야 동시발표)의 논문이 발표되었다. 내가 발표한 것은 「한국 전후비평의 세 가지 감수성에 대하여」였다. 광복 50주년을 맞는 시점에서 근대문학연구의 하한선도 그만큼 내려와야 한다는 의도를 보이고자 한 것이다.

어느 대회에서도 그렇듯 젊은 연구자의 등장이야말로 빛나는 대목이자 의미있는 장면이라 하지 않을 수 없다. 자신에 찬 젊은이의 데뷔장으로서 발표회의 의의가 놓여 있기에 특히 그러하다. 박사학위 논문의 후보자라든가 바야흐로 그 과정이 끝나 취직이 보장된 신진 한국학 연구자는 누구인가. 이 물음에 대한 첫 번째 해당자로는 A. 들리상(Delissen)의 Ambitions and Anatomy of an Influential Group Konggan Architect Kim Sugun, 1960-1990을 들 수 없을 까. 건축가 김수근과 잡지 ≪공간≫에 대한 연구였다. 발표자는 수재들이 모인다는 파리 고등사범 출신이었다.

또하나의 젊은이 St. 죠지 안토니의 Writing the Land ; A Comparison of Chinese and Kwanso Region이라 할 수 없을까. 기행문 「관서별곡」에 대한 신선한 분석이었다. 끝으로 AKSE를 지탱하고 있는 기둥들 중, 한국문학 전공의 교수들을 소개하면 안 될까. 미국지역의 한국문학 정교수가 단 두 명(UCLA의 이학수, 하와이대의 M. 필)임에 비해, 유럽지역은 부체크 (찰스 대학), 오가레트 최(바르샤바 대학), 렌트너 (흄볼트 대학), 부세(프랑스 국립학술진흥재단)박사 등이 기라성처럼 버티고 있다. 스킬렌드(런던 대학) 교수와 피히테(훔볼트 대학) 교수가 은퇴한 지도 벌써 수년이 흘러갔던 것이다.

(1995)

부록 1

한국근대문학사와 월북작가 문제

한국근대문학사와 월북작가 문제
- 최근정부의 규제완화조치와 관련하여

문학사연구의 전문성

　최근 정부에서는 문학사연구분야에 한해 월북작가의 작품을 논의할 수도 있다는 견해를 표명한 것으로 보도된바 있다. 약간 자세히 따져보면 ①해당 작가의 월북 이전의 ②사상성없는 작품으로 ③근대문학사에 기여한 바 현저한 작품에만 국한한다는 것으로 되어 있다.
　이러한 대상 규정은 명확한 것 같기도 하지만 또한 애매하다고도 볼 수 있는 성질의 것이어서 늘 있어온 것처럼 신중하게 검토해야 할 성질의 것으로 보인다. 가령 월북 이전이라 했지만 이 규정도 다소 애매한 것처럼 보인다. 월북 문인도 그 월북시기는 꼭 같지 않다는 점이 지적될 수 있다. 이를 따져보면 다음과 같다. ①처음부터 북에 있었던 문인(최명익을 위시한 단층파) ②1946년 무렵 일찌기 월북한 문인(김사량, 홍명희, 이태준 등) ③5·10선거(1948) 전후해서 월북한 문인(임화를 위시 대부분이 소위 남로당계열) ④6·25를 전후해서 월북한 문인(정지용, 김기림 등) 등의 몇가지 시기적 분류가 가능한 것이다.

이에 대해서는 우선 두 가지 해석을 해볼 수가 있다. 하나는 일반적 해석의 경우이다. 고쳐 말해 해방 이전을 의미하는 것이 보통이 아니겠느냐, 하는 관점이 그것이다. 이럴 경우 해방 직후 문학공간의 축소가 불가피해진다. 월북작가 중에는 해방공간(1945~1948년) 속의 문학활동에서 사상성과 별로 관계없는 작품을 썼을지도 모르기 때문이다. 그러니까 다른 하나는 해방 이후의 일부분까지 포함시켜 볼 수도 있다는 견해이다.

이런 월북시기 논의는 다소 여백으로 남겨둔 듯한 정부 측 표현이 오히려 음미될만한 의미가 있는 것이다. 두가지 의미에서 그러하다. 첫째는 해방 이전이라는 표현보다 폭을 더 넓힌 것으로 해석될 수 있어 해방공간(45~48년간)의 문학적 가능성을 검토할 수 있다는 점이다.

둘째는 지금 이러한 논의가 모두 문학사 연구분야에서 적용되는 조치라는 점에서 볼 때 해방공간의 문학사도 공백으로 남겨 둘 수 없다는 점이다.

이렇게 본다면 문제의 촛점이 문학사연구의 전문성에만 귀착되는 것으로 해석되기 쉽지만 실상은 그렇지만도 않다. 주지하는바 대한민국의 문학상의 공적 용어는 민족문학으로 되어 있다. 이는 민족유산 등의 공적 용어와 같은 계열을 이루는 것으로 이해된다. 이러한 용어는 대한민국이 소위 한민족의 정통성을 확보하고 있다는 전제에서 출발된 것이다. 이 정통성을 헤치지 않는 범위 속에 문학사 연구가 놓여 있을 따름인 것이다. 소위 문학사 연구의 전문성도 이 정통성을 보다 확실히 하기 위한 하나의 분야로 보아야 되는 것이다. 바로 이러한 이유 때문에 문학사 연구는 늘 조심스러울 수밖에 없었다. 민족사적 이유와 문학사적 전문성의 이유가 역방향성에 놓일 때의 갈등은 간단히 해결될 성질일 수 없는 문제였다. 가령 사상성과 무관하고 또 큰 의미를 지닌 해방전의 작품이라도 만약 그 작가가 북한에서 요직에 있거나 건재해 있다면 이는 역시 문제가 될 수 있는 것이다.

언제 그가 민족의 정통성을 해치는 발언이나 행위를 가해올지도 모르기 때문이다. 그런데 이는 문학사의 전문성의 처지에서 보면 아무런 문제도 제기되지 않을 것이다. 과거의 일이며 이미 끝난 것이니까 라고. 그러나 역사는 누구나 아는 바와 같이 써 보태는 것이 아니라 새로 쓰는 것이다. 문학사도 역사의 한 분야이기에 가치판단을 외면할 수 없다. 여기까지 나아가면 마치 실증주의 논쟁에로 몰고갈듯 하지만 요컨대 이 문제는 상식적 차원에서도 까다롭기는 마찬가지인 셈이다.

이상과 같은 논의에서 민족사적 이유와 전문성의 문제점이 약간 부각되었으리라 믿는다. 우리는 이제 이 자리에서 원론적인 것에만 국한시켜 다음 몇가지 문제점을 약간 논의해보기로 한다.

문학의 사상성

먼저 논의해볼 것은 이른바 사상성에 관해서이다. 앞에서 우리는 '사상성이 없는 작품'이라는 조건을 보아왔다. 이 용어 역시 애매하기는 마찬가지다. 누구나 아는 바와 같이 사고의 지향성을 띤 동적 개념으로 사상성을 파악한다면 사상성 없는 작품이란 있을 수가 없다.

 문학은 섬세한 의식의 소산이기에 더욱 그러하다. "예술은 모두 선동이다"라는 명제가 일찌기 있어왔음을 역사는 보여주고 있다. 한때 프랑코 정권이 「보봐리 부인」등의 일련의 소설을 금지한 것은 거기에 자유에로 사람들의 마음을 환기하는 요인이 잠겨 있기 때문이며, 소련이 오랫동안 도스토예프스키를 금지한 것은 그것이 혁명의 심리적 메카니즘을 일찌기 드러내 보였기 때문이다. 예술 특히 문학은 독자의 마음속에 어떤 태도를 형성시키는 것이다. 흔히 문학을 음악이나 미술과는 구별한다. 그만한 이유가 충분히 있기 때문이다. 사람들은 보통 문학을 예술의 한 종개념으로 치부해 버리지만 따지고 보면 문학은 현저히 비예술적인 것이다. 누가 소설을 아름답다고 하던가. 적어도 음악, 미술 등 순수예술과 동렬에 문학을 놓을 수는 없다. 문학은 언어의 심벌을 사용함으로써 반드시 이데올로기를 형성하는 것이어서 그 태도 형성력은 다른 어느 분야보다 명확하고 강하여 교육작용(프로파간다)을 포함하는 것이며, 이는 문학의 독특한 힘이라 볼 수 있다. 이점을 무시하고는 문학의 바른 이해가 기대되기 어렵다.

 약간 전문적으로 말하면 매재가 예술작품을 규제하는 것으로 일단 볼 수도 있을 것이다. 물론 우리는 각 언어의 차이가 인간사고에 얼마나 영향을 미치는가에 대한 실증적 연구를 아직 알지 못하기에 단언하는 것은 아니나 앞에서 우리가 여러번 힘주어 말했듯 민족문학을 공적용어로 사용하고 있는 이 마당(분단의식)에서는 민족과 언어의 관계는 무엇보다 우선하여 거론될 성질의 것으로 동의될 수는 있다.

만일 사상성의 의미를 이처럼 본질적 측면에서 제기한다면 이는 과연 원론적인 것이어서 여기서 멈추는 편이 바람직하다. 따라서 우리의 논의는 사상성의 개념을 현실적인 것으로 좁힐 필요가 있다. 보통 일제시대 작품에서 사상성이란 소위 계급사상에 관련된 작품의 뜻으로 봐야 한다.

주지하는바 일제시대 계급사상을 이데올로기로 한 문학을 프로문학이라 일컫는다. 이 프로문학이 곧 공산주의 문학이라 단정되지 않음은 하나의 상식이다. 일찍이 김남천(월북후 임화와 더불어 처형된 듯)은 민촌을 가장 "사회주의적 사상을 가진 작가"라 평하면서 "공산주의자란 실천을 떠나서는 있을 수 없으니까 현재(1937년 현재) 글을 쓰는 작가는 하나도 이 사상의 소지자로 간주할 수는 없을 듯하다"라고 적고 있는 것이다.

이로 보면 한국의 프로문학은 계급사상 및 그 연장선상에 있는 공산주의보다는 훨씬 단순한 것임을 알 수 있다.

말하자면 한국적 프로문학의 특징을 분석 검토하지 않는 자리에서 어떤 논의를 전개한다면 그야말로 관념적 수준에서 벗어날 수 없으며 학문상으로도 그 전문성이 상실될 것이다. 뿐만 아니라 민족문화의 정통성 확보에도 부정적인 결과를 가져올 우려가 없지 않다.

한국 프로문학의 특성

그렇다면 한국 프로문학의 특징은 무엇인가. 이 물음은 소련의 RAPF, 일본의 NAPF(KOPF) 한국의 KAPF(조선무산자예술가동맹,

1925~1935)와의 비교에서 가장 확실히 드러날 성질의 것이라서 전문적 영역에 속하는 과제이다. 한국 프로문학은 1924년을 전후하여 일어난, 일련의 사회주의사상과 관련된 작품경향에서 비롯되는 것으로 처음 이를 박영희는 '신경향파'라 불렀다. 새로운 경향이라 했을 때 대체로 그것은 자연발생적인 측면을 문제삼았을 뿐이다. 일종의 궁핍소설을 주로 지적한 것으로 그 방법론은 극히 소박한 것이다. 소재는 궁핍한 것으로 하되, 지주 대 소작인(공장주 대 직공)으로 하고, 그 대립구성에서 살인과 방화로 끝맺는 유형으로 된 작품군을 지칭했다. 최서해의 작품이 이를 가장 전형적으로 보여준다. 이런 단계에서 목적의식기로 접어든 것은 1927년 이후이며 그 역시 대부분은 구호에만 그쳤지 투철한 의식의 작품을 낳지 못했음이 사실로 인정된다.

이점은 일본 프로문학과 비교해 보면 다소 선명해질 수 있다. 일본의 경우 프로문학은 소위 공산당원으로서의 작가의 운명이 주조적인 것으로 취급되어 있다. 가령 유명한 고바야시의 「당생활자」같은 것이 그것으로서, 지하투쟁이나 공산당의 조직생활과 그 지령속의 인간문제 등을 문제삼고 있는데, 이에 비하면 한국프로문학은 거의 당생활과 무관하다. 기껏 지주 대 소작인의 대립, 궁핍을 관념적으로 묘사함에 그친 것이다.

이로 보면 한국의 프로문학의 공적은 문학사적 시각에서는 광의의 민족문학 유산의 일환으로 흡수될 수도 있는 것이다. 즉, 그 공적은 소위 문학에서의 집단 존중, 사회성의 부각에서 찾을 수 있다. 문학에서 개인을 존중하는 즉 비극적 삶의 원인을 개인의 어떤 조정관계의 실패로 보고, 그 개인의 정신적 심리적 질병에서 원인을 찾는 문학관이 있을 수 있는 것과 같은 이유로 삶의 부조리나 비극의 원인이 사회성 속에 있다고 보는 문학관도 엄연히 있기 때문이다. 어떻게 보면 이는 문학을 지탱하는 두개의 바퀴라고 할 수도 있다.

　이러한 전망에 설 때 프로문학의 사상성은 부분적으로는 긍정적으로 문학사에 흡수시킬 수 있는 것이다. 한국의 프로문학 그것은 실상 따지고 보면 일제에 대한 저항문학의 일환으로 볼 수도 있다. 만일 광의의 저항문학을 설정한다면 그 속에는 민족주의문학과 프로문학이 하위개념으로 포함되는 것이다. 정면의 적이 일본 군국파시즘이었음에는 일치하는 것이었으니 마치 그것은 <신간회>의 이념과 같은 것으로 볼 수 있다. 이와 관련하여 또하나 지적될 수 있는 것은 KAPF맹원이면서도 또는 맹원이 아니면서도 이른바 '동반자작가' (이는 러시아에서 온 말)가 있었다는 점이다.

　이점을 고려에 놓는다면 프로문학이라 해서 도매금으로 모두를 부정할 수 없다는 입언이 가능해진다. 즉 개별적 작가나 작품의 분석이 요망되는 것이어서 전문가는 마땅히 그 실증적 분석에 앞서야 할 것으로 보인다. 어려움은 이 과제 속에 있을 것이다.

30년대 한국문학사

　월북작가의 문제가 표면상 가장 문제되는 곳은 1930년대 중반 이후의 기간이다. 사상성이 없는 (좁은 뜻의) 작가 시인들이 가장 많이 활동한 시기가 이 무렵이며 이들 작가의 상당수가 월북한 것으로 되어 있기 때문이다. 우선 소설사의 경우, 그 대상과 범위를 극히 간략히 살펴보기로 한다.

30년대 한국문학사에는 이른바 <구인회>(1933)가 조직된 바 있다. 백철에 의해 무의지파로 규정된 바도 있는 이들은 정지용을 위시 이태준, 박태원, 이효석, 김기림 등으로 되어 있다. 한눈으로 보아 순수문학의 대표적 문인들이다. 한 사회의 정치적 타부가 강화되면 문학은 ①순수문학으로 향하거나 ②토속적 민속취미에로 나아가거나 (「승무」「무녀도」) ③혹은 역사물 (「단종애사」「금삼의 피」)로 후퇴하거나 ④외국문학(다다이즘, 모더니즘)에로 빠져들어가게 된다. <구인회>는 ①형을 대표하는 것이다. 동북사변(1931) 이후 강경해진 식민지 정책(치안유지법강화)은 <신간회> 해체와 더불어 프로문학의 탄압(두차례의 검거사건)을 가져왔다.

프로문학의 이데올로기가 제거된 문단에서 모색된 것, 그것은 프로문학의 이데올로기의 강도와 역비례로 래디컬한 탈이데올로기문학을 낳았다. 그 대표적인 작가가 박태원이다.

그의 「천변풍경」(장편, 1936)은 최재서에 의해 리얼리즘의 확대라 규정되기도 했거니와 이상의 「날개」와 더불어 이 시대 문단의 한 장관이었던 셈이다. 제일절 '청계천빨래터'에서 비롯 제오십절 '천변풍경'에 걸치는 이 소설을 소설사 논의에서 제외한다면 이상의 「날개」 등을 존재하지 않은 것으로 취급하는 것과 같은 결과로 되기 쉽다. 이 작품을 카메라 아이식으로 세태풍속을 그대로 묘사한 듯이 보아버릴 수도 있지만 문제는 그렇게 간단하지 않다. 앞에서 우리는 프로문학의 사상성을 조잡하게나마 살펴보았다. 거기에는 응당 사상성이 문제될 수 있다. 이와 마찬가지로 이태준의 단편이나 이광수의 소설 등에서도 민족주의적인 의미에서 사상성의 강렬한 발현을 볼 수 있다. 민족주의도 그것이 하나의 주의인 이상 엄연한 사상성이기 때문이다.

이에 비할 때 「천변풍경」의 핵심은 탈사상성이라 할 수도 있다. 카메라의 시각을 두고 사상성이라 할 수는 없는 노릇이 아니겠는가. 다정한 민주사나 포목전주인, 창수의 금의환향, 금순이, 여급 하나꼬, 손주사와 그의 딸, 이러한 인물들은 서민의 삶을 드러낸 것(정확히는 그러한 것의 선택적 제시)이고, 이 관점에서 보면 종래 한국소설의 어느 경우보다도 월등한 묘사력을 보여준 것이다. 물론「천변풍경」의 예술적 달성은 당시 일본문단의 풍조와 결코 무관하지는 않지만 또한 프로문학의 정론성에 대비되어 더욱 선명해진 것이다.

박태원이 안회남, 엄흥섭 등과 더불어 월평까지 쓰면서 작품속의 기교에 역점을 두려한 것에는 전시대의 이데올로기적 비평을 재비판하려 한 의도가 잠복되어 있었던 셈이다. 30개의 에피소드로 이루어진 「소설가 구보씨의 일일」에서도 보듯 박태원의 방법론은 종래의 관점에서 볼 때, 즉 프로문학이나 민족주의 문학의 자리에서 보면 탈사상이지만, 그 자체가 강렬한 문학적 방법론(그러니까 문학적 사상성)인 것이다.

이러한 산문의 방법론 수립을 제거한다면 30년대 소설사는 수척해지지 않을 수 없게 된다.

만일 임화와 더불어 숙청된 것이 사실이라면 김남천의 「대하」(1939)도 소설사에서 결코 외면될 수 없는 작품이다. 1940년 ≪인문평론≫에는 한국소설사에서 매우 중요한 논의가 전개되어 있다. 하나는 최재서의 「서사시·로맨스·소설」이고 김남천의 「소설의 운명」이 그 다른 하나이다. 이 두 소설론은 단순한 소설론이 아니라 암흑기를 타개하는 문학 전반의 방향성을 모색한 극히 중요한 논의인 것이다. 즉 유토피아의 도래를 열망한 점에서 그러하다. 그 두 사람의 유토피아관을 분석하는 일이 암흑기를 판가름하는 계기로 될 수 있는데 그 유토피아관의 방향성을 이 자리에서 왈가왈부하고자 하는 것이 아니다. 다만 우리는 소설론이 유토피아관과 결부되어 제기되었다는 사실을 중시하고자 할 따름이다. 어째서 그러한가, 라고 묻는 것은 소설양식이란 무엇인가라는 질문과 동일하다.

　소설이란 무엇인가. 물론 그것은 장편(로만)을 의미한다. 그것은 대서사양식의 하나이다. 일찍이 서사시가 있었다. 우리가 갈 수 있고 또 가지 않으면 안될 길을 하늘의 별이 지도 구실을 해주던 시대는 행복하다. 그런 시대에 대응되어 나타난 문학양식이 서사시였다. 그 별(지도)이 사라진 시대, 세계와 자아 사이가 각각 걷잡을 수 없이 벌어져버린 시대(소위 근대)의 문학양식이 소설로 규정될 수 있다. 이 세계와 자아가 벌어진 시대는 정상적이 아닌 시대, 그러니까 과도기적 시대인 셈이며 따라서 이에 대응된 소설(장편) 역시 과도기적 문학양식의 일종일 따름이다. 미래의 무엇으로 대치될 운명에 처해 있는 것이다. 장편「대하」는 실상 이와 같은 소설양식의 문제와 결부되어 있기 때문에 그 소설사적 의미가 결코 과소평가되지 않는다.

　평안도 지방 어느 마을에 박성권이라는 40살쯤 된 부자가 살고 있다. 청일전쟁때 용케 돈을 벌어 그 돈으로 땅을 사고 농사지으면서 돈에 대한 명확한 개념을 갖고 사는 이 주인공의 이대에 걸치는 형성사는 물론 김남천이 내세운 로만개조론의 방법론상의 실험과 밀접히 관련된다.
 발자크적인 것과 관찰문학, 그리고 토마스만의 「붓덴부르크일가」와 가족사 소설 등을 논의해온 김남천의 경우이고 보면 「대하」의 의의는 어느 정도 짐작할 수도 있으리라. (원래 「대하」는 이효석의 「화분」, 유진오의 「화상보」와 더불어 인문사의 전작소설임)
 또 한 사람의 작가 최명익의 「비오는날」「무성격자」「심문」등이 모두 가작이지만 그중 「심문」은 상당한 작품으로 평가될 수 있다.
 김이석, 유항림, 김필청, 구연묵, 김려창 등과 더불어 ≪단층≫ 지 동인인 최명익은 「D·H·로렌스의 성과 자의식」등의 평론도 발표한바 있거니와 그의 작품의 특색은 무기력한 지식계급의 불안한 심리를 추구한 점에 있다.
 「심문」은 그 대표작이다. 이상의 「날개」는 자의식의 분열을 단순히 분열한 상태로만 표현하였지만 최명익에 와서는 지식인의 불안사상이 생활을 통해 드러난 것이다. 이런 점에서 그는 단순한 심리주의 작가에 멈추지 않고 인생파라 할 수 있다. 「심문」은 일제말기 지식인의 불안을 문학적으로 형상화한 것이며, 이는 시에서의 오장환의 존재와 비견될 수 있을 법하다.
 소설사의 정리에서 끝으로 우리는 상허 이태준의 존재를 또한 검토해 볼 수 있다. 그가 이룩한 소설문체 혹은 문장의 탁마는 평가되어야 할 것으로 보이거니와, 특히 단편을 꾸며내는 재주는 단편을 하나의 예술적 경지에로 올려놓은 점에서 평가될 것이다. 물론 그 예술성의 획득은 소설의 산문성이나 활성의 제거라는 큰 댓가를 지불한 연후이거니와 그로 인해 단편의 범위가 더욱 축소되었음도 지적되지 않으면 안된다. 주제의식이 약하다든가, 기교주의라든가 소멸의 미학이라든가 전근대적인 인간상을 드러내었을 뿐이라고 비판 당하는 이유도 여기에 있다.

시사에서의 문제점은 무엇인가. 30년대 시사에서 정지용과 김기림의 작품과 시론을 떠나서는 도대체 시사 자체가 성립되지 않는다. 이에 대해 새삼 설명할 필요는 없다. 그리고 문학사에서는 일찌기 이 두 시인에 한해서는 누구나 자유롭게 논의해 왔던 것이다. 더구나 이 두 시인은 월북이기보다 납북으로 보는 사람들이 많은 것임에랴.

그러므로 문제의 소재는 이 두 시인에 있지 않고 백석, 오장환, 이용악 등에 있다. 그리고 이들 시인은 서정주, 김광균 등과 더불어 논의되어야 할 성질의 것으로 보인다.

시집 『사슴』(1936)을 갖고 있는 백석의 시를 두고 이효석은 그 속에서 자기의 "고향을 찾는다"고 술회한 바 있다. 「여우난곬족」을 위시 「고야」를 쓴 백석의 본명은 백기행이다. 그는 황해도 토착어를 구사해 줄글로 된 긴 시를 썼다. 얼핏보면 향토적 정취를 드러내기 위한 토착어의 나열 같으나 실상은 고도로 세련된 모더니즘의 일종이다. 마치 그것은 가장 모더니스트인 이효석이 「메밀꽃 필 무렵」을 쓴 것과 흡사하다. 백석의 시가 오늘날에도 퇴색하지 않은 비밀이 이에 있는 것이다.

시에서의 이러한 방법론의 실험은 백석 이후에 시도된 바 별로 없는 듯하다.

앞에서 우리는 소설사에서의 최명익의 위치가 시사에서 오장환의 그것에 대응됨직하다고 적은바 있다. 서정주, 김동리, 함형수, 김광균 등과 함께 《시인부락》(1936~1937) 동인으로 출발한 오장환은 김광균, 서정주와 더불어 당시 신진 시인의 대표적 존재였다. 시사에서 이 셋을 함께 논의하지 않는다면 공평함을 잃게 된다. 김광균만이 크게 부각되는 경우가 그것이다.

미당의 육체의 통곡소리와 김광균의 시각적 이미저리 중간에 자리를 차지하는 오장환의 시는 사람들이 말하듯 막다른 골목의식의 표현이라 할 만하다. 시집 『헌사』(1939)의 세계가 특히 그러하다.

민족사적 정통성 확립을 위해

이상과 같이 시와 소설에만 국한하여 극히 피상적으로 살펴왔지만 이러한 검토는 다시 생각컨대 별로 의미가 있을 것 같지 않다. 우리의 출발이 문학사연구에 있었던 것인 만큼 그 전문성의 형편에서 보면 이미 할말은 처음부터 다할 수 있었기 때문이다.

연구자의 사관만이 문제일 뿐 대상에는 아무런 문제도 없는 것이다. 일찌기 학문연구에 있어 한국에선 대상의 제약이 직접적으로 거의 가해진 적은 없었다. 물론 순수한 학문연구의 경우에 그러했다. 문제가 되는 것은 연구자의 사관이며 이는 민족사적 정통성에서 원칙적으로 벗어날 수 없는 것이다.

다만, 이번 조치에 특별한 의미를 찾는다면 이 시점(건국 30년의 성인의식)에서 월북작가의 작품들을 다시 점검하고 정리하는 일에 다소 박차를 가할 수도 있을 것이라는 점에 있을 것이다.

그것은 특히 자료 정리 문제에서 그러하다. 아울러 친일문학의 자료 역시 점검, 정리되어야 할 것으로 생각된다. 민족문학의 정통성을 확보하는 일은 결코 저절로 되는 것도 아니며 또한 정책적인 강요만으로도 달성되는 것이 아니리라. 문화전통은 주체의 적극적 노력에 의해 획득해야 하는 것이다.

그리고 민족문화의 정통성, 그 실체의 획득을 위해서는 언젠가 처음부터 다시 시작하는 자세가 필요하다. 새로운 연구진은 새로운 역사를 써야 하기 때문이다.

(1978)

부록 2

북한 학자들의 발표 개요

1. 김려의 시창작과 서사시 ≪방주의 노래≫에 대하여

김하명 (사회과학원 문학연구소 소장)

조선문학사에서 담정 김려(藫庭 金鑢, ?~ 1821)는 18~19세기를 대표하는 사실주의시인의 한사람이다. 김려는 1960년대초에 조선민주주의인민공화국 문예학계에서 처음으로 발굴연구하여 출판물에 소개하고 문학사에서도 취급하기 시작하였다.

김려는 시와 산문에 다 능하였으나 현전작품만을 놓고 볼 때에 시창작에서 더욱 큰 성과를 이룩하였다고 말할 수 있다. 그의 시문을 묶은 ≪담정유고≫에는 시집들인 ≪귀현관시초≫·≪간성춘예집≫·≪의당별고≫·≪만선와잉고≫·≪사유악부≫및 서사시 ≪방주의 노래≫와 ≪감담일기≫·≪우해이어보≫·≪단량패사≫ 기타 산문작품들이 들어있다. 김려자신의 기록에 의하면 그는 함경도 부령과 경상도 진해의 류배지에서 ≪귀현거사고≫·≪연음수필≫·≪련희언행록≫·≪녕성충렬전≫등 수십종의 저서를 썼는데 봉건관료배들의 박해로 말미암아 그 대부분이 없어지고 말았다고 한다.

김려의 시의 특성은 시인 자신의 심각한 생활체험을 토로하고 있다는데 있다.

그가 양반가정에서 태여나 젊어서 글공부도 착실히 하였으나 벼슬도 하기전에 10년가까운 세월을 류배지에서 보내면서 남다른 생활체험을 하였으며 특히 탐구심이 강하였던만큼 시의 제재는 매우 다양하다. 그는 일상생활에서 누구나 흔히 볼수 있는 평범한 현상들을 곧잘 시화할줄 알았다.

부령에서의 류배생활을 제재로 하여 읊은 272수의 시를 묶은 ≪사유악부≫를 두고도 그렇게 말할수 있다. 시인은 남쪽 사람으로서 북방 산간지대의 색다른 풍속을 인상깊게 그리고 있으며 춥고 험한 환경에서 사는 씩씩하고 호방한 ≪북방건아≫들의 성격을 높이 찬양하고 있다. 시집에는 또한 농민으로서 말 잘 타고 활 잘 쏘는 용사들을 찬양한 작품들, 부령도호를 비롯한 관료배들의 음험하고 교활한 처사를 폭로한 작품들, 봉건사회에서 멸시와 천대속에 살아가는 미천한 계층 부녀자들의 고결한 지조를 찬양한 작품들, 외래침략자와의 싸움에서 위훈을 세운 애국선렬들을 추모한 작품 등 참으로 다양한 주제의 작품들이 실려있다.

김려는 또한 의식적으로 시형식의 혁신을 시도하였다. ≪사유악부≫를 비롯하여 지금 남아있는 시집들이 모두 고유한 시형식으로 씌여진 작품들을 따로따로 묶고 있는데서 그것을 알수 있다.

시인으로서의 김려의 문학사적 공적을 빛나게 한것은 서사시 ≪방주의 노래≫의 창작이다.

이 시의 본 이름은 ≪장원경의 안해 심씨를 위하여 지은 고시≫이다. 이로 보아 시는 실재한 사실에 기초하여 창작된 것으로 짐작된다. 시의 사건은 서사시의 정연한 구성을 가지고 폭넓은 사회적 배경위에서 전개되며 근로하는 최하층 인민들에게 참으로 아름답고 고귀한 인간적 품성과 자질이 있다는 것을 밝혀내고 있다.

시는 먼저 머리시에서 사상적 구상을 밝힌 다음 주인공 방주의 출생과 성장에 대한 이야기로부터 시작되고 있다. 방주의 아버지는 대대로 호남지방에서 버들가지로 고리를 결으며 살아온 백정신분이다. 그는 늙마에 딸 하나를 두었는데 딸-방주는 젖떨어질 무렵에 어머니를 잃고 아버지의 품에서 자라게 된다.

시는 진흙속에서 아름다운 꽃이 피여나듯이 방주가 비록 비천한 백정의 딸로 태어나 천대와 가난속에 자라났으나 아름다운 용모와 현숙한 성품과 뛰어난 일솜씨로써 사람들을 놀라게 하였다는 것을 강조하였다. 방주는 벌써 여섯살에 물레질을 배우고 일곱살에 한글을 깨치고 여덟살에 제 손으로 머리를 빗고 때로 등잔불에 마주 앉아 《사씨전》을 소리내어 읽었으며 열살에 가사를 외웠는데 민요 《산유화》를 부르면 길가던 사람들도 멈춰서서 엿들었다.

시는 다음 부분에서 어느 무더운 여름날 방주가 개울에서 빨래를 하고 있을때 북쪽으로부터 말을 타고 달려온 파총(리조시기 무관직위 하나)과 만나 벌어진 사건을 계기로 주제를 심화시키고 있다. 파총은 방주를 발견하자 부드러운 목소리로 마실 물 한그릇을 청한다. 처녀는 이 말 듣고 쪽박으로 맑은 물을 담뿍 퍼서 꿇어앉아 두손으로 드리니 파총은 어찌할바를 몰라한다. 남의 집 녀인에게서 직접 받는 것은 례절에 어긋나기때문이다. 방주는 어엿하게 들에서 창졸간에 있는 일이니 세세한 범절일랑 꺼리지 말고 령감님이 편한대로 하라고 한다.

시는 놀라움과 기쁨이 어린 파총의 눈을 통하여 방주의 아름답고 의젓한 모습을 생동하게 그려내고 있다.

시의 다음 장면은 방주의 집에서 전개된다. 파총은 개울건너에 있는 방주의 집을 찾아간다.

그는 문안에 들어서자 놀라운 눈으로 둘레를 살펴본다. 사슴의 눈과 소가죽들이 여기저기 걸려있고 뜨락에는 짐승의 털이 쌓여있으며 자리를 깔지 않은 넓은 봉당에는 사람들이 그득이 둘러앉아 일들을 하고 있다.

시는 황겁히 뛰쳐나와 손님을 맞이하는 방주 아버지와 파총의 상봉을 묘사하고 나서 방주가 차려내온 저녁상을 받은 파총이 그 처녀의 뛰여난 음식솜씨에 감탄하여 한밤을 묵으면서 자기 아들과 혼인을 맺자고 제의하는데서 사건을 새로운 국면으로 전개시키고 있다.

뜻밖의 제의에 당황한 방주 아버지가 그대는 도대체 어떤 사람이냐고 물어보며 시의 다음 부분에서 파총이 걸어온 험난한 생애가 이야기된다. 서사시는 파총의 회상을 통하여 그의 기구한 운명을 그리면서 리조봉건사회 말기의 사회적 관계와 특히 어민들의 처참한 생활상을 폭넓게 재현하였다.

그러나 시는 기본사건의 결말을 보여주지 않은채 여기서 그치고 있다. ≪담정유고≫의 원문에는 ≪하결(下缺)≫이라고만 지적하고 아무런 설명이 없다.

서사시는 그 뒤부분이 전해지지 않고 있음에도 불구하고 작품의 주제사상은 기본적으로 밝혀졌다고 말할 수 있다.

시는 생동한 사실주의적 필치로 인물형상을 깊이있게 그려내었으며 주인공의 개인적 운명을 폭넓은 사회적 환경과의 밀접한 관계에서 보여줌으로써 조선봉건말기 사회생활에서의 심각한 변동과 시대의 선진사상을 뚜렷이 반영하였다. 방주와 그 아버지, 파총 등의 형상은 그 이전시기의 어느시에 비해서도 초상묘사나 감정, 심리의 전달이 생활적이고 구체적이며 그만큼 진실감을 준다.

 이렇듯 시문학의 주제령역을 사회적으로 널리 확대하였으며 다양한 시형식을 의도적으로 개척하고 살려쓰면서 붕괴기 봉건조선의 현실과 선진적 지향을 진실하게 반영한 바로 여기에 18~19세기를 대표하는 사실주의 시인으로서의 김려의 문학사적 공적이 있다.

(1989, 런던)

2. 고전소설 ≪춘향전≫의 주제사상평가에서 제기되는 문제

정홍교(사회과학원 주체문학연구소 실장)

 우리 나라 고전소설의 높이를 상징하는 대표적 작품인 ≪춘향전≫은 민족생활에 깊이 침투하여 이미 수많은 변종과 이본을 남기였고 근세이후 오늘에 이르는 기간에 다양한 제목으로 창극, 가극, 연극, 영화 등 문학과 예술의 거의 모든 형태에 옮겨졌으며 그에 대한 연구사업도 끊임없이 진행되어 가치 있는 글들이 적지않게 발표되었다.
 ≪춘향전≫은 이처럼 광범한 사회계층과 문학예술계, 학계의 깊은 관심사로 되고 세상에 널리 알려진 작품인 것만큼 그의 주제와 사상에 대한 리해와 평가에서도 시대와 연구가들에 따라 각이한 견해들이 제기되었다.
 ≪춘향전≫의 주제사상에 대한 평가에서 제기된 견해들을 력사적으로 고찰해보면 크게 세부류로 나눌수 있는데 그 하나는 춘향의 송죽같은 정절을 찬양한 수절가로 보아온것이며 다른 하나는 춘향과 리도령의 사랑을 찬미한 염정소설로 규정한 것이다. 세째부류는 반봉건적 지향을 구현한 사회적 주제의 작품으로 평가한것이라고

할 수 있다.

이 세부류의 견해들은 비록 분석과 평가의 척도가 다른것으로하여 차이점이 있지만 그 지향과 내용상에서 상통하는 점도 없지 않다.

이로부터 저는 선행한 견해와 주장들에서의 공통되는 점을 전제로 하고 차이점과 그 원인에 대하여 충분히 고려하면서 ≪춘향전≫의 기본주제와 사상을 오늘의 시점에서 옳바르게 밝히려면 마땅히 인간의 존엄과 자주적으로 살려는 사람들의 본성적 요구를 척도로 하여 고찰되여야 한다고 인정한다.

이러한 관점과 립장에서 보면 ≪춘향전≫에 관통되고 있는 기본사상은 순수 정절이나 사랑에 대한 문제가 아니라 사람들을 존비귀천에 따라 갈라놓고 신분이 다른 사람과는 사랑할수도 없고 살수도 없게하는 봉건적 신분제도를 비판하는데 있다고 할 수 있다.

≪춘향전≫의 기본주제와 사상을 사랑과 정절까지도 존비귀천으로 갈라놓는 봉건적 신분제도에 대한 비판으로 보게 되는 것은 우선 작품의 기본주인공인 춘향의 성격을 특징짓는 정절과 사랑의 순결성을 사회적 존재로서의 인간의 고상한 륜리와 행복한 삶에 대한 념원을 짓밟는 당대의 불합리한 현실과 결부하여 보여주기 때문이다.

≪춘향전≫에서 보여주는바와 같이 봉건사회에서는 정절과 사랑의 순결성이 모든 사람들에게 한결같이 허용되지 않았다. 량반도 사람이고 천민도 사람이였으나 신분이 천하여 억눌리여 사는 사람은 인간생활의 륜리와 행복한 삶의 권리를 향유할 수 없었고 정절을 지키고 참된 사랑을 념원하는것이 도리여 당치않은 일로 취급되여

왔다.

이것이 춘향의 모녀를 비롯하여 천민들의 자주적인 운명을 위협하고 희롱하는 당대의 현실이였고 ≪춘향전≫의 사회적 배경이었다.

≪춘향전≫은 이러한 사회력사적 현실을 배경으로 하여 꽃다운 청춘과 사람다운 생활을 유린당한 월매의 가슴아픈 생활체험에 이어진 춘향의 형상과 곡절많은 사랑의 이야기를 통하여 참된 사랑과 깨끗한 정절이 인간이 지녀야 할 고상한 품성으로 되고 사회의 미덕으로 찬양을 받아야 하겠는데 어찌하여 그것이 도리여 ≪죄≫가 되여 생명까지 위협하는 형장의 고초를 당해야 하는가를 근본문제로 제기하고 그에 ≪존비귀천이 원쑤로다≫라는 심오한 예술적 해답을 주고 있다.

소설에서 ≪모지도다, 모지도다. 도련님이 모지도다. 독하도다 독하도다. 서울량반 독하도다. 원쑤로다. 원쑤로다. 존비귀천 원쑤로다.≫라는 춘향의 이 통절한 절규는 봉건적 신분제도에 대한 사회적 원성과 반항정신의 구현으로서 사랑이야기를 통하여 제기한 근본문제와 그에 예술적 해답을 준 사상적 지향의 생동한 표현으로 된다고 할 수 있다.

≪춘향전≫의 기본주제와 사상을 존비귀천에 의하여 빚어지는 사회악에 대한 비판으로 보게 되는것은 또한 춘향의 고상한 정신세계를 감명깊이 보여주는 정절과 사랑의 순결성이 안해는 남편에게 녀자는 한생에 두 남편을 섬길수 없다는 단순한 봉건륜리에서만이 아니라 재물과 권세보다 도덕과 의리를 더 중히 여기는 조선민족의 성격적 특질과 전통적인 생활신조에 대한 예술적 구현으로 되기때문이다.

2. 고전소설 ≪춘향전≫의 주제사상평가에서 제기되는 문제

조선민족은 예로부터 도덕과 의리를 인간의 존엄을 특징짓는 중요한 징표의 하나로 삼아왔다.

조선의 녀인들에 있어서 이같은 고상한 도덕의식과 의리감은 무엇보다도 인생행로에서 정절과 사랑의 순결성을 지키는것으로 표현되였으며 이것을 인간다운 생활의 신조로, 민족적 긍지로 여겨왔다.

소설에서 춘향의 형상에는 이 전통적인 생활신조와 미풍양속이 예술적으로 일반화되여 있다.

수청을 강요하는 변학도와 죽기를 각오하고 대결하는 춘향의 형상은 불의앞에 굽히지 않은 민족적 의지와 인간의 존엄을 목숨보다 귀중히 여기는 생활신조를 보여주는 하나의 실례로 된다.

또한 그처럼 바라고 믿고있던 리몽룡이 볼품없는 거지행색으로 나타났을때에 전과 다름없는 순결한 사랑으로 뜨겁게 맞이하여 자신이 겪고 있는 운명의 괴로움보다 그의 가긍한 처지를 먼저 걱정하면서 살뜰히 보살피는 감동적인 옥중장면에서 우리는 춘향의 진실한 인정미와 함께 권세나 재물보다 사람을 먼저 보고 의리를 지켜가는 고상한 정신세계를 깊이 느끼게 된다.

이것은 깨끗하고 대바른 사랑의 지조를 체현한 춘향의 성격이 가정적 울타리에 파묻혀 사는 유부녀의 순수한 절개나 련정의 문제가 아니라 심각한 사회적 문제로 된다는 것을 의미하며 따라서 ≪춘향전≫의 기본주제와 사상을 존비귀천의 봉건적 신분제도에 대한 비판으로 보는것이 합리적이라는 것을 확증하여 준다.

≪춘향전≫의 기본주제와 사상을 존비귀천의 봉건적 신분제도에 대한 비판으로 보고 밝히는데서 나서는 중요한 문제의 하나는 주인공 춘향의 어머니인 월매의 성격과 형상적 지위를 오늘의 시점에서

고찰하고 정당하게 평가하는 것이다.

　지금까지 《춘향전》의 주제와 사상을 론하면서 춘향과 리도령, 방자와 향단, 변학도와 회계나리 등 인물들이 춘향과 그들의 관계에 대해서는 깊은 관심이 돌려져 왔지만 춘향의 어머니인 월매에 대해서는 퇴기라는 그 점에서 기정사실화하고 거의나 론의의 대상으로 삼지 않았다.

　그러나 새로운 력사적 시대의 안목에서 다시금 음미해보면 월매는 퇴기이기전에 춘향과 같은 훌륭한 딸을 키운 살뜰한 모성애를 지닌 평범한 어머니라고 할 수 있다. 이러한 의미에서 월매의 성격은 소설의 주제사상해명에서 중심적인 위치에 있으면서도 아직 어지러운 세파를 알지 못하는 꽃나이 춘향으로 하여금 천민의 비극적 운명을 절감하고 깨끗한 사랑과 정절로써 인간의 존엄을 지키며 불의에 굽히지 않고 끝까지 항거해 나서도록 잊지못할 생활체험을 주는 의의있는 형상으로 된다고 할 수 있다.

　이것은 《춘향전》의 기본주제와 사상에 대한 리해와 평가에서 춘향과 함께 월매의 성격을 유기적으로 련관시켜 고찰하는것이 중요하다는 것을 말하여준다.

(1989, 런던)

3. 서민시인 조수삼의 문학사적 지위에 대하여

정홍교(사회과학원 주체연구소 실장)

조선봉건말기의 문학발전에서 진보적 경향은 주로 실학파문학과 서민문학에서 표현되였다.

17세기의 형성기를 거쳐 18세기에 이른 서민문학은 서민들속에서 현실생활에 대한 비판적 지향이 높아지고 창작적진출이 강화됨에 따라 문단에서 독자적인 세력권을 형성하고 진보적문학 발전에 커다란 영향을 미치고 있었다.

조수삼은 서민문학이 완숙기에 들어섰던 18세기 후반기에 천수경, 장혼 등과 함께 서민시단인 송석원시사에 관계한 대표적시인이며 력대서민 시인들 가운데서 사상예술적으로 가장 우수한 작품을 남긴 문인이였다.

그는 영조 18년 즉 1762년에 전라도 사천에서 출생하였는데 자는 지원(芝園), 자익(子翼)이고 호는 추재(秋齋), 경원(經畹)이라 하였으며 1849년인 현종15년에 88세를 일기로 한생을 마치였다.

그의 한생은 곡절많은 생활로 이어졌으나 전체적으로 볼때 민간차원에서의 학문탐구와 현실체험 창작으로 일관되였다고 할 수 있

다

조수삼이 남긴 시문들은 8권으로된 ≪추재집≫에 실려 전해지고 있으며 그밖에 ≪풍요삼선≫, ≪완당집≫, ≪산천집≫, ≪호산외사≫ 등 여러문헌들에 그의 생활과 창작의 일단을 엿볼수있게하는 일련의 자료들이 수록되여 있다.

≪호산외사≫를 비롯한 문헌자료에 의하면 당대에 많은 사람들이 추재에게 남보다 특출한것이 열가지가 있는데 그중의 하나만 가져도 한평생 편히 지낼수 있을것이라고 하면서 부러워하였다. 추재가 지닌 열가지 특출한 것이란 첫째는 풍모, 둘째는 시문, 셋째는 과문이였고 넷째는 의술, 다섯째는 바둑과 장기, 여섯째는 글씨와 그림, 일곱째는 기억력, 여덟째는 화술, 아홉째는 덕행, 열번째는 병없이 장수하는 것이였다.

조수삼은 이같이 남달이 뛰여난 재능과 해박한 지식, 소탈한 성품을 지닌 말그대로 다능다재한 사람이였지만 신분이 천하다는 단 한가지 리유로하여 사회적으로는 량반들과 같이 뜻을 펴나갈 수 없었고 생활에서는 천대와 가난을 면할수 없었다. 다시말하여 당대의 량반사회는 그의 지식과 재능을 용납하지 않았던 것이다.

조수삼은 바로 문벌과 신분에 따라 인간의 운명이 규정되는 공평치 못한 량반사회에 지식과 재능으로 맞서 자신의 인간적존엄을 지키려고 몸부림친 열정의 시인이였고 비상한 탐구정신을 지닌 노력가였다. 시인의 성격속에 체현된 비상한 탐구정신은 자신을 용납하지 않은 량반사회에 대한 항거의 열정에 기초한 것이였고 신분이 천한 사람도 권세에 눌리지말고 당당하게 살아보려는 의지와 지향의 표현이기도 하였다.

시인은 62살에 쓴 시 ≪오늘은 새해≫에서 글공부와 시짖기를 시작했던 유년시절을 감회깊이 회고하면서 ≪네살에 처음 글을 배웠고…여섯살에는 력사와 전기를 읽었으며…여덟살과 아홉살에는 시부를 지어 청춘의 길을 빛내이기 시작하고 열두서너에는 백일장에 나아가 재주를 보였더니 모든 사람들이 놀랐더라 ≫고 하였으며 시 ≪강송암에게 써보이노라≫에서는 ≪나이 20에 군서를 다 읽었건만 60이 되도록 이룩한 것이 없어 내 다시 글을 읽노라≫고 하였다.

그는 또한 8갑도 넘어선 83살에 진사시에 응시했고 그때의 소감을 ≪배속에 시문이 몇백짐인데 금년에야 겨우 란삼하나를 얻었네 사람들이여 나이의 다소를 묻지마소 60년전엔 나도 23살이였다오≫ 라고 표현하였다. 이 시구를 통해서도 짐작할수 있는바와 같이 그것은 벼슬자리를 위해서가 아니라 지식과 재능도 신분에 따라 갈라놓고 신분이 천하면 그 모든것을 천시하는 량반사회에 대한 일종의 반항이였고 저들만이 이른바 학문의 고상한 세계를 아는체 뽐내는 고루한 관료배들에 대한 불만의 표시였다고 말해야 할것이다.

조수삼은 이처럼 완강한 의지와 항거의 열정을 지닌 노력가였을뿐 아니라 어지롭고 혼란된 세상에서 생활의 진리를 찾아 모대긴 체험의 시인이기도 하였다.

조수삼은 신분이 천하였던 자신의 사회적처지로부터 위항시인들 속에 살면서 박제가, 리덕무, 박지원, 김정희 등 실학파문인들과 깊이 사귀였고 리서구, 김명희, 남병철등을 비롯한 량반출신의 진보적 문인들과도 창작적련계를 맺고 있었다. 또한 사절단을 따라 6차례에 걸쳐 중국을 다녀오는 기회에 주문한 강련, 오란설 등 연경의 학자, 문인들과도 의사를 소통하고 사귀였다.

이러한 다방면적인 접촉과 교제과정을 통하여 봉건말기의 진보적 사상조류였던 실학사상을 깊이 리해하고 공감하였으며 당대의 정치와 신분적차별의 불합리를 절감하고 시대와 생활에 대한 견식과 안목을 바로 세워나갈 수 있었다.

특히 려행을 즐긴 그에게 있어서 전국의 도시와 농촌, 명승과 고적들에 대한 답사과정은 유구한 력사와 빛나는 문화전통을 가진 자기나라 자기민족에 대한 리해와 긍지를 두터이하고 야속한 현실에서 빚어지는 악폐와 참상을 직접 보고 듣고 체험하게한 중요한 계기로 되였다.

조수삼은 곡절많은 생활의 체험으로 이어진 자신의 인생을 총화한 자서전에서 《나는 본래 술을 잘 마시지 못하지만 료동벌을 지나거나 발해의 바다에 림하게 될때, 그리고 나와 같이 신분이 천한 사람들과 놀때에는 능히 큰 잔을 가지고서 하루 저녁에 몇되의 술을 다 마시군 하였다》고 하였으며 또한 《나는 갈아도 갈리지않는 지조와 물들여도 물들지않는 청백을 사랑하는 사람이였다》고 하였다.

참으로 조수삼에게 있어서 천대와 가난속에 살아야하는 서민으로써의 울분과 굽히고 타협할 수 없는 의지, 풍부하고도 심각한 체험의 세계는 구속없고 차별없는 생활에 대한 지향과 청백한것이 오히려 묵살되는 참혹한 현실에 항거하려는 창작적 열정의 원천으로 되였다. 그것은 또한 시인으로 하여금 원한에 찬 량반 사회의 내막을 파헤치고 생활의 진실을 말하지 않을 수 없게 한 충동의 계기로 되였다고 할 수 있다.

하기에 의정 김명희는 그의 작품들을 평가하면서 《경원선생의 시문은 늙을수록 새롭다…북방의 흰눈과 변방의 칼바람을 련상케 한다.≫(산천집)고 하였고 동랑 한치윤은 ≪추재의 시를 30년이나 거듭 읽어보지만 예전에는 별치않게 생각되던 것도 읽을수록 새롭고 신기하게 느껴진다.≫(동랑집)고 하였으며 추사 김정희는 추재의 시는 뜻이 깊은것이 특징이라고 칭찬하였다. 또한 조수삼과 사귀였던 연경의 문인들은 그의 시적 재능에 감탄을 금치못해하면서 ≪시단의 로장≫이라고 찬사를 아끼지 않았다.

이와 같이 국내외의 진보적인 문인 학자들로부터 절찬을 받고 사람들의 공감을 불러일으킨 조수삼의 작품들 가운데서 뜻이 깊고 이채를 띠는 대표적인 작품은 시초 ≪북행백절≫과 ≪밭갈고 길쌈낳이≫, 민간소재에 기초한 악부시집인 ≪기이편≫과 장시 ≪씀바귀≫ 등을 들 수 있다.

≪북방백절≫은 시인이 1822년 60세의 로령으로 서울을 떠나 철원, 원산, 청평, 길주, 명천, 부거 등지를 거쳐 동해안을 따라 조선북방의 마지막 지점인 서수라까지 왔다가 다시 두만강을 거슬러 경원, 회령, 무산을 거쳐 백두산에 이르기까지 왕복 1만여리의 긴로정을 200여일간에 걸쳐 답사하면서 보고 듣고 느낀 체험을 읊은 100여편의 절구시를 묶은 기행시초이다.

이 시초에 쓴 서문에서 시인은 답사과정에 체험했던 ≪기쁘고 슬프고 놀랍고 우습고 욕질하고 통곡하고 눈물짓고 한숨짓게 한 갖가지 일들이 삼삼히 내마음을 움직여 시 백편을 종이에 적노라≫고 하였다.

시초의 서문에 쓰여져 있는바와 같이 조국의 산천은 어디가나 아름답고 기묘하여 시인의 마음을 기쁨과 놀라움에 부풀게 하였으나 이르는 곳마다에서 보고 듣게 되는 인민의 고통과 불행은 시인으로 하여금 슬픔과 노여움을 금할 수 없게 하였다.

　시 ≪삼방골짜기에서≫ 시인은 가난에 시달리는 산촌의 참상을 ≪해가 한낮이 되도록 밥짓는 연기없고 집집마다 찧는건 칡뿌리여라≫고 하였으며 시 ≪추가령에서≫는 살길을 찾아 고향을 떠난 류랑민들의 눈물겨운 모습을 생동한 화폭으로 재현하였다.

　　　　안타까워 발을 구르며
　　　　애들과 늙은이를 재촉하네
　　　　저저마다 말하기를
　　　　서울로 떠나간다고

　　　　봄바람은 야속하여
　　　　부황든 얼굴을 스치네
　　　　어느 날에나 가 닿으리
　　　　저 먼 서울에

　시초에 들어있는 100수의 시편들은 이와 같이 모두 길지 않고 짤막한 절구시들이지만 거기에는 조상전래의 아름다운 미풍과 민족의 넋을 전하여주는 감명깊은 이야기들과 함께 헐벗고 굶주리며 눈물겹게 살아가는 인민의 모습이 그려져있고 그들의 가슴속에 맺힌 원한과 울분의 목소리가 담겨져 있다. 이러한 의미에서 시초 ≪북행백절≫은 시적형상을 통하여 일반화된 봉건 말기 사회현실에 대한 하나의 축도라고 할 수 있을것이다.

　시 ≪씀바귀≫역시 시인이 체험한 현실생활의 심각성을 독특한 수법으로 재치있게 그려낸 장사체의 작품이다. 단나물을 캐는 아이들과 쓴나물을 캐는 할아버지의 대화로 엮어진 시에서는 그대로 보고만 있을 수 없는 생활의 절박한 문제를 제기하고 있다.

　　　　아이들은 모두 단나물을 캐는데
　　　　할아버지 한분만은 쓴나물을 캐누나

　　　　-좋은 나물과 쓴나물
　　　　어째서 아지 못할까
　　　　달면 삼키고 쓰면 뱉는건
　　　　저절로 아는 일인데-

　　　　할아버지 가만히 그말을 듣다가
　　　　무겁게 입을 열어 타일러 주네

　이렇게 시작된 시에서 시인은 로인의 입을 통하여 쓴것을 알면서도 씀바귀를 캐여먹지 않을 수 없는 그 까닭이 바로 신분에 의한 천대와 차별에 있다는 것을 예리하게 밝히고 있다.

　　　　우리는 정말로 괴로운 사람들
　　　　천백가지 쓴맛을 다 겪어 보았단다.
　　　　량반, 벼슬아치로 태여나지 않았으니
　　　　천한 백성은 쓴맛만 겪고
　　　　부자집 자식 되지못했으니
　　　　가난고생 면할 수 없구나

　존비귀천의 량반사회의 모순을 적발하고 원한에 울부짓는 백성들의 절박한 요구를 밝히려는 시인의 사색과 지향은 시 《룡성잡영》에서도 찾아볼 수 있다. 1812년의 평안도 농민전쟁을 제재로 하여 읊은 22수의 시편으로 엮어진 시초인 이 작품에서 시인은 농군들이

쟁기를 추켜들고 생사결단의 싸움에 일떠선것은 거듭되는 수탈과 학정에 견딜수 없었기 때문이였다고 하면서 《도적될 사람 따로 있나 굶주림과 추위가 너무한 탓이지》라고 하였다.

《추재집》에는 이와 같이 량반사회의 내막을 파헤친 현실비판주제의 작품들과 함께 민족생활의 세부를 재치있게 그려내고 애국애족의 사상감정을 격조높이 노래한 작품들도 적지않다.

시초 《밭갈고 길삼낳이》, 《기이편》등은 그러한 주제의 대표적작품들이다.

46수의 시편으로 엮어진 시초 《밭갈고 길삼낳이》는 조선고유의 농촌생활과 미풍양속을 솜씨있게 펼쳐보여준 세시기적인 작품이다.

　　　　농사의 첫 시작은 제때에 씨담그는 일
　　　　잘여문 좋은 씨앗 알알이 하나같아라
　　　　비개인 들판엔 봄물이 넘실넘실
　　　　집집마다 서로 불러 씨담굴 채통을 내리네

이와 같이 《씨담그기》 노래로부터 시작된 시초는 먼저 농사차비로부터 마가을의 추수탈곡과 방아찧기에 이르는 한해농사과정을 23수의 시편으로 감명깊이 펼쳐보이고 이어서 나머지 23수의 시편으로 누에알깨우기로부터 정성들여 비단을 짜고 옷감을 마련하기까지 길삼낳이의 복잡한 공정을 재현하고 《새옷짓기》시로 끝을 맺고 있다.

　　　　전필로 마름하고 가는바늘에 실을 꿰여
　　　　랑군님옷 지었는데 어이, 그리 신통도 한가
　　　　한뜸 한오리실밥도 소홀히 하지 않았으니

아낙네의 수고로움 몰라보지 말으시라.

　이 두편의 작품을 통해서도 느낄수 있는바와 같이 시초의 매 작품들에는 힘겨우면서도 기쁘고 애타면서도 가슴설레이게하는 농군들과 녀인들의 다감한 체험세계와 소탈하고 인정에 넘치는 농촌생활정서가 실감있게 표현되고 있다. 이러한 의미에서 시초 ≪밭갈고 길삼낳이≫는 조선농촌의 민속생활을 커다란 애착을 가지고 재현한 특색있는 풍속도라고 할 수 있다.
　≪기이편≫은 시인이 어린시절부터 보고 듣고 수집한 다양한 주제의 민간설화들과 그를 제재로 읊은 50여수의 시편을 묶은 일종의 악부시집이다. 시인은 시집에 소개한 다양한 이야기를 통하여 민족생활에 깃든 깨끗한 지향과 다정다감한 인품, 송죽같은 절개와 사심없는 의협심, 빛나는 예지와 풍만한 정서등을 긍지높이 찬양하였으며 애민의 감정도 진실하게 노래하였다. 시집에는 또한 교훈적이며 풍자, 해학적인 이야기들과 시들도 있다. 이러한 특성으로 하여 ≪기이편≫은 시인이 체현하고 있는 애국애족의 사상감정을 당대의 현실과의 관계속에서 실감있게 보여주며 민간설화의 연구에도 도움을 주는 유산으로 되고 있다.
　조수삼의 시고들은 그 내용이 다양하고 풍만할 뿐 아니라 형식과 예술적 형상수법이 다채롭고 참신한 점에서 이채를 띤다.
　그의 시고들은 형식과 구조에서 매력있게 째인 짧은 형식의 시편들과 생활을 여러 측면에서 폭넓게 재현한 서정서사시적형식의 장시들이 배합되고 특히 많은 시편들로 엮어진 시초들이 많은 것이 특징적이다. 또한 조수삼의 시편들을 특징짓는 예술적 매력은 생활반영의 소박성과 진실성, 시적 형상의 친근감과 생동성에 있다고 할 수 있다.

그의 시가들이 한자로 씌여졌음에도 불구하고 시상이 쉽게 안겨오고 깊은 인상을 남기게 되는것은 사상적지향의 절박성과 함께 형상창조에서의 이러한 특성과도 관련된다고 보아야 할 것이다.

이상에서 보는 바와 같이 조수삼은 애국적이며 진보적인 립장에서 당대의 현실생활을 깊이 탐구체험하고 생활이 제기하는 절박하고 의의있는 문제들을 감동깊은 시적형상으로 밝힘으로써 서민문학의 발전에 크게 이바지하고 봉건말기 조선의 시단에 뚜렷한 자욱을 남기게 되였다.

(1990, 바르샤바)

4. 1920년대 조선시문학에 형상된 조국애

류만(사회과학원 주체문학연구소 실장)

1920년대는 조선에서 현대적시문학이 새롭게 발전하던 력사적시기이다.

우리 나라에서 근대적사회에로 이행하던 사회적 환경속에서 벌어진 신시운동에 의하여 출현한 신체시가 점차 자유시로 발전하면서 우리 나라에서는 중세기적인 시가문학의 형식과 틀을 타파하고 인간과 그 생활을 보다 자유롭게 노래하려는 지향에 의하여 현대적인 시문학이 창조발전되였다.

시대적요구를 반영하여 창조된 1920년대 시문학의 사상정서적내용에서 중요한 특성을 이루는 것은 숭고한 조국애이다.

나서 자란 고향과 조국에 대한 사랑은 사람들의 가슴마다에 고이 간직되여있는 아름답고 소중한 감정이다.

예로부터 한 강토에서 하나의 피줄을 이으며 살아온 우리 민족은 남달리 조국에 대한 뜨겁고 강렬한 사랑을 지니고 있었다.

우리 시문학의 로정을 돌이켜 보면 이 애국의 감정은 멀리 고대로부터 시작하여 12~14세기의 반침략애국문학과 그 발전의 새로운 단계를 열어놓은 17세기 임진조국해방전쟁을 반영한 문학을 거쳐 근대사회에 대한 강렬한 지향을 담은 19세기말~20세기초의 계몽기 문학에 이르기까지 하나의 일관된 흐름을 이루면서 매 력사적 단계마다에서 격조높이 노래되여 왔다.

계몽기에 이어 1920년대 시문학에서도 애국의 감정은 식지않았으며 뜨겁게 소용돌이쳤다.

그러나 조선을 강점한 일제의 파쑈적 폭압정책에 의하여 애국적이며 민족적인 모든것이 여지없이 짓밟히는 속에서 이 시기 시문학에서의 애국의 감정은 이전시기의 반침략애국주의문학에서처럼 직접적으로 격조높이 노래될수는 없었다. 반면에 이 시기 시문학에서는 우리 인민의 가슴마다에 변함없이 고이 간직되여 용암처럼 끓고 있던 조국애가 보다 간접적으로 형상되였는데 우리는 그러한 특성을 이 시기 저항시인으로 알려진 한룡운과 민요풍의 시를 쓴 김소월을 비롯하여 김억, 리상화, 조명희, 김창술, 류완희, 정지용 등 여러가지 류파에 속한 시인들의 시작품들에서 특색있게 찾아볼 수 있다.

이러한 시인들은 자기들의 시작품들에서 우리시문학의 애국전통을 계승하면서도 일제의 파쑈적 폭압이 강화되는 환경속에서 애국의 감정을 다양하게 형상함으로써 이전시기 시문학에서와 구별되는 일련의 특성을 보여주었다.

1920년대 시문학에서의 조국애는 무엇보다도 짓밟히고 빼앗긴 고향에 대한 애틋한 사랑을 통하여 절절하게 노래되였다.

이 시기 많은 작품들에서 고향과 조국의 자연에 대하여 남다른 애착을 토로하였는데 거기에는 대체로 잃어진 고향에 대한 애수, 즐거웠던 동요시절에 대한 추억, 향토와 고향을 떠나서는 차마 한시도

못견디여하는 간절한 그리움과 사랑의 감정이 특징적으로 나타나있다.

시인 정지용은 초기창작의 하나인 시 ≪향수≫에서 향토에 대한 남다른 생각과 애착을 민족적정서가 짙게 노래하였다.

≪옛이야기 지줄대는 실개천이 회돌아 가고 얼룩박이 황소가…울음을 우는 곳≫, ≪검은 귀밑머리 날리는 어린 누이와…사철발벗은 안해가 따가운 햇살을 등에 지고 이삭줏던 곳≫, ≪초라한 지붕 흐릿한 불빛에 돌아앉아 도란도란 거리는 곳≫ -이것이 시인의 회억속에 떠오른 고향의 모습이다. 당시 우리 나라 농촌에서 흔히 볼 수 있는 생활세태를 통하여 시에서는 아득한 고향의 정든 품을 그리는 애틋한 향수를 느끼게 하며 고향을 잃고 설음과 그리움에 모대기는 인정세계를 엿보게 한다. 그리고 매련에 반복되는 ≪그곳이 참아 꿈엔들 잊힐소냐≫라는 서정토로는 시에서 노래된 향수나 그리움이 결코 그것으로 머물게 하는 것이 아니라 꿈에서조차 잊을 수 없는 빼앗긴 향촌에 대한 사랑과 그것을 다시 찾으리라는 애타는 갈망으로 절절하게 느껴지게 한다.

고향에 대한 애타는 그리움, 고향과 떨어져서는 한시도 살 수 없어하는 뜨거운 향토애는 특히 김소월의 시 ≪고향≫에서 의미 깊게 노래되였다.

사람에게 있어서 잊을 수 없는것이 고향이고 생시에는 생각안 될 때 있어도 꿈속에서도 못잊는것이 고향이며 조상의 뼈가 묻히고 송아지동무들과 놀던 곳이여서 차마 잊지못하는것이 고향이라는 이러한 서정토로는 서정적 주인공이 그 어디에 있건 고향은 항상 그와 함께 있는 그런 신성하고 고귀한 존재라는 것을 강하게 느끼게 한

다. 때문에 시인이 마지막에

> 고향이 마음속에 있습니까.
> 마음속에 고향이 있습니다.
> 제 넋이 고향에 있습니까.
> 고향에도 제넋이 있습니다.

라고 노래하였을 때 우리는 고향에 자기의 넋을 묻어두고 자기의 넋속에 고향을 안고사는, 그리하여 고향과 일심통체가 된 그러한 사랑의 아름다운 세계를 감수하게 된다.

20년대의 엄혹한 현실에서 고향을 등지고 정처없이 떠나다니면서도 한시도 떠나지 않은 고향에 대한 생각, 거기에는 리별의 서러움과 함께 고향에 대한 사랑의 뜨거움이 결합되어 있었다. 그리하여 고향을 자기의 마음속에 제살붙이처럼 생각하는 그러한 시적정서에서 우리는 조국의 한 부분인 향토에 쏟는 정이 바로 그 모든 향토를 안고있는 조국에 대한 사랑의 감정과 잇닿아 있음을 심장으로 느끼게 된다. 다시 말하여 향토를 못잊어하는 그 향수와 거기에 기울이는 사랑속에서 우리는 조국에 대한 무한한 애착심을 말없이 새겨듣는것이다.

1920년대 시문학에서 조국애는 다음으로 잃어진것에 대한 비애, 빼앗긴 조국을 두고 느끼는 통분의 감정이 그 모든것을 애타게 찾는 애절한 정서와의 융합속에서 뜨겁게 노래되였다.

조국은 있어도 조국이란 부를수 없고 남의 세상이 되여버린 땅, 빼앗긴 조국에 대한 비통한 감정은 이 시기 시작품들에 관통된 중요한 사상정서의 하나였다.

4. 1920년대 조선시문학에 형상된 조국애

　리상화는 시 ≪통곡≫에서 ≪두발을 못뻗는 이 땅이 애달퍼≫하늘을 흘기며 울음을 터쳤고 조명희는 시 ≪봄 잔디밭우에서≫에서 어리광하는 아이와 같이 잔디밭에 딩굴며 어머니를 애타게 불러 그 어머니로 상징된 조국에 대한 그리움과 사랑을 심장으로 외쳤다.
　체험세계는 서로 달라도 다같이 그 근저에는 잃어진것에 대한, 빼앗긴 조국에 대한 애절하고 통분한 감정이 소용돌이치고 있다. 그 비통함, 그 애절함을 어디에 대고 하소연할데가 없어 시인들은 하늘을 흘기며 해와 달도 원망하는 것이며 땅을 부여안고 못견디게 몸부림치는 것이다. 이 비통한 서정, 애절한 감정은 조국에 대한 사랑이라는 숭고한 감정을 낳았던 것이다.
　그런가 하면 한룡운의 ≪님의 침묵≫과 김소월의 ≪초혼≫에서는 우리 시들과 다른 측면에서 조국애의 감정이 토로되였다.
　우리는 시 ≪님의 침묵≫과 ≪초혼≫에서 구체적인 실체로 등장하는 ≪님≫ (또는 ≪그대≫)을 보게 되며 그에 의탁된 사랑과 리별의 정서를 강하게 느끼게 된다. 그러면서 그 ≪님≫을 조국에 대한 상징적인 모습으로 리해하게 되는것이다.
　물론 이 시기에 한룡운과 김소월 뿐아니라 다른 많은 시인들이 자기들의 시에서 ≪님≫을 즐겨 노래하였다. 그러한 ≪님≫은 련인으로서의 님인 경우도 있었지만 그러나 적지않은 시들에서 그보다는 넓고 깊은 뜻을 가지고 있었다.
　시 ≪님의 침묵≫과 ≪초혼≫을 보면 여기에서 노래된 ≪님≫은 단순한 련인의 모습도 아니며 한정된 개성적 체험이 불러일으킨 이서의 모습도 아닌것이다.

님은 갔습니다. 아아 사랑하는 님은 갔습니다.…
우리는 만날때에 떠날것을 념려하는 것과 같이 떠날때에 다시 만날것을 믿습니다.
아아, 님은 갔지마는 나는 님을 보내지 아니하였습니다.
   (시 ≪님의 침묵≫에서)

선채로 이 자리에 돌이 되여도
부르다가 내가 죽을 이름이여!
사랑하던 그 사람이여!
사랑하던 그 사람이여!
   (시 ≪초혼≫에서)

시 ≪님의 침묵≫에서 노래된 바와 같이 ≪님≫은 갔지만 서정적 주인공은 ≪님≫을 보내지 않았다. ≪님≫은 스스로 간것이 아니며 그가 보낸것도 아니다. ≪님≫은 갔으나 그는 ≪님≫을 보내지 않았으며 ≪님≫의 모습을 고이 간직한 채 그와 다시 만날 그날에 대한 확신을 굳게 가다듬는 것이다. 여기에 바로 이 시인의 리상이 담겨져있다.

시 ≪초혼≫의 경우도 마찬가지다. 선채로 돌이 되도록 부르고 부르며 부르다 ≪내≫가 죽더라도 부르리라는 ≪그 사람≫-≪님≫은 결코 스스로 간것도 아니며 떠밀어 보낸것도 아니다. 만일 그렇게 간 님이라면 굳이 선채로 돌이 되도록 그렇게 정력을 다해서 애절하게 부르지 않아도 좋은것이다. 그 ≪님≫은 강제로 빼앗긴 ≪님≫인 것이다.

시 ≪초혼≫은 이처럼 다시 만날것을 기약한 시 ≪님의 침묵≫과는 달리 비록 영원한 부름의 정서 이상으로 나가지는 못했지만 여기에도 단순한 님이 아닌 크고 귀중한 그 무엇에 대한 애착이 옹이져 간직되여 있는것이다.

그러면 시인들이 간직한 그 리상 그 귀중한 것은 무엇이겠는가.

이 시들의 전체를 통하여 관통되여 있는 ≪님≫은 시인의 심장이 불러일으킨 그리운 모든것, 사랑하는 모든 귀중한 것, 나아가서는 향토와 조국과 겨레와 자유와 같은 그렇듯 크고 아름다운 것을 의미할 것이다.

일제의 폭압이 짓누르는 암흑사회에서 아직은 헤여날 길을 찾지 못했던 이 시인들에게 있어서 조국에 대한 사랑이 그렇게 밖에는 달리 더 표현될수는 없었던 것이다. 이것은 한룡운이나 김소월의 경우이면서 동시에 이 시기 다른 시인들의 경우이기도 한것이다. 바로 여기에 이 시기 시 문학에서 노래된 조국애의 정서적특징의 하나가 있다.

1920년대 시문학에서의 조국애는 또한 오늘은 비록 빼앗기고 짓밟힌 땅이지만 래일에는 보다 밝고 아름답게 가꾸어질 생활에 대한 동경과 리상을 통하여 보다 선명하게 노래되였다.

사람이 미래에 대한 동경과 리상을 가진다는 것은 매우 귀중한 일이며 그것이 조국이나 민족과 같은 보다 거룩한 존재와 련결될 때 그 귀중함은 갑절 커지고 의의있는 것이다.

20년대 시문학에서는 그렇게 많지는 못하다 하더라도 밝고 아름답고 보람찬 로동과 생활에 대한 동경과 리상을 노래함으로써 그 서정의 바탕우에서 조국에 대한 애착을 뜨겁게 느끼게 하고 있다. 리상화의 ≪빼앗긴 들에도 봄은 오는가≫와 ≪비개인 아침≫이 그러하며 김소월의 ≪바라건대는 우리에게 우리의 보습대일 땅이 있었더면≫과 ≪상쾌한 아침≫등이 그러하다.

여기에는 제 땅을 가지고 거기서 마음껏 일해보려는 열망이 있으며 보람찬 로동속에서 느끼는 희열과 랑만이 있다.

그 모든것은 보다 밝고 아름답게 가꾸어질 조국의 래일에 대한 리상과 확신으로 조명되고 있는데 우리는 그것을 시 ≪상쾌한 아침≫에서 보다 뚜렷이 찾아볼 수 있다.

> 그러나 나는 내버리지 않는다. 내 땅이 지금 쓸쓸타고,
> 나는 생각한다. 다시금, 시원한 빛발이 얼굴에 칠때,
> 여서뿐 있을 앞날의 많은 전변 이후에
> 이 땅이 우리의 손에서
> 아름다워질것을!
> 아름다워질것을!

당시로서는 이 땅이 아름답게 가꿔지리라는 것은 생각조차 할 수 없는 일이었다. 때문에 시인은 앞날의 많은 전변이 있은 다음에 우리 손에서 이 땅이 아름다워지리라는 것을 거듭 강조함으로써 조국의 밝은 래일에 대한 기대와 사랑을 랑만적 열정으로 부각하였다.

조국의 밝고 아름다운 앞날에 대한 지향과 리상은 특히 시인 김창술과 류완희를 비롯한 프로레타리아 시인들의 작품들에서 특색있게 표현되였다. ≪대도행≫, ≪긴 밤이 새여지다≫, ≪지형을 뜨는 무리≫, ≪민중의 행렬≫, ≪어둠에 흐르는 소리≫등으로 대표되는 그들의 시에는 김소월의 시의 세계와는 구별되는 전투적이고 진취적이며 격조높은 서정세계가 류달리 힘차게 토로되고 있다.

여기에는 평등의 길, 자유의 길을 억세게 걸어나갈데 대한 열망과 진리를 위한 정의의 싸움에 떨쳐나설 의지가 솟구치고 있으며 근로인민의 굳센 힘에 대한 확신과 대지를 올리며 신생에로 달음질치는

발구름소리도 있다. 그리고 또 ≪자유로운 새세기가 창조되고 무산계급의 자유를 맛볼 수 있≫는 그날에 대한 꿈, 승리에 대한 확신이 담겨져 있다.

20년대 후반기에 들어서면서 대중운동이 급격히 앙양되던 시대의 전진에 발맞추어 힘차게 울린 이러한 시적격조는 온갖 사회적 모순과 불합리를 투쟁으로 짓부시며 그 투쟁에 인민대중이 떨쳐일어나 그들 자신이 주인된 자유롭고 평등한 새 세계를 건설해 나갈데 대한 지향으로 충만되여 있다.

이러한 열렬한 지향속에서 전망하며 앞당겨가는 조국의 미래는 더없이 아름답고 빛나는 것이다.

이상에서 1920년대 조선시문학에 구현된 조국애의 감정을 몇가지 측면에서 고찰하였다.

우에서 본바와 같이 일제의 폭압속에서 울려나온것으로 하여 그것이 직접적으로 격조 높게는 울리지 못하였지만 그러나 인민들의 가슴마다에 끓고 있던 조국애에 대한 시적형상은 살아 숨쉬는 민족의 기상과 꺾을 수 없는 의지를 보여주면서 이 시기 시문학에서 하나의 서정의 줄기를 이루고 있었다는 것을 우리는 확신을 가지고 말하게 된다.

(1990, 바르샤바)

5. 조선어의 통일적 발전을 위한 몇가지 리론문제

정순기(사회과학원 언어학연구소 소장)

　50년의 분렬력사가 지속되여오는 과정에 우리의 말과 글은 북과 남에서 적지 않은 차이를 보이고 있다. 북과 남의 언어적차이는 말마디의 사용과 어휘구성에서 그리고 철자법과 표준발음법, 외래어표기법과 로마자화, 서사수단으로서의 한자사용과 띄여쓰기 등 여러가지 규범에서 나타나고 있다.
　오늘 일부 사람들은 말마디의 사용과 어휘구성, 그리고 각종 언어규범에서 나타나고 있는 이러한 언어적차이를 두고 북남언어가 이질화되였다고 말하고 있다. 그러면 과연 북과 남의 언어가 이질화되였다고 말할 수 있는가?
　북과 남의 언어가 이질화되였다면 언어구조의 여러 측면에서 이질적인 요소들이 나타나야 한다.
　그러나 북남언어의 구조적 차이는 어휘구성에만 찾아볼 수 있을뿐 문법구조분야에서는 찾아볼 수 없다. 문법적 현상에 대한 해석과 서술에서는 차이가 있을지언정 문법구조자체는 다른것이 없다.
　북과 남에서 쓰이고 있는 여러가지 언어규범은 적지 않은 차이를 보이고 있다. 이러한 차이는 시각적으로나 청각적으로 두드러지게 나타나는 것으로서 문제성을 있지만 언어구조자체의 차이로는 되지 않는다. 철자법을 비롯한 여러 규범들은 시대의 요구와 언어발전법칙의 요구를 반영하여 사람들이 제정한 것이다. 따라서 언어규범은 시대가 변하고 사람들의 요구가 달라지는데 따라 변화시킬수도 있으며 수정할수도 있다. 언어규범에서의 차이는 언어 구조자체내에서의 차이인것이 아니라 사람들이 제정한 규정에서의 차이로서 그것은 줄일수도 있고 크게 할수도 있는것이다. 따라서 언어규범에서의 차이가 해당한 언어를 서로 다른 언어로 분화시키는데서 결정적인 작용은 놀지 못한다.

그렇기때문에 50년간 떨어져 살아왔어도 이렇게 한자리에 모여앉으면 자기들이 써오던 말로 의사를 충분히 나눌 수 있고 조선민족으로서의 동족의식을 다같이 느낄수 있다.

사실 북과 남의 조선어는 이질성보다 동질성이 더 우세하다. 이것으로하여 오늘도 우리 인민은 단일민족의 영예를 떨칠수 있고 단군조선의 반만년 역사와 유구한 문화전통을 빛내일 수 있다.

따라서 언어규범에서의 차이를 과대평가하여 북남언어가 이질화되였다고 하는것은 민족어의 동질성을 외면하거나 약화시키는것으로서 민족의 분렬을 막고 조국통일을 앞당기는데서 장애로 된다.

다른 한편 북과 남의 언어적 차이를 소홀히 대하는 것도 민족어의 통일적 발전을 다그치고 조국통일을 앞당기는데서 장애로 된다.

북과 남의 언어적 차이는 개별적인 요소들사이에 있는 부분적인 것도 아니고 또 일부 측면에서만 나타나는 국부적인 것도 아니다.

북남의 언어적 차이가 점점 커지고 심각해지면 그것은 우리 말의 공통성과 단일성을 파괴하는 결과를 가져올수 있다.

우리는 북과 남의 조성된 언어적 차이에 대하여 가슴아프게 생각하고 그 위험성을 똑바로 보아야 하며 북과 남의 언어적차이를 줄이고 조선어의 통일적 발전을 이룩하기 위한 리론적 문제들에 응당한 관심을 돌리고 연구를 심화시켜야 할 것이다.

그러면 북과 남의 언어적 차이를 줄이고 조선어의 통일적 발전을 이룩하기 위한 언어학적 문제들에서 중요한 것은 무엇인가.

1. 형태주의냐, 표음주의냐

북과 남에서 낸 출판물들을 보면 철자법이 확연히 구별된다는 것을 알 수 있다.

한자어 어두 ≪ㄹ,ㄴ≫의 표기와 ≪사이 ㅅ≫의 표기를 비롯하여 적지 않은 단어와 형태부의 표기가 달리되고 있다. 이것은 철자법의 원칙을 형태주의원칙(혹은 형태음운주의원칙)을 기본으로 하였는가 아니면 표음주의원칙을 많이 허용하였는가 하는데 기인한다.

철자법원칙 가운데서 가장 과학적이고 합리적인 원칙은 형태주의원칙이다. 그러기에 1933년에 조선어학회가 제정한 ≪한글맞춤법통일안≫도 표음주의 원칙을 적지 않게 허용하면서 형태주의원칙을 기본으로 하였다. ≪한글맞춤법통일안≫제정당시 일제 총독부의 철자법과 박승빈일파의 철자법을 조선어학회에서 그토록 반대한 것도 그것이 표음주의원칙에 기초하였기 때문이다.

≪한글맞춤법통일안≫은 표준말을 소리대로 적되 어법에 맞도록

하는것을 원칙으로 삼고 있기 때문에 표음주의 원칙을 많이 허용하는 결과를 가져왔다.

고유한 우리 말 단어와 형태부를 적는데서는 형태주의원칙에 섰지만 한자어를 적는데서는 소리대로 적는다고 하는 표음주의원칙에 섰다.

그리하여 같은 하나의 한자가 어두와 어중에서 다르게 표기되였다.

녀(女) - 여자(女子) 남녀(男女)
력(力) - 역량(力量) 협력(協力)
락(樂) - 낙원(樂園) 극락(極樂)

이것은 ≪한글맞춤법 통일안≫이 형태주의원칙을 표방하면서도 철저하지 못한 약점을 가지고 있었다는 것을 보여준다.

우리는 철자법을 규정함에 있어서 형태주의원칙에 철저히 의거하였기 때문에 어두와 어중에서의 표기가 달리되는 폐단을 막을 수 있었다.

형태주의원칙은 단어나 형태부를 언제나 하나의 형태로 적게 함으로써 글을 보면서 그것들의 뜻을 동시에 알아볼 수 있게 하며 (실례: ≪낮다≫와 ≪낫다≫), 써놓은 단어를 보고 동음이의어를 쉽게 가려낼 수 있게 하며(실례: ≪빛≫과 ≪빗≫, ≪로력(努力)≫과 ≪노력(努力)≫), 지방에 따라 단어의 발음이 서로 다른 경우라도 약속된 규정대로 적기 때문에 우리의 말과 글이 하나의 규범에 의하여 빨리 통일되고 보급될 수 있게 하는 좋은 점을 가지고 있다.

표음주의원칙은 소리대로 적어 발음을 정확히 하자는데 기본목적이 있다. 그런것만큼 최대한 발음에 접근시켜 적게 된다. 그러나 완전한 표음주의는 실현하지 못한다. 이것은 표음주의가 자체내의 약점을 가지고 있다는 것을 말하여준다.

국제음성학회가 만든 발음부호가 약 150개나 되지만 그것으로 모든 발음을 다 정확히 만족하게 표기하지 못한다. 아무리 표음주의원칙을 적용하여 적는다해도 발음부호처럼 적을수는 없으며 발음법을 배워주지 않아도 될 정도로 정확히 적을수 없다. 이런 의미에서 완전한 표음주의는 있을수 없다고 말할 수 있다.

또한 철자법은 고정되여 있는 반면에 사람들의 발음은 부단히 변하기 때문에 철자와 발음은 배리되기 마련이다. 이렇게 되면 발음법교육의 부담이 많아져 표음주의원칙을 스스로 표기한 철자법으로 되고 말든가, 다시 표음주의 철자법을 고쳐 달라진 발음에 접근시키는 놀음을 벌리지 않으면 안된다. 결국 철자법에서의 표음주의는 비합리적인 것이며 성립될 수 없는것이라는 것을 보여주고 있다.

우리는 표음주의원칙이 가지고 있는 이러한 약점을 고려하여 한자어의 표기에서도 철저히 형태주의원칙을 적용하는 립장에 섰다.

또한 우리는 조선어 어휘구성의 특성을 고려한데 기초하여 어두의 《ㄹ,ㄴ》을 한자의 본음대로 적어 표기형태를 고정시키는 형태주의 원칙을 철저히 관철하였다.

만일 지금 남조선에서 하는 것처럼 한자어에서 어두 《ㄹ,ㄴ》을 한자본음대로 적지 않고 각기 《ㅇ》이나 《ㄴ》으로 적어나간다면 수다한 동음이의어를 낳게 되며 이것은 한자를 민족글자로 쓰고 있는 나라에서보다 동음이의어로 인한 부담을 더 많이 주게 된다. 이것은 언어의 사회적기능을 높이기 위한 측면에서 볼 때 심중히 고려하여야 할 문제이다.

한자가 하나의 유의미적단위인것만큼 새로운 합성어와 파생어를 수많이 만들수 있는데 그때 철자형태를 고정시키는데서 일련의 난점이 있다는 것도 고려하여야 할 문제이다. 례컨대 ≪리용(利用)≫, ≪력학(力學)≫이라고 했을 때는 어두에서 ≪ㄹ≫이 나지 않는다 하더라도 ≪역리용(逆利用)≫ ≪열력학(熱力學)≫에서는 ≪ㄹ≫ 또는 ≪ㄴ≫이 남으로, 그리고 어두가 아니라 어중에서의 ≪ㄹ≫임으로 ≪역리용, 열력학≫등으로 그대로 적어야 하는 문제가 나선다. 이러한 현상은 ≪중로동(重勞動)≫, ≪비리론적(非理論的)≫에서도 찾아볼수 있다. 파생어와 합성어에서는 어중에서의 ≪ㄹ,ㄴ≫의 처리원칙과 모순되게 어두에서와 같이 적겠는가 아니면 어중에서의 ≪ㄹ, ㄴ≫처리 원칙에 맞게 한자본음대로 적겠는가 하는 문제가 나선다. 우리는 이러한 경우들을 고려하여 어두냐 어중이냐에는 관계없이 언제나 한자본음대로 표기형태를 고정시킴으로써 제기될 수 있는 문제들을 예견성있게 해결할 수 있었다.

또한 우리는 우리 말의 지난날 력사도 고려하고 어음발전의 앞날을 예견하여 어두에서의 ≪ㄹ,ㄴ≫을 한자의 본음대로 적는 형태주의원칙을 적용하는 립장에 섰다.

우리 말의 력사를 돌이켜보면 ≪ㄴ≫이 모음 ≪야, 여, 요, 유, 이≫등과 결합한 어두에서 쓰이지 않는것이 아니다. (실례: ≪녀름, 녀기다≫등)

또한 우랄알타이어계통의 언어에서 어두 ≪ㄹ≫이 나지 않음에도 불구하고 표기실천에는 그와 어긋나는 현상이 있다. 드물지만 ≪ㄹ≫이 나타나는 경우가 있다. (실례: ≪러울(너울)≫, ≪러비(너비)≫, ≪럽다(넓다)≫, ≪로새(노새)≫)

이것은 우리 말의 력사가 어두에서 ≪ㄹ≫을 발음할 수 없으며 따라서 표기에서 어두 ≪ㄹ≫을 허용하여서는 안된다는것을 의미하지 않는다는 것을 보여준다. 어두에서의 ≪ㄹ,ㄴ≫을 한자본음대로 적지 않고 어중에서의 ≪ㄹ,ㄴ≫과 달리 적는것은 한자음이외의 외래어표기와 모순되는 것이다.

인도구라파제언어들에서 들어온 외래어를 적을때 어두에서의 ≪ㄹ,ㄴ≫을 허용한다.

그러므로 한자음처리와 인도구라파언어 처리가 달리 되는것은 불균형적이며 모순적인것이다.

오늘날 다른 나라들과의 대외적관계가 매우 활발해지고 외래어가 많이 들어옴으로써 어두에서의 ≪ㄹ,ㄴ≫발음이 허용되고 있다. 이것은 현대 우리말 어음발전의 추세이기도 하다.

이로부터 어두에서의 ≪ㄹ,ㄴ≫을 한자본음대로 적지 않고 어중에서의 ≪ㄹ,ㄴ≫과 달리 적도록 한것은 우리 말 어음발전의 앞날을 예견하지 못한 처사라는 것을 알수 있다.

우리는 해방후 철자법을 정할때 우에서 본바와 같은 상황들을 고려하면서 형태주의냐 아니면 표음주의냐 하는 원칙적문제를 가지고 많이 론의하고 심사숙고하였으며 이에 기초하여 형태주의원칙을 보다 철저히 관철하는 립장에 섰다.

해방후 우리의 새 철자법제정은 일부 남의 언어학자들이 말하듯이 북남언어를 이질화시키기 위한 소행인것이 아니라 철자법의 원리들과 언어실태에 대한 과학적분석에 기초하여 우리 말의 건전한 발전과 근로자들의 언어생활상편의를 도모하기 위하여 취한 하나의 획기적인 조치였다.

우리가 취한 형태주의원칙을 철저히 관철하는 립장은 표기형태가 고정되지 않은것으로 오는 서사생활에서의 불편과 지나친 동음이의어로 인한 부담을 덜어주고 우리 말 발전의 력사와 시대적추세에 맞는 가장 과학적이며 합리적인 철자원칙을 견지하는 것으로서 북과 남의 통일적인 철자규범을 정하는 데서 견지하여야 할 립장이다.

2. 음운이냐, 글자도형이냐

북과 남의 맞춤법이나 우리 말 사전들을 보면 조선어 자모수와 자모순서를 북과 남에서 각기 달리 규정하고 있다는것을 알 수 있다.

현재 북에서는 조선어의 자모수를 음운위주로 보고 있으며 남에서는 《한글맞춤법통일안》에서처럼 줄자도형기본으로 보고 있다.

북에서는 조선어 자모수와 그 순서를 다음과 같이 처리하고 있다.

ㄱ, ㄴ, ㄷ, ㄹ, ㅁ, ㅂ, ㅅ, ㅇ, ㅈ, ㅊ, ㅋ, ㅌ, ㅍ, ㅎ, ㄲ, ㄸ, ㅃ, ㅆ, ㅉ, ㅏ, ㅑ, ㅓ, ㅕ, ㅗ, ㅛ, ㅜ, ㅠ, ㅡ, ㅣ, ㅐ, ㅒ, ㅔ, ㅖ, ㅚ, ㅟ, ㅢ, ㅘ, ㅝ, ㅙ, ㅞ

남에서 하고 있는 24자의 기본배렬순서를 살펴보면 다음과 같다.

ㄱ, ㄴ, ㄷ, ㄹ, ㅁ, ㅂ, ㅅ, ㅇ, ㅈ, ㅊ, ㅋ, ㅌ, ㅍ, ㅎ, ㅏ, ㅑ, ㅓ, ㅕ, ㅗ, ㅛ, ㅜ, ㅠ, ㅡ, ㅣ

이것으로 조선어에 있는 모든 자모를 다 배렬할 수 없으므로 이러한 자음글자와 모음글자뒤에 《ㄲ, ㄸ, ㅃ, ㅆ, ㅉ》와 같은 자음글자, 《ㅐ, ㅒ, ㅔ, ㅖ, ㅘ, ㅙ, ㅚ, ㅝ, ㅞ, ㅟ, ㅢ》같은 모음글자를 각각 련이어 배렬하고 있다.

그리고 우리말 뜻풀이 사전들에서의 자모순서를 자음에서는 ≪ㄱ, ㄲ, ㄴ, ㄷ, ㄸ, ㄹ, ㅁ, ㅂ, ㅃ, ㅅ, ㅆ, ㅇ, ㅈ, ㅉ, ㅊ, ㅋ, ㅌ, ㅍ, ㅎ≫으로, 모음에서는 ≪ㅏ, ㅐ, ㅑ, ㅒ, ㅓ, ㅔ, ㅕ, ㅖ, ㅗ, ㅘ, ㅙ, ㅚ, ㅛ, ㅜ, ㅝ, ㅞ, ㅟ, ㅠ, ㅡ, ㅢ, ㅣ≫로 규정하고 있다.

조선어 자모수와 자모순서에서의 이러한 차이는 궁극에는 조선어 음운을 위주로 보는가 글자도형을 위주로 보는가 하는데 귀착된다고 말할수 있다.

조선어자모수를 규정함에 있어서 음운론적단위를 기본으로 하여 40자로 하는 것은 과학적인것이며 리상적인것이다.

자모는 원칙적으로 음운을 나타내는 것을 자기의 기본사명으로 하고 있다. 하나의 자모에 하나의 음운이 대응되는 것은 리상적이다.

조선어의 자모수를 40개로 규정한것은 조선어에 존재하는 40개의 음운을 1:1의 원칙에서 나타냄으로 리상적인것이다.

조선어의 된소리를 나타내는 겹글자≪ㄲ, ㄸ, ㅃ, ㅆ, ㅉ≫도 하나의 독자적인 음운을 나타내는 당당한 글자이다. 글자조성의 측면에서 볼 때 겹글자로 되여있을 따름이지 하나의 독자적인 음운을 나타낸다는데서는 여느 자모와 다를바가 하나도 없다.

훈민정음창제자들이 자음겹글자 ≪ㄲ, ㄸ, ㅃ, ㅆ, ㅉ≫와 모음겹글자 ≪ㅐ, ㅒ, ㅔ, ㅖ, ㅘ, ㅙ, ㅚ, ㅝ, ㅞ, ㅟ, ㅢ≫를 조선어자모수에 포함시키지 않은것은 그들의 음운리론의 불철저성에 있다.

조선어의 음운은 아주 체계정연하며 뚜렷하다. 그것은 우선 순한소리, 거센소리, 된소리의 3류음체계로 나타나는 조선어 자음체계에서 찾아볼 수 있다.

또한 그것은 조선어모음체계에서도 찾아볼 수 있다.

조선어의 이러한 음운체계의 특성을 겹글자를 뺀 나머지 글자를 가지고 해석한다는것은 비현실적이며 비능률적이다.

자음겹글자 ≪ㄲ, ㄸ, ㅃ, ㅆ, ㅉ≫없이 조선어자음의 3류음체계를 해석할 수 없다.

음운을 떠난 글자가 없듯이 글자없는 음운은 사실상 무의미한 것이다.

자음겹글자와 모음겹글자가 자모로서의 가치를 인정받는데서 문제로 될수 있는것은 도형학적인 측면에서 볼 때 단순글자가 아니라 겹글자라는 것이다. 그러나 이것은 크게 문제시될것이 없다.

겹글자라고 하여 자모로 인정할수 없는 것은 아니다.

다른 나라 자모글자에도 겹글자가 하나의 독자적인 자모로 인정되고 있다. 더우기 우리 글자를 처음 만들 때 단순글자에 획이나 점을 더하여 새로운 글자를 만들었으며 그것을 조선어자모수에 포함시키고 있는 조건에서 도형적인 측면에서 보아 겹글자라고 하여 자모수에 포함시켜서는 안된다는 하등의 근거가 없는것이다.

조선어자모순서를 정하는데서도 음운을 기준으로 하느냐, 아니면 글자도형을 위주로 하는가 하는데서 문제가 제기된다.

음운론적단위를 기본으로 보고 자모를 배렬한다면 거센소리글자 다음에 된소리글자를 배렬하게 되고 홑모음글자다음에 겹모음글자 ≪ㅘ, ㅝ, ㅙ, ㅞ≫등을 놓게 된다.

남조선에서 하는것처럼 된소리글자를 순환소리글자 다음에 배렬하거나 홑모음글자를 겹모음글자나 준겹모음글자 다음에 배렬하는 것은 음운론적인 원리를 무시하고 글자가 만들어진 도형적인 측면만을 내세운것이다.

　만약 도형적인 측면만을 전면에 내세워 우리 글자의 자모순서를 정한다면 자음글자순서는 ≪ㄱ-ㅋ-ㄲ, ㄷ-ㅌ-ㄸ≫식으로 정하여야 할것이다.

　그리고 모음자모순서를 이른바 ≪딴이≫의 특성을 살려 ≪ㅏ, ㅑ, ㅓ, ㅕ, ㅗ, ㅛ, ㅜ, ㅠ, ㅡ, ㅣ, ㅐ, ㅒ, ㅔ, ㅖ, ㅚ, ㅟ, ㅢ, ㅘ, ㅝ, ㅙ, ㅞ≫로 정하여야 할 것이다.

　따라서 기본자모 24자 다음에 겹글자를 놓은 배렬순서나 뜻풀이 사전에서 적용하고있는 배렬순서는 다같이 글자의 도형적인 측면도 불철저하게 고려하고 있다는 것을 알 수 있다.

　이것은 결국 조선어자모순서를 정하는데서도 음운이냐 아니면 글자의 도형이냐 하는데 따라 그 차이가 생긴다는 것을 말하여준다.

　오늘 조선어 자모수와 자모순서를 북과 남에서 각기 달리 규정하고 있는 것으로 하여 북과 남의 사전편찬사업과 언어교육사업, 전자계산기와 타자기에서의 조선글자처리 등 여러가지 문제들이 각각 달리 처리되고 있다.

　우리는 조선어자모수와 자모순서를 규정함에 있어서 과학적이며 리상적인 음운론적원칙을 견지하느냐, 아니면 도형학적인 원칙을 전면에 내세우느냐 하는 리론적문제를 우선 해결하고 실질적인 대책들을 하나하나 세워나감으로써 복잡한 언어실천적인 문제들을 성과적으로 풀어나가야 할 것이다.

3. 고유한 우리 말이냐, 어렵고 힘든 한자어와 외래어이냐.

 북과 남에서 낸 출판물들을 보면 고유한 우리 말을 쓰는가, 아니면 어렵고 힘든 한자어와 외래어를 쓰는가 하는데서 북과 남이 뚜렷이 구별된다는것을 쉽게 알수 있다.
 우에서 본바와 같이 북과 남의 언어적차이를 줄이고 조선어의 통일적발전을 이룩하는데서 언어규범에서의 차이를 줄이는것도 중요한 문제이지만 그것보다도 더 중요한 문제는 말마디사용과 어휘구성에서의 차이를 줄이는 문제이다. 즉 어떤 말을 많이 쓰며 어떤 말마디가 어휘구성속에 확고히 자리잡고 있는가 하는데서의 차이를 줄이는 문제가 더 중요한 문제로 된다.
 왜냐하면 어휘구성에서의 차이는 사람들이 쉽게 해결할 수 없는 언어구조에서의 차이이며 언어규범에서의 차이는 사람들이 제정한 규범에서의 차이이므로 조건과 환경이 조성되는데 따라 쉽게 해결할 수 있는 문제이기때문이다.
 북과 남의 언어적차이에서 근본문제는 고유한 우리 말을 기본으로 하여 우리 말을 발전시키는가 아니면 어렵고 힘든 한자어와 외래어를 망탕 받아 들여 류포시키는가 하는데 있다.
 만약 어렵고 힘든 한자어와 외래어를 망탕 받아들여 쓴다면 언어의 민족적특성과 순결성을 좀먹고 나중에는 조선말이 아닌 조선말을 산생시키는 결과를 가져올 수 있다.
 어휘구성은 가장 가변적이며 사회발전에 가장 민감하다.
 어휘구성은 민족적특성과 순결성을 고수하고 발전시켜야 외래적 요소의 침습을 막을 수 있으며 민족어로서의 자주성을 지켜나갈수 있다.

언어의 민족적특성은 민족어의 생명이다.

그럼에도 불구하고 언어는 의사만 전달되고 소통되면 그만이라고 하면서 고유한 우리 말을 쓰든지 한자어와 외래어를 쓰든지 무관하다는 립장에 선다면 언어의 민족적특성과 순결성은 심히 침해당할 것이며 북과 남의 언어적 차이는 더욱 증대될 것이다.

이것은 결국 북과 남의 언어이질화를 산생시키는 결과를 가져올수 있다.

북과 남에 조성된 언어적차이에서 근본문제가 말마디의 사용과 어휘구성에 있는것만큼 조선어의 통일적발전을 이룩하려면 우선 고유한 우리 말을 기본으로 하여 조선어의 민족적특성을 높이 발양시켜나가는데 기본을 두고 언어정책이 작성되고 집행되여야 한다.

북과 남이 다같이 고유한 조선말을 기준으로 삼고 언어의 기본대를 세우며 외래어와 한자어를 정리하면서 우리 말을 발전시킨다면 북과 남의 언어적차이를 줄이고 그 순결성과 통일성을 지켜나갈수 있다. 지난날 북에서도 널리 씌여왔고 남에서도 널리 씌여온 고유조선말을 북과 남에서 다같이 살려쓰지 않으면 쓰지 않던 한자어도 되살아나고 외래어도 물밀듯이 들어올 것이며 그것으로 하여 북과 남의 언어적차이는 더욱 증대되고 언어의 단일성과 순결성이 파괴될 수 있다.

고유한 우리 말은 북과 남의 언어적차이를 없애는데서 최대공약수로 된다. 북과 남이 다같이 한자어와 외래어를 정리하면서 고유한 우리 말을 적극 살려나가면 북과 남의 언어는 자연히 같은 방향으로 발전해나갈것이며 언어의 민족적 특성도 다같이 높이 발양될 것이다.

그러므로 북과 남에서 다같이 고유한 우리 말을 기본으로 하여 조선어를 발전시켜나가는것은 북과 남의 언어적차이를 극복하고 민족어의 통일적 발전을 이룩하는데서 근본문제로 된다.

우리는 북과 남의 언어적차이를 줄이고 민족어의 통일적발전을 이룩하기 위하여서는 북과 남에서 다같이 언어의 민족적특성을 높이 발양시켜나가야 한다는 것을 명백히 인식하고 한자어와 외래어를 정리하기 위한 투쟁을 힘있게 벌리여왔다.

해방직후부터 시작된 한자어와 외래어의 정리사업은 그 이후 1960년대와 70년대, 80년대를 거쳐 90년대중반기에 이르기까지 중도반단함이 없이 끊임없이 심화되여 공화국북반부의 우리 말은 몰라보게 발전풍부화되고 아름답게 세련되었다. 언어의 민족적특성이 그 어느때보다도 높이 발양되고 있으며 아름답게 다듬어지고 세련된 문화어가 활짝 꽃펴나고 있다. 수만개의 학술용어가 고유한 우리 말로 다듬어져 널리 쓰이고 있으며 (실례: 곽밥-벤또, 맛내기-아지노모도, 제곱뿌리-루승근, 모임-집합 등등), 지난날 방언으로 천시당하던 고유한 우리 말이 수천개나 문화어로 사정되여 널리 쓰이고 있다. (실례: 강냉이, 댑사리, 식혜, 쪽데기, 물방개, 깍쟁이 등등)

오늘 북과 남의 언어적차이를 줄이고 조선어의 통일적발전을 이룩하기 위하여서는 우선 고유한 우리 말이냐 아니면 어렵고 힘든 한자어와 외래어이냐 하는 근본문제부터 해결하고 그후에 실천적대책들을 하나하나 세워나가야 한다.

민족의 륭성번영과 조국통일을 원하는 언어학자들이라면 북과 남의 언어적차이를 줄이고 민족어의 통일적발전을 이룩하는데서 나서는 리론적문제들에 응당한 관심을 돌리고 그것을 아무러한 편견없이 풀어나감으로써 민족어의 통일적발전과 조국통일위업에 적은 힘이나마 이바지하여야 할 것이다.

(1995, 프라하)

6. 최근 조선민주주의 인민공화국에서의 문학예술의 혁신적 발전

정성무(사회과학원 문학연구소 소장)

최근시기 우리나라에서는 문학예술을 우리 시대의 요구에 맞게 발전시키기 위한 운동을 힘있게 벌려 일련의 혁신적인 성과를 이룩하였습니다.

주지하는바와 같이 인간의 지적창조물인 문학예술을 인간의 발전과 사회적 진보에 더 잘 이바지하도록 만들려면 그것을 시대의 요구에 맞게 창조발전시켜야 합니다.

문학예술을 시대의 요구에 맞게 발전시킨다는것은 해당 력사적시대의 중점에 서서 사회력사발전을 떠밀어나가는 전진적인 계급과 인민대중의 요구에 맞게 발전시킨다는것을 의미합니다.

문학예술을 시대의 요구에 맞게 발전시키는것은 인민대중에 대한 문학예술의 복무적기능과 역할을 높이기 위한 선결조건이며 결정적 담보입니다.

우리 나라에서 1970년대부터 벌어지기 시작한 문학예술운동은 해방후 경애하는 김일성주석님의 현명한 령도밑에 민주주의적민족문학예술건설에서 이룩된 빛나는 성과들을 더욱 공고히 하면서 우리의 문학예술을 현실발전의 요구에 맞게 더 높이 발전시키기 위한 운동이였습니다.

위대한 령도자 김정일동지께서는 다음과 같이 지적하시였습니다.
≪사람들이 자연과 사회의 구속에서 멀리 벗어날수록 그리고 의식주에 대한 걱정을 모르고 살게 될수록 그들의 생활에서 문학예술에 대한 요구는 더욱 높아지게 된다.≫

1970년대에 들어서면서 우리 나라에서는 인민대중의 자주위업실현을 위한 혁명투쟁과 건설사회의 새로운 높은 단계에 들어섰으며 그에 따라 문학예술에 대한 인민대중의 요구도 더욱 높아졌습니다.

이런 조건에서 이 시기 우리 나라에서는 문학예술을 시대와 혁명발전의 요구에 맞게 더 높이 발전시키기 위한 문학예술운동이 벌어지기 시작하였으며 그것은 오늘까지도 계속되고 있습니다.

우리 나라에서 벌어지고 있는 문학예술운동은 본질에 있어서 문학예술의 내용과 형식에서 온갖 낡고 뒤떨어진 요소들을 가지고 그것을 시대와 인민대중의 요구에 맞게 개조발전시키기 위한 운동입니다.

우리 나라에서 문학예술운동의 발전과정은 크게 두단계로 나누어 볼 수 있습니다.

그 첫단계는 1960년대말부터 1970년대말까지 우리 시대 문학예술의 본보기 작품들을 창조하는 단계였으며 두번째단계는 1970년대 이후부터 오늘까지 문학예술의 본보기창조에서 이룩된 성과와 경험들을 널리 일반화하면서 그것을 더욱 공고발전시켜나가는 단계입니다.

6. 최근 조선민주주의 인민공화국에서의 문학예술의 혁신적 발전

우리 작가, 예술인들은 문학예술운동을 벌리기 시작한 첫날부터 항일혁명투쟁시기에 창조된 우수한 혁명적작품들을 여러 예술형식들에 옮겨 그것을 시대의 본보기작품으로 만들기 위한 투쟁을 정력적으로 벌리였습니다.

그리하여 불과 10년밖에 안되는 짧은 기간에 경애하는 김일성주석님께서 항일혁명투쟁의 불바다를 헤치시면서 몸소 창작하신 작품들인 ≪피바다≫, ≪한자위단원의 운명≫, ≪꽃파는 처녀≫, ≪성황당≫, ≪안중근 이등박문을 쏘다≫, ≪혈분만국회≫, ≪딸에게서 온 편지≫, ≪3인 1당≫, ≪경축대회≫ 등을 비롯한 수많은 혁명적작품들이 소설과 영화 가극과 연극 등 여러 예술형태들의 본보기 작품으로 훌륭히 재창조되였습니다.

이것은 우리 작가, 예술인들이 문학예술을 시대와 인민대중의 요구에 맞게 발전시키기 위한 운동에서 이룩한 귀중한 성과의 하나였습니다.

우리의 작가, 예술인들이 창조적협조를 강화하면서 집체적지혜를 모아 여러 예술형태로 재현한 이 본보기작품들은 문학예술을 시대와 인민대중의 지향과 요구에 맞게 창조발전시키기 위하여서는 작품의 내용과 형식을 어떤 원칙에서 무엇을 기준으로 하여 어떻게 꾸리며 어떤 인간전형을 창조해야 하는가를 실물로 보여주는 산 교과서로서 문학예술운동을 추진시키는데서 커다란 역할을 수행하였습니다.

우리 나라에서는 이 귀중한 본보기작품들을 창조한데 뒤이어 거기에서 이룩된 성과와 경험들을 문학예술의 모든 분야에 널리 일반화하면서 그것을 더욱 공고발전시키기 위한 운동을 끈기있게 벌리였습니다.

그리하여 1980년대를 거쳐 오늘에 이르는 기간 우리 나라의 문학예술발전에서는 만사람의 이목을 집중시키는 혁신적성과들이 이룩되였습니다.

그러한 성과는 무엇보다도 문학예술의 내용을 새로운 높은 단계에로 발전시킨것입니다.

문학예술을 시대와 인민대중의 요구에 맞게 발전시키기 위하여서는 무엇보다도 그 내용을 시대와 인민대중의 지향과 요구에 맞게 발전시켜야 합니다. 문학예술의 발전과정을 내용의 측면에서 보면 내용을 시대의 요구에 맞게 발전시키는 과정이라고 말할수 있습니다.

우리 시대는 지난날 착취받고 압박받던 인민대중이 력사의 주인으로 등장하여 세계를 자기의 의사와 요구에 맞게 개조변혁하며 자기의 운명을 자주적으로 창조적으로 개척하여나가는 력사의 새시대, 자주성의 시대입니다.

오늘 그 어느 나라, 어느 민족도 남의 예속과 지배밑에서 살기를 원치 않으며 자신의 운명과 민족의 운명을 자신이 책임지고 자신의 힘으로 개척하여나갈것을 원합니다. 자기의 자주성을 지키며 자주적으로 살고 발전하려는것은 우리 시대 인민대중의 한결같은 지향과 요구이며 자주성을 위하여 투쟁하는 것은 그 어떤 힘으로도 막을수 없는 우리 시대의 기본추세입니다.

우리 시대 인민대중은 문학예술도 인간의 자주성을 옹호하는 내용을 담은 문학예술, 사람이 자기의 자주성을 지키면서 사회와 집단의 믿음과 사랑속에서 존엄있고 보람차게 살기 위하여서는 어떻게 살며 일하고 투쟁하여야 하는가하는 문제에 해답을 주는 내용의 작품을 요구합니다.

문학예술의 자주적인 인간문제, 인간의 자주성에 관한 문제를 기본으로 내세우고 그에 심오한 예술적해답을 주는 내용을 담는것은 인간과 생활을 그리며 인간에게 복무하는 인간학으로서의 문학예술의 본성적요구이기도 합니다.

바로 그렇기 때문에 우리의 작가, 예술인들은 그 어떤 형태, 어떤 주제의 작품을 창조하던지 사람의 운명개척에서 나서는 근본문제인 자주성에 관한 문제를 기본으로 내세우고 그에 심오한 사상예술적해답을 주는 내용을 담는것을 중요한 창작원칙의 하나로 삼고 창작활동을 벌리였습니다.

그리하여 이 시기에 우리 나라에서는 사람들에게 생활의 본질과 그 발전의 합법칙성을 밝혀주며 그들을 자주성실현을 위한 투쟁에로 힘있게 고무 추동하는 심오한 사상예술적내용을 담은 문학예술작품들이 수많이 창작되여 나왔습니다.

총서 《불멸의 력사》중의 장편소설들인 《닻은 올랐다》, 《혁명의 려명》, 《은하수》, 《대지는 푸르다》, 《근거지의 봄》, 《백두산기슭》, 《압록강》, 《잊지못할 겨울》, 《고난의 행군》, 《두만강지구》, 《준엄한 전구》 등을 비롯하여 이 시기에 창작된 수백편의 장편소설들과 다부작예술영화 《조선의 별》, 《민족과 운명》을 비롯한 수많은 영화작품들, 그리고 혁명가극 《피바다》, 《꽃파는 처녀》, 《밀림아 이야기하라》, 《당의 참된 딸》, 《금강산의 노래》 등과 혁명적인 연극작품들인 《성황당》, 《딸에게서 온 편지》, 《혈분만국회》, 《승리의 기치따라》 등 이 시기에 창조된 모든 작품들이 그처럼 사람들의 심금을 울리며 깊은 감명을 주는 것은 거기에 사람들의 자주성문제에 심오한 사상예술적해답을 주는 내용이 담겨 있기때문입니다.

우리의 작가, 예술인들이 사람들의 생활을 자주성을 실현하기 위한 투쟁과정으로 보고 자주성에 관한 문제와 밀착시켜 그려냄으로써 문학예술의 내용을 자주성에 관한 문제에 해답을 주는 것으로 일관시킨 것은 우리문학예술의 내용을 시대의 요구에 맞게 발전시키는데서 이룩한 귀중한 성과의 하나입니다.

우리 나라에서 문학예술의 내용을 시대의 요구에 맞게 발전시키는데서 이룩한 또 하나의 성과는 내용에 반영되는 생활령역의 폭을 넓힌것입니다.

문학예술의 내용은 창작가들의 세계관과 미학적리상에 기초하여 선택되고 평가되어 작품에 반영된 인간생활입니다. 그런것만큼 그 어떤 사람들의 생활이든지 거기에 의의있는 인간문제가 있으면 문학예술의 내용에 반영될 수 있으며 또 반영되여야 합니다.

그러나 지난시기 작가, 예술인들은 직업의 귀천을 가리면서 사람들의 눈에 띄지 않는 직종을 가지고 사람들에게 봉사하는 리발사나 신발수리공 같은 사람들의 생활에는 인간문제가 있을 수 없는 것처럼 생각하였습니다. 이것은 인간과 생활에 대한 매우 그릇된 편견이였습니다.

우리의 작가, 예술인들은 각이한 생활령역과 분야에서 일하는 사람들속에 깊이 들어가 그들과 같이 생활하며 그들의 생활을 깊이 연구하고 체험하면서 눈에 띄지 않는 직종을 가지고 일하는 평범하고 소박한 사람들의 생활을 반영한 작품들을 적지않게 창작하였습니다.

　우리의 작가, 예술인들이 창조한 신발수리공, 리발사, 온돌수리공, 재단사, 산림보호원, 보이라공, 등대관리원, 렬차판매원 등과 같은 사람들을 주인공으로 내세우고 그들의 사상정신적미와 생활을 깊이 있게 형상한 소설과 영화, 연극 작품들을 다른 나라 문학예술에서는 찾아보기 어려운 특색있는 작품들이다.

　그 어떤 명예나 공명도 바라지 않고 말없이 사회와 집단을 위하여 성실히 일함으로써 사람들로부터 숨은 공로자로 불리우며 높은 존경과 사랑을 받는 이런 참된 인간들의 생활을 반영한 작품들은 사람들에게 사회와 집단을 위하여 어떻게 일하고 살아야 하는가를 보여주는 참된 교과서로 됩니다.

　최근시기 우리 나라에서는 이러한 특색있는 작품들이 적지않게 창작되여 나옴으로써 문학예술의 내용에 반영되는 생활령역의 폭을 적지않게 넓히였습니다. 이것은 우리의 문학예술의 내용발전에서 이룩된 또 하나의 주목되는 성과입니다.

　우리의 작가, 예술인들이 문학예술운동을 벌리는 과정에 이룩한 또 하나의 혁신적성과는 우리 인민의 감정정서와 비위에 맞게 예술형태와 형식들을 개조발전시킨것입니다.

　문학예술을 시대의 요구에 맞게 발전시키기 위하여서는 그 내용과 함께 형식도 시대적미감과 인민대중의 감정정서에 맞게 개조발전시켜야 합니다.

　시대의 미감과 인민대중의 비위에 맞지 않는 낡고 뒤떨어진 형식을 가지고서는 시대의 요구에 맞으며 인민대중에게 참답게 복무하는 높은 사상예술성과 인식교양적힘을 가진 훌륭한 문학예술작품을 창조할수 없습니다.

　그러므로 우리 나라의 작가, 예술인들은 낡고 뒤떨어진 예술형태들과 형식들을 시대적미감과 우리 인민의 감정정서에 맞게 개조발전시키는것을 문학예술운동의 기본과업의 하나로 내세우고 그것을 해결하기 위하여 적극 투쟁하였습니다. 그리하여 우리 인민의 비위에 맞지 않는 낡은 예술형태와 형식들을 개조발전시키는데서 획기적인 성과를 거두었습니다.

　그러한 성과는 무엇보다도 낡고 뒤떨어진 예술형태들을 시대적미감과 우리 인민의 감정정서에 맞게 개조변혁한데서 찾아볼수 있습니다.

　우리 나라에 널리 보급된 예술형태들 가운데서 우리 인민의 정서와 비위에 맞지 않는 예술형태는 가극과 연극예술형태였습니다.

　노래속에 극이 있고 극속에 노래가 있는 정서의 예술이며 극예술인 가극이 우리 인민의 감정정서와 비위에 맞지 않은것은 그 기본형상수단인 노래형식이 인민적정서에 맞지 않은것과 적지 않게 관련되어 있었습니다.

　가극은 노래를 기본형상수단으로 하여 극을 전개하고 발전시키며 내용을 전달함으로써 사람들에게 강한 정서적감흥을 주는 예술인만큼 노래가 인민대중의 정서와 비위에 맞는것으로 되여야 합니다. 그러나 종래 가극의 기본형상수단인 대화창과 아리아 등의 노래형식들은 인민들의 감정정서와 노래극으로서의 가극의 특성에 잘 맞지 않았습니다.

　우선 주인공을 비롯한 인물들이 주고받는 대사에 기계적으로 곡을 붙여 부르는 대화창은 말도 아니고 온전한 노래도 아니여서 부르기도 힘들고 듣기에도 어색했을 뿐만 아니라 가극의 중요한 특성인 음악적정서를 옳게 살려내는데서도 많은 제한성을 가지고 있었습니다. 지난시기 사람들이 반주없는 대화창을 <메마른 대화창>이라고 하면서 그것을 즐겨하지 않은것은 결코 우연한것이 아니였습니다.

또한 아리아식의 노래도 어렵고 까다로운 전문가본위적인 노래형식으로서 통속적이고 간결하며 아름답고 부드러운것을 좋아하는 우리 인민의 감정과 구미에 맞지 않았습니다.

특히 대화창을 통하여 축적된 주인공의 극적체험과 정서적흥분을 집중적으로 토로한다는 아리아는 주인공이 혼자서 몇분간씩 부르게 되여있는 노래 형식인것으로 하여 극의 흐름을 중단시키는것과 같은 근본적인 제한성을 가지고 있었습니다.

그러므로 우리 나라에서는 혁명가극 ≪피바다≫와 ≪꽃파는 처녀≫를 가극무대에 옮기는 과정에 인민들의 감정정서와 가극의 형태상특성에 맞지 않는 종래 가극의 기본형상수단인 대화창과 아리아 등의 노래형식을 완전히 없애고 가극의 모든 노래들을 철저히 인민적가요형식의 정수인 절가로 일색화하였습니다.

이것은 우리 나라에서 가극예술을 시대의 요구와 인민대중의 구미에 맞게 개조발전시키는데서 이룩한 가장 빛나는 성과의 하나입니다.

우리 나라에서 가극예술을 개조발전시키는데서 이룩한 또 하나의 혁신적 성과는 방창을 도입하여 주인공을 비롯한 등장인물의 노래만 가지고 극을 전개시킴으로써 인간과 생활을 폭넓고 깊이있게 형상하지 못하던 종래 가극의 형상표현적제한성을 극복할 수 있게 한 것입니다.

방창은 남녀의 독창, 중창, 소합창, 대합창 등 다양한 형식으로 무대에서 벌어지는 극적인 생활내용을 자유자재로 표현, 서술할 수 있는 풍부한 가능성을 가진 무대밖의 성악형식으로서 그것을 받아들인것은 하나의 위대한 발견이였습니다.

우리 나라에서는 또한 가극에 무용을 필수적인 형상수단으로 받아들이고 그것을 주인공의 희망과 포부, 리상과 념원 등의 사상정신 체제를 펼쳐보이는 데 알맞게 살려씀으로써 주인공의 성격을 다양하고 풍부하게 그려낼 수 있게 하였을뿐만 아니라 무대종합예술로서의 가극을 더욱더 다채롭게 풍만하게 만들수 있게 하였습니다.

그리고 가극의 무대예술을 흐름식으로 립체화함으로써 무대예술 분야에서도 근본적인 변혁을 일으켰습니다.

그리하여 우리 나라에서는 종래의 가극과는 질적으로 구별되는 새형의 가극, 대화창, 아리아식의 노래가 없고 절가로 된 인물들의 노래와 방창을 기본 형상수단으로 하는 ≪피바다≫식 가극형식이 새롭게 탄생하게 되였습니다.

이것은 가극의 형식과 형태발전에서의 일대 혁명적전환으로서 인류문예사에 특기할 력사적사변으로 됩니다.

우리 나라에서는 가극형태와 함께 연극예술의 낡고 뒤떨어진 형식과 틀을 마스고 그것을 시대의 요구와 미감에 맞게 개조발전시키는데서도 커다란 전진을 이룩하였습니다.

다 아는바와 같이 연극예술은 문학예술의 여러 형태들 가운데서 그 발전력사가 가장 오랜 예술형태이지만 그 어느 예술형태보다도 시공간적제약을 많이 받는 제한성을 가지고 있습니다.

그럼에도 불구하고 연극이 장구한 기간 사람들의 인기를 끌며 발전할 수 있은것은 인간과 생활을 산인간인 배우의 연기형상을 통해서 현실에서 보는 것과 같이 직관적으로 보여주는 예술이였기 때문입니다.

그러나 우리 시대에 와서 과학기술의 발전과 함께 인간과 생활을 시공간적제한성을 크게 받지 않고 화면형상을 통하여 폭넓고 깊이있게 보여주는 영화예술과 텔레비죤예술이 새롭게 발전함으로써 연극예술은 점차 생명력을 잃고 사멸의 운명에 처하게 되였습니다.

연극예술은 인민대중이 사랑하고 즐겨하는 예술로 발전시켜 사멸의 운명에서 구원하기 위하여서는 도식적인 낡은 틀과 형식을 대담하게 허물고 인간과 생활을 보는것과 같이 립체적으로 자연스럽게 펼쳐보일수 있도록 그 형식과 형상수단, 수법 등을 새롭게 개조발전시키지 않으면 안되였습니다.

우리 나라에서는 혁명연극 ≪성황당≫을 우리 시대 연극예술의 본보기작품으로 재창조하면서 종래 연극의 낡고 뒤떨어진 틀과 형식적요소들을 혁신적으로 개조발전시키는데 선차적관심을 돌리였습니다.

우선 이러저러한 무대적약속을 전제로 하여 극을 생활의 론리, 성격의 론리에 맞지 않게 비약시키거나 함축하는것과 같은 종래의 낡은 극작술의 틀을 마스고 극을 생활과 성격의 론리에 맞게 련속적으로 자연스럽게 펼쳐보일수 있도록 극조직형성을 근본적으로 개조발전시켰습니다.

그리고 관현악과 방창, 효과음악 등 여러가지 노래와 음악형식을 잘 배합하여 살려씀으로써 극의 환기시키는 극적정서가 음악적정서와 조화로운 통일을 이루면서 관객들에게 짙은 정서적감흥과 여운을 주도록 하였습니다.

또한 종래의 평면적이고 고정적인 무대미술의 낡은 틀을 마스고 무대배경과 장치물들이 극적생활의 흐름에 따라 변하고 움직이는 흐름식 립체무대미술을 창조도입함으로써 무대전환시간을 줄이고 극적인 생활화폭을 영화에서와 같이 중단없이 련속적으로 펼쳐보일수 있게 하였습니다.

그리하여 우리 나라에서는 종래 연극과는 달리 인간과 생활을 현실을 보는것과 같이 립체적으로 자연스럽게 펼쳐보이는 새형의 연극인 《성황당》식 연극형식이 새롭게 출현하게 되였으며 사멸의 운명에 처했던 연극예술이 새로운 생명력을 받아안고 인민대중을 혁명적으로 교양하는데 적극 이바지하는 예술로 발전하였습니다.

문학예술의 형식을 개조발전시키는데서 이룩한 또 하나의 성과는 민족고유의 예술형식을 적극 발굴하여 시대의 미감에 맞게 개조발전시키는 사업을 인내성있게 진행하여 민족예술형식을 더욱 더 다채롭고 풍부하게 발전시킨것입니다.

문학예술을 우리 인민의 감정정서와 구미에 맞게 발전시키기위하여서는 민족고유의 예술형식을 바탕으로 하여 발전시켜야 합니다. 때문에 우리 나라에서는 민족고유의 예술형식을 발굴하기 위한 사업을 꾸준히 벌려 적지 않은 성과를 거두었습니다.

음악무용부문에서는 선조들이 남긴 음악유산과 무용유산을 발굴하기 위한 사업을 계획적으로 진행하여 여러 지방들에 파묻혀 있던 수천편의 민요작품들과 적지 않은 민속무용작품들을 발굴정리하고 거기에서 특색있는 민족선률과 춤가락들을 찾아내여 잘 살려씀으로써 우리의 민족음악과 무용예술을 더욱더 다양하고 풍만하게 발전시켰습니다.

그리고 미술부문에서는 우리 인민의 전통적인 미술형식인 조선화를 바탕으로하여 미술의 여러 형태와 형식들을 우리 인민의 미감에 맞게 발전시키면서 힘있고 아름답고 고상한 특성을 가지는 조선화의 다양하고 풍부한 표현수법과 기법, 필치등을 더욱 세련완성시켜 나감으로써 우리의 민족미술형식을 새로운 높은 단계에로 발전시켰습니다.

최근 20여년밖에 안되는 짧은 기간에 우리 문학예술의 내용과 형식발전에서 이룩된 이러한 혁신적성과들은 결코 그 어떤 작가, 예술인들의 특출한 재능이나 지혜에 의하여 이룩된 것이 아닙니다. 이러한 혁신적성과들은 우리 당의 현명한 령도, 특히 위대한 령도자 김정일동지께서 우리 문학예술이 나아갈 앞길을 뚜렷이 명시하여주시고 작가, 예술인들은 그 관철을 위한 투쟁에로 현명하게 이끌어주신 결과에 이룩된 빛나는 결실입니다.

우리 나라의 작가, 예술인들은 앞으로도 위대한 령도자 김정일동지의 주체적문예사상과 령도를 충성으로 높이 받들고 문학예술창조사업에서 계속 앙양을 일으켜나감으로써 보다 큰 성과를 이룩할것입니다.

(1995, 프라하)

부록 3

『조선문학개관』에 취급된 작품목록

『조선문학개관Ⅰ』(정홍교, 박종원)에 나타난 詩 목록

원시사회와 문학예술의 시원

<거부기노래> (영신가)
<해가>

고대 건국설화와 가요

<공후인>

1세기~7세기 전반(삼국사기)

고구려: <래원성> <명주> <황조가> <외로운 돌> <우중문에게>
백 제: <무등산> <서동요> 개인창작 <정읍사>
신 라: <풍요> <오라가> <회소곡> <혜성가>
고 려: <사모곡>

7세기 후반~9세기(발해 및 후기 신라)

향　가: <삼대목>(부전), <헌화가> <제망매가> <도솔가> <처용가>
　　　　<원가> <우적가> <안민가> <찬기파랑가> <모죽지랑가>
　　　　<천수대비가> <원왕생가>
신　라: 박인범 <강기슭에서 강수재에게> 최광우 <장안의 봄날>
　　　　혜　초 <남천축길 우에서>
　　　　설　요 <중살이를 그만 두며>
　　　　왕거인 <분하고 원통하다>
　　　　최치원, <비오는 가을밤> <강남녀> <소박한 생각> <붓길
　　　　가는대로> <향악잡영> (대면, 속독, 산예, 금환, 월전 등 5
　　　　편)
발　해: 양태사 <밤의 다듬이 소리>
　　　　왕효렴 <달을 보고 고향을 그리면서>

10세기~14세기(고려시기)

신숭겸, 김락, <도이장가>
최　충, <백일은 서산에 지고>
정몽주, <이몸이>(제목없음, 첫자땀)
리　색, <백설이>(상동)
최　영, <록이상제>(상동)
　　　　<동동> <서경별곡> <가시리><청산별곡>
량반문인들의 <한림별곡>
안　축, <관동별곡> <죽계별곡>

김돈중(?~1170) <동생이 지은 시<지리한 장마비>에 화답하여>
정습명, <석죽화>(11세기말)
최유청(1093~1174) <붓길 가는대로>
박인량(?~1096) <밤에 배 안에서>
고조기, <싸움터의 님에게> <운암전에서 쓰노라>
박 호, <거울>
정지상, <서도> <벗을 보내며> <대동강>
해좌칠현 중 리인로, <세상살이 어려워라>, 림춘 <리미수, 리담지와 함께> <벗에게> 오세재, <창바위> <눈을 앓으며>
김극기, <취해서 부른 노래> <늙은 어부> <늦은 가을 달밤에>
진 화, <도원의 노래>
리규보, 서사시 <동명왕편> <천보영사시> <3백2운시> <나라에서 농사군이 맑은 술과 이밥먹기를 금지하는 령을 내렸다는 말을 듣고> <며칠 후에 다시 쓰노라>
윤여형, <촌에 살면서> <도톨밤의 노래>
최 해(1287~1340), <삼월 스무사흿날 비가 내린다>
홍 간(14세기), <가난한 녀인의 노래>
김구용, <기해년에 홍두군이 쳐들어왔다>(기해~1359)
정 추(?~1382) <밤에 우는 개구리 소리>
리제현(1287~1367) <칠월칠석에 비를 맞으며 구점에 이르러> <장안 려관에서> <전라도 안렴사로 부임하는 전록생을 보내며> <귀뚜라미> <고향에 돌아가고파>

15세기~16세기(이조)

성 간(1427~1456) <늙은이의 노래> <원한의 노래>
리석형(1415~1477) <영치기노래>
김시습, <농부의 항의> <산골 농민의 고생>
리 행(1478~1534) <들은 이야기>
리 달, <풋보리를 베는 노래>
림 제, <매운 추위> <두메 사람들> <먼 수자리>
어무적 <류랑하는 백성의 탄식>(류민탄)
허난설헌, <성 쌓는 괴로움> <가난한 집 처녀의 노래> <느낌>
리옥봉, <녀인의 마음> <게미년 북방난리>
신사임당(1504~1559) <대관령을 넘으며> <어버이 생각>
황진이(1516~?) <청산은 내뜻이요> <박연폭포>

시 조

변계량(1369~1430) <치천하 오십년에>
맹사성(1360~1438) <강호사시사>
주세붕(1495~1554) <군자가> <지선가>
리 황(1501~1570) <도산십이곡>
김종서(1390~1453) <삭풍은>
남 이(1441~1468) <장검을> <백두산의 돌은>

가 사

정극인(1401~1481) <상춘곡>
백광홍(1522~?) <관서별곡>
리 황 <목동문답가>
차천로(1556~1615) <강촌별곡>
정 철(1537~1594) <전선을 타고 방탑포로 가면서> <거지를 만나>
        <관동별곡> <사미인곡> <속사미인곡> <성산별곡> <장진주사>

17세기

박인로(1561~1643) <태평사> <선상탄> <루황사> <령남가> <로계가>
리순신(1545~1598) <한산섬> <한산섬의 밤>
김덕령(1568~1596) <뜻을 말한다>
황 신(1569~1617) <일본 가는 배 우에서>
김준룡 <화의를 했다는 말을 듣고 그 자리에서 스노라>
석만재 <국경에서>

한 시

심광세(1577~1624) <조정이 망했도다> <락화암>
신 흠(1506~1628) <어질고 똑똑한 사람에 대한 노래> <서울>
장 유(1587~1638) <함부로 하는 말> <느낌> <호미씻기>
리민성(1570~1629) <봉산 땅 동촌에서 자면서>

권   필(1569~1612) <말 우에서 읊는다> <적이 물러난 후 서울에 들어가면서> <달구지군> <흑흑 느껴운다> <싸우는 개>
윤선도(1587~1671) <산중신곡> <산중속신곡> <어부사시사> <다섯 벗의 노래>

18세기~19세기 중엽

김천택(17세기말) <엊그제 덜 괸 술을>
김수장(1690~?) <병자 정축 란리시에>
김진태 <벽상에 걸린 칼이>
? <농가월령가>
? <초당문답가>
한산거사, <한양가, 1844>
김인겸, <일동장유가>
리방익, <표해가>
김진형, <북천가>
홍순학, <연행가>
부녀가사 <형제소회가>
차좌일(1753~1809) <농부>
정민교(1697~1731) <군정의 탄식>
김락서(19세기초) <영풍동광>
조수삼(1762~1849) <씀바귀>, <보리여울>, <가을걷이>

한 시

홍량호(1724~1802) <류랑민의 원망>
김 려(?~1821) <방주의 노래>
김삿갓(1807~1863) <온종일 머리 숙인 나그네> <돈> <대동난>
        <가난한 집> <제목없이>
박지원(1737~1805) <총석정 해돋이> <농사집>
정약용(1762~1836) <적성촌의 오막살이> <굶주리는 백성의 노래>
        <다북쑥> <벼모뽑기> <메밀>

19세기~20세기초

류인석(1842~1915) <세상을 걱정하여> <망국노를 저주한다>
최익현, <이 몸을 일으켜>
전해산, <옥중에서 읊노라>
김택영(1850~1927) <의병장 안중근이 나라의 원쑤를 갚았다는 소식
        을 듣고> <의기의 노래> <매천이 나라 위해 목숨을 끊었다
        는 소식을 듣고>
황 현(1855~1910) <무장 땅의 의병장 정시해의 죽음을 슬퍼하여>
        <나라 망한 소식을 듣고> <목숨을 끊으면서>(절명시)

1910~20년대

최남선, <해에게서 소년에게>

김　　억(1893~?) 시집 <오뇌의 무도> <해파리의 노래> <금모래> <봄의 노래> <안서시집> <지내는 밤> <먼동이 틀때>

한룡운(1877~1944), 시집 <님의 침묵>

방정환(1899~1931), 동요 <형제별>

김소월(1903~1935) 첫작품<긴 숙시> <밭고랑 우에서> <상쾌한 아침> <바라건대는 우리에게 우리의 버슴대일 땅이 있었으면> <금잔디> <초혼>

리상화(1901~1943) <나의 침실로> <가을의 풍경> <단조> <가장 비통한 기욕> <가상> <시인에게> <극단> <통곡> <폭풍우를 기다리는 마음> <선구자의 노래> <바다의 노래> <오늘의 노래> <빼앗긴 들에도 봄은 오는가>

조선문학개관 Ⅱ(박종원, 류만 공저)의 詩 목록

1926, 10~1945. 8(항일혁명투쟁시기) (1926, 10, 17, ㅌ,ㄷ결성) 타도 제국주의 김일성

김형직, <정신가> <짓밟힌 동포야 일어나거라> <전진가> <자장가> <남산의 푸른 소나무>

강반석, <하늘은야 높고>

김일성, <사향가> <조선의 노래> <혁명군은 왔고나> <혁명군놀이> <조선인민 혁명군> <반일전가> <조국광복회 10대강령가> <토벌가> <피바다가>

김 혁, <조선의 별> (김일성찬양가)

류완희(1903~?) <민중의 행렬, 27> <어둠에 흐르는 소리, 28> <아우의 무덤, 26> <녀직공, 26> <희생자, 26> <향락시장, 26>

김창술, <지형을 뜨는 무리, 27> <무덤을 파는 무리, 27> <전개, 27> <앗을대로 앗으라, 30> <전개> <오월의 훈기, 29> <가신뒤, 29>

박아지, <나의 노래여, 28> <강 땅도 없는 봄은 오지나 말지, 29> <봄을 그리는 마음, 34> <이땅을 떠나서 어디로 가겠소, 35> <숙아, 34>

권 환, <가라거든 가거라, 30> <정지한 기계, 30> <머리를 땅까지 숙일 때까지, 30> <팔, 33> <아버지 김첨지 어서갑시다 쇠돌아 갓난아 어서가자, 32>

박세영, <야습, 30> <누나, 30>. <산골의 공장, 32> <그립구나 내고향 36>

송순일, <가을을 등진 무리, 31> <불행아, 32> <녀공, 34>

김소엽, <흙 한줌 쥐고, 32>

김조규, <삼춘읍혈, 34>

강경애, <이 땅의 봄, 36>

민병균, <해빙기의 재령 강반, 34>

리용악, <두만강, 너 우리의 강아, 38>

리원우, <5월의 해안선, 35> <태모, 36>

리 찬, <어화, 37> <그대들을 보내고, 31> <만기, 34> <면회, 34>

　　　　　<부음, 35> <국경의 밤, 37> <눈내리는 보성의 밤, 38>
양운한, <구두>
박세영, <산제비, 36> <우리들의 40년, 31>
김우철, <북극의 봄, 35>
안룡만, <살구딸 6월, 37>

1945, 8~1950, 6(평화적 건설 시기)

리　찬, <김일성장군의 노래, 46> <삼천만의 화창, 46> <더욱 굳게 뭉치리, 장군님 두리에, 46> <우리의 수도를 아름답게 하는 것, 47> <새소식, 46> <흘러라 보통강, 노래처럼, 그림처럼, 46>
리정구, <물결 속에서, 47>
박세영, <해볕에서 살리라, 46> <해 하나 별 스물, 47> <애국가, 47> <승리의 오월, 47>
리원우, <아침마다 부르는 합창시, 47> <우리는 나서자 영예로운 길로, 47>
김북향, <목숨바쳐 따라가오리, 47>
집체작, <헌시, 48> <밭갈이 노래, 47>
김춘희, <태양을 따르는 해바라기처럼, 49>
김영철, <우리 품에 안기라, 50> <유언, 49> <불길, 50> <가는 길, 49> <만경대의 밤, 49>
정문향, <승리의 선언, 48> <푸른 별로 간다, 46> <대의원이 나서는 구내, 47>

김조규, <북조선 로동당 제2차대회에 드리는 시, 48> <대오는 이
    밤 강을 건너다> <생활의 흐름, 46>
안룡만, <당의 기발 아래, 48> <축제의 날도 가까워, 47>
김우철, <인민공화국 선포의 노래, 48> <농촌 위원회의 밤, 46
한명천, <장백산, 47>
채경숙, <나의 자랑, 49>
리호남, <지경돌, 46>
김광섭, <감자 현물세, 47>
김순석, <벼 가을 하러갈때, 48>
리정구, <노동법령송, 46> <청수공장, 47>
김상오, <압연공, 49>
한 식, <산업건국의 노래, 46>
동승태, <동트는 바다, 49>
조기천, <생의노래, 50><항쟁의 려수, 49>장편서사시<백두산, 47>
    <흰 바위 위에 앉아서> <보뚝에서> <그네>
최석두, <삐라대, 47> <앞으로만 간다, 47>
강승환, <한나산, 48>

1950. 6~53. 7(조국해방전쟁시기)

리 맥, <장군님께서 오신, 마을, 51>
안룡만, <수령님의 이름과 함께, 51>
김우철, <사랑의 손길, 52>

백인준, <크나큰 그 이름 불러, 52>
김북원, <우리의 최고 사령관, 50>
채경숙, <빛나는 혁명전통은 우리의 2심장 속에, 50>
김조규, <여기 한 사람을 묻는다, 50> <이 사람들 속에서, 50>
안룡만, <나의 따발총, 50>
박세영, <숲속의 사수 임명식, 51>
조기천, <조선의 어머니, 50> <나의 고지, 51> <조선은 싸운다, 51> <불타는 거리에서, 50>
김순석, <어랑천, 51>
정문향, <다시 한 번 그는 바라보았다, 51>
민병균, <어리리벌, 52>
김상오, <증오의 불길로서, 50>(미제증오)
홍종린, <조선에서 손을 떼라, 50> (미제증오)
백인준, <얼굴을 붉히라 아메리카여, 51> <월가의 관병식, 52> (미제증오) <소박한 사람들의 목소리, 52>
리용악, <피발선 새해, 51>

1953, 7~1960(전후 복구 건설, 사회주의 기초건설기)

조벽암, <광장에서, 53> <발자국소리, 58> <삼각산이 보인다, 56>
김북원, <광장에서 부르는 노래, 53>
박산우, <우리는 언제나 잊지않네, 54>
정문향, <조국땅 한 끝에, 58> <새들은 숲으로 간다, 54> <벌목부의 호소, 54> <그날을 두고, 56>

박아지, <그이 가시는 곳엔 전변이 온다, 58>
김창식, <위대한 숨결이 살아있는 곳에서, 58>
전동우, <유격대원의 이야기, 58>
김우철, <굴착기, 58>
석광희, <로라운전수, 55> <소년영웅, 60> (4·19찬양시)
한명천, <보통 로동일, 55>
정서촌, <등불, 54> <원쑤들이 바리케이트를 쌓고 있다, 60> (4·19 찬양시)
리용악(1914~1971) <평남관개시초> <노한 눈들> <짓밟히는 거리에서> <빛발 속에서> <원쑤의 가슴팍에 땅크를 굴리자>뒤의 4편은 (50년 감옥에서 나와 쓴 시로 되어 있음)
신상호, <련대의 기수, 56>
김학연, <소년 빨치산 서강렴, 53>
신진순, <마산은 행진한다, 60> (4·19찬양)
리호남, <념원, 54>
최영화, <조국의 지도 앞에서, 56>
김조규, <어머니 환갑날에, 57>
백인준, <벌거벗은 아메리카, 60>

1961~1966(사회주의 건설을 다그치기 위한 투쟁 시기) (천리마시기)

정서촌, <날이 밝는다, 59> <하늘의 별들이 다 아는 처녀, 61>
최영화, <크나큰 사랑, 59> <천리마로!, 59>
백인준, <대동강에 흐르는 이야기, 62> <큰손, 60>

집체작, 장시 <인민은 노래한다, 62>
박세영, <밀림의 력사, 62>
안충모, <연풍호반의 새봄, 62>
백 하, <장군님의 어머니, 62>
리용악, <우리 당의 행군로, 61>
김순석, <당, 65>
박호범, <천리마, 64>
정문향, <시대에 대한 생각, 61>
오영재, <조국에 사랑하는 처녀, 63>
신상호, <수리개, 60>

1967~1980(사회주의의 완전승리를 앞당기기 위한 투쟁시기)

집체작, <수령님의 만수무강을 축원합니다, 72>
최영화, <태양이 누리에 빛나는 이 봄에> <한 평생을 바쳐, 76>(수령찬양) <하나의 마음, 83>(김정일 찬양)
오영재, <주체의 태양, 72> <위대한 탄생, 84>(수령찬양) <조선인민의 결심, 68> <수도건설청년들 격대시초, 67~68> <새벽도 3시가 넘었는데, 72>
박호범, <카륜의 홰불, 80> <그는 평범한 사람이었다, 72>
김진수, <해방된 조선의 첫봄에, 71>
박재옥, <최고사령부의 밤, 68>
변홍영, <조국 땅 한 기슭에서, 71>
리광근, <용해장에 오신 수령님, 71> <조선의 숨결, 74>

김재원, <가을의 미소, 75>
김 철, <백두의 새 날, 82>
리영백, <2월의 꽃바다, 76>(수령찬양)
김우협, <세월이여 네가 말해다오, 83>(김정일찬양)
김재윤, <백두의 흰 눈을 어깨에 받으시며, 83> (김정일찬양)
문재건, <사랑의 품, 81>(김정일찬양)
김석주, <2월에 사는 마음, 83>(김정일찬양) <산골사람들을 문명의 한복판에 세워주셨읍니다, 71>
김 철, <어머니, 80>(김정숙찬양)
배헌평, <당은 어머니 모습, 82>(김정숙찬양) <정다운 품, 81>(김정숙찬양)
리덕조, <당중앙의 불빛, 80>(김정숙찬양)
김경기, <내가 자란 품, 82>(김정숙찬양)
김상오, <나의 조국, 79>
구희철, <해발, 72>(김정숙찬양) <위대하여라, 테제의 빛발이여, 74>
김승남, <투사의 영예, 69>
집체작, <7련대는 가고 있었다, 72>
백 하, <사령부의 방차대, 67>
김봉철, <성스런 혁명의 품이여, 69> <보천보에서, 69> <탐사대원의 일기, 73>
리정술, <백두의 노래, 73>
박세욱, <불멸의 자욱을 따라, 74>
차승수, <백두산은 말한다. 74> <사랑의 흐름선, 73>
박세영, <룡성시초, 67>

김우협, <강선의 붉은 하늘 아래서, 75>
김희중, <사랑의 화면, 73>
동기춘, <중간지대의 개가, 74>
조 빈, <더 높이 나래치는 주체공업이여, 74>
최승철, <철창속에서, 70>
김시권, <우리는 선포한다, 70>
리범수, <새로운 교단으로, 70> <철령, 68>
김조규, <미제국주의를 단죄한다, 74>
김정호, <역적의 정수리에 벼락을 내리라, 74>
김시권, <미제에게 죽음을 주라, 71>

『조선문학개관Ⅰ』(정홍교, 박종원 공저)에 나타난 小說 목록

고대건국설화

단군신화, 해모수신화

1세기~7세기(삼국시기)

주몽전설, 박혁거세 전설, 알지전설, 가야건국설화, 온달이야기, 을지문덕장군이야기, 수양제의 말로, 박제상 이야기, 도마와 그 안해, 설씨의 딸 방이와 그 동생, 거북과 토끼 이야기

7세기 후반~9세기(발해 및 후기 신라)

최치원, 수이전체 문학으로 <두자녀의 무덤>(쌍녀분)
설　화, <무영탑> <효녀지은> <에밀레종>
설　총, <할미꽃의 충고>(화왕계)

10세기~14세기(고려시기)

리규보(1169~1241) <백운소설>
리제현, <력옹패설>
리인로, <파한집>
최　자, <보한집>
림　춘, <공방전> <국순전> <국선생전>

15~16세기

서거정(1420~1488) <동인시화>
성　현(1439~1504) <용재총화>
이숙권(16세기) <패관잡기>
김시습(1435~1493) <금오신화>(만복사 윷놀이, 리생의 사랑, 부벽정
　　　의 달맞이, 남염부주이야기, 룡궁에 갔다 온 이야기)
림　제(1549~1587) <재판 받는 쥐> <꽃력사> <시름의 성> <원생
　　　의 꿈>

352 부록 3 『조선문학개관』에 취급된 작품목록

17세기 문학

설화의 소설화, <임진록>
지은이 모름, <박씨부인전>
허 균(1569~1618) <홍길동전>
지은이 모름, <전우치전, 17세기>
김만중(1637~92) <구운몽> <사씨남정기>

18~19세기 중엽

<정수정전> <장국진전> <류충렬전> <조웅전> <서대쥐전> <토끼전> <장끼전> <두껍전> <일치전> <하진량문록> <숙영랑자전> <신유복전> <백학선전> <옥단춘전> <금방울전> <옹고집전> <숙향전> <류효자전> <보심록> <옥루몽> <사성기봉> <쌍천기봉> <옥린몽> <춘향전> <심청전> <홍보전> <배비장전> <장화홍련전> <콩쥐밭쥐> <채봉감별곡> <리춘풍전>
　　박지원(1737~1805) <량반전> <허생전> <광문전> <말거간전> <민로인전> <범의 꾸중>(호질) <김신선전> <우상전> <예덕선생전> <역학대도전> <봉산학자전>

19~20세기초(력사전기소설과 우화소설)

<을지문덕전> <리충무공전> <강감찬전> <최도충전> <양만춘전>

안국선(1854~1928) <금수회의록> <공제회>

리인직(1862~1916) <혈의 루, 상편, 1906> <모란봉, 혈의 루의 하편, 1913> <귀의 성, 상·하편, 1906~1907> <치악산, 상편, 1908> <은세계>

리해조(1869~1927) <자유종> <빈상설> <구마검> <모란병> <화세계> <화의혈> 고전소설 재창작 <옥중화> <강상련> <연의 각> <토의 간> 번역 <철세계>

최찬식(1881~1951) <추월색, 1912> <안의 성, 1912> <금강문> <춘몽> <설중매>

김교제, <현미경> <비행선> <목단화> <몽조, 1917>

1910~20년의 문학(한일합방 후)

이광수, <무정, 1917> <개척자, 18> <단종애사, 29> <혁명가의 안해, 30> <흙, 33>

한용운, <흑풍, 35>

신채호(1880~1936) <꿈하늘> <룡과 룡의 대격전> <백세 로승의 미인담>

현상윤, <한의 일생, 1914>

걱정없을 이, <절교의 서한, 1916>

량건식, <슬픈 모순, 18>

1920년대

현진건(1900~1943) <희생화, 20> <빈처, 21> <술 권하는 사회, 22> <타락자, 23> <할머니의 죽음, 23> <운수좋은날, 24> <B사감과 러브레터, 26> <사립정신병원장, 26> <적도, 30년대> <흑치상지> <무영탑>

라도향(1902~1927) <젊은 시절> <별을 안거든 울지나 말걸, 22> <옛날의 꿈은 창백하더이다. 22> <환희, 22> <행랑자식, 23> <자기를 찾기전, 24> <물레방아, 25> <지형근, 26> <벙어리 삼룡이, 27>

리익상(1895~1932) <광란, 25> <흙의 세례, 25> <쫓겨가는 이들, 26> <키잃은 범선, 27> <짓밟힌 진주, 28>

송순일(1902~1950) <서기생활>

강영균, <나의 애원, 21>

리병욱, <봄의 레포, 25>

조 운, <사향, 26>

조명희, <농촌사람들, 26>

리기영, <민촌, 25>

류완희, <영오의 죽음, 26>

김창술, <대도행, 25>

최서해(9101~1932) <탈출기, 25> <고국> <기아와 살륙, 25> <홍염, 26> <박돌의 죽음> <큰물 진 뒤> <매월> <13원> <전아사>

『조선문학개관Ⅱ』(박종원, 류만 공저)에 나타난 소설목록

1926~45 (항일혁명투쟁시기)

리기영(1895~84) <오빠의 비밀편지, 24> <가난한 사람들, 25> <쥐이야기, 25> <민촌, 25> <민며느리, 27> <원보, 28> <제지공장촌, 30> <적막, 36> <돈, 37> <농부 정도룡, 26 > <농부의 집, 27> <쥐불> <고향, 33> <인간수업, 33> <유한부인, 36> <비, 39> <어머니, 37> <소부, 39> <봄, 40> <왜가리촌, 40> <양캐, 43>

조명희(1892~42) <아들의 마음, 28> <락동강, 27> <땅속으로, 26> <농촌 사람들, 26> <저기압, 26> <새거지, 26> <동지, 27> <R군에게, 26> <춘선이>

엄흥섭, <안개속의 춘삼이, 34> <흘러간 마을, 29> <아버지의 소식, 38> <정열기, 36>

리북명, <민보의 생활표, 35> <질소비료공장, 31>

리동규, <여름, 36> <우박, 32>

윤기정, <양회굴뚝, 30>

박승극, <평범한 이야기, 35> <술, 39>

한설야, <황혼, 36>

한인택, <선풍시대, 31> <월급날, 34>

강경애(1906~1944) <간도야 잘 있거라, 31> <채전, 33> <해고, 35> <소금> <인간문제, 34>

채만식(1904~1950) <새길로> <화물자동차, 30> <레디메이드 인생,

34> <인테리와 빈대떡> <소망, 36> <예수나 믿었더면, 37> <치숙, 38> <천하태평춘, 38>

심 훈(1901~1936) <동방의 녀인, 30> <영원의 미소, 35> <직녀성, 33> <상록수, 34>

리효석(1907~1940) <도시와 유령> <로령근해, 30> <상륙> <북극 사신> <행진곡> <돈, 33> <성수부, 35> <장미 별들다, 38> <인간산문, 38> <화분>

1945. 8~50. 6(평화적 건설시기)

강 훈, <장군님을 맞는 날, 48>
한설야, <개선, 48>
리기영, <개벽, 46> <땅, 48~49>
황 건, <산곡, 47> <탄맥, 49>
리북명, <로동일가, 47>
천세봉, <오월, 47> <땅의 서곡, 48>
윤시철, <이앙, 49>

1950. 6~53. 7(전쟁시기)

황 건, <불타는 섬, 52> <행복, 53>
천세봉, <고향의 아들, 52> <싸우는 마을 사람들, 53> <흰구름 피는 땅>
윤세중, <구대원과 신대원, 52>

『조선문학개관Ⅰ』(정홍교, 박종원)에 나타난 詩 목록 357

김만선, <사냥군, 51>
윤시철, <나팔수의 공훈, 52>
류근순, <회신 속에서, 51>
리종민, <궤도 우에서, 51>
변희근, <첫눈, 52>
한설야, <승냥이, 51>
김형교, <뼉다구 장군, 53>

1953~60(전후복구건설시기)

리북명, <새날, 54>
류항림, <직맹반장, 54>
변희근, <빛나는 전망, 54> <겨울밤의 이야기, 55>
윤세중, <시련속에서, 57>
강형구, <출발, 54>
김만선, <태봉령감, 56>
김승권, <그가 갈 길, 56>
석윤기, <전사들, 60>
김영석, <젊은 용사들, 54>
윤세중, <분대장, 51> <분대장과 신임대원, 53> <편지> <도성소대
    장과 그의 전우들, 55> <시련 속에서, 57> <용광로는 숨 쉰
    다, 60>
황 건, <개마고원, 56>
리기영, <두만강 1부, 53년 2부, 57년 3부, 61년 완성>

최명익, <서산대사, 56>
리근영, <그들은 굴하지 않았다, 55>
최재석, <탈출, 55>
리진화, <새들이 버들 끝에 깃든다, 56>
강효순, <쌍무지개, 57>
천세봉(1915~86) <오월, 47> <땅의 서곡, 48> <싸우는 마을 사람들, 53> <석개울의 새봄, 1부, 58>

1961년 이후(사회주의 건설시기)

김병훈, <해주, 하성서 온 편지, 60> <길동무들, 60>
권정웅, <백일홍, 61>
김북향, <당원, 61>
리윤영, <진심, 61>
리병수, <령북땅, 64>
최창학, <애착, 63>
김홍무, <회답, 63>
윤시철, <거센 흐름, 64>
현희균, <청춘의 고향, 66>
리북명, <당의 아들, 61>
박한무, <참외, 59>
김재규, <혁명가의 집, 59> <포화속에서, 64>
림춘추, <청년전위, 1·2부, 62년>
박 달, <서광, 59>

정창윤, <포성, 66>
석윤기, <시대의 탄생, 1부, 66>

1967년 이후(유일사상체계 확립기)

고병삼, <맑은 아침, 67>
변희근, <철의 역사, 67>
권정웅, <력사의 자취, 67> <1932년, 72>
리영규, <크나큰 사랑, 67>
석윤기, <눈석이, 68>
리동우, <크나큰 어버이품, 65>
김수범, <태양을 우루루, 75>
황 민, <만경대, 73>
강효순, <동트는 압록강, 75>
문희준, <배움의 천리길, 71>
김 정, <닻은 올랐다, 82>
천세봉, <은하수, 82>
석윤기, <대지는 푸르다, 81> <고난의 행군, 76> <두만강 지구, 80>
리종렬, <근거지의 봄, 81>
현승걸, 최학수, <백두산 기슭, 78>
최학수, <압록강, 83> <평양시간, 76>
전재환, <잊지못할 겨울, 84>
김병훈, <준엄한 전구, 81>

리기영, <력사의 새벽길, 72>
남효재, <조선의 어머니, 70>(김정일찬양 소설)
리종렬, <고요, 84> <햇빛을 안고 온 동무, 76> <불바람, 77>(김정일찬양)
석윤기, <기억, 85> <무성하는 해바라기들, 1부, 70>
김병훈, <불타는 시절, 70>
리동후, <초점, 82>
고병삼, <철쇄를 마스라, 75> <대지의 아침, 1부, 83>
김수범, <영원한 미소, 78>
#집단창작 소설, <충성의 한길에서>(김정숙 찬양)
    1부, <유격구의 기수, 75> 천세봉 작.
    2부, <사령부로 가는길, 79> 천세봉 작.
    3부, <광복의 해발, 82> 박유학 작.
    4부, <그리운 조국산천, 85> 박유학 작.
    5부, <진달래, 85> 리종렬 작
엄단웅, <자기 위치 앞으로, 74> <령마루, 80>
성해랑, <혁명전위, 74>
정창윤, <혁명 소조원 김동무, 75>
변희근, <생명수, 78> <뜨거운 심장, 84>
박찬은, <불꽃, 80>
김동욱, <병사의 고향, 83>
김규엽, <새봄, 78>
박태원, <조국의 품> <조국의 깃발> <리순신장군> <계명산천은 밝아오느냐, 60년대초> <갑오농민전쟁, 1~2부, 1977~80>

홍석중, <높새바람, 83>

『조선문학개관Ⅰ·Ⅱ』권에 나타난 評論 목록

18~19세기 중엽

박지원, <좌소상인에게 준다> <공작관문고 서문> <영처고서문>
       <창애에게 보낸 답장>
정약용, <문체를 바로잡을데 대한 건의서> <연대제> <두 아들에게>
       <양덕사람 변지의에게 주는 글>
홍대용, <대동풍요 서문>
김정희, <시에 대하여>

윗책에 나타난 戱曲 목록

1910~20년대

김영팔(1902~50) <싸움, 26> <불이야, 26> <부음, 27> <녀성, 27>
    <어떤 무대감독의 이야기, 27> <아버지와 딸, 26> <곱장칼, 29> 김일성, <성황당> <안중근 이등박문을 쏘다, 28>(무송에서) <혈분만국회> <3인1당> <꽃파는 처녀, 가극, 30년 11월, 오가자에서 첫 공연> <피바다> <한 자위단의 운명>

김일성의 교시로 창작된 희곡, <복수> <아버지의 뜻을 이어>
리기영, <월회, 29>
송 영, <일체 면회를 거절하라, 30> <신임 리사장, 34> <황금산, 37> <윤씨일가, 37> <김삿갓, 38> <백양화> <모기가 없어지는 까닭> <자매, 49>

채만식, <제향날, 37>
박령보, <장백산, 47> <태양을 기다리는 사람들, 48>
김승구, <내고향, 49>
낭궁만, <복사꽃 필 때, 46>
한태천, <바우, 46>
백문환, <성장, 48>
박영호, <비룡리 농민들, 47>
류기홍, <원동력, 48> <은파산, 50>
한 민, <장가가는 날, 48>
남궁만, <하의도, 49>
조령출, <폭풍지구, 49>
김태진, <리순신 장군, 48>

1950. 6~1953. 7(전쟁시기)

한태천, <명령은 하나밖에 받지 않았다, 52>
박영호, <푸른 신호, 52>
송 영, <그가 사랑하는 노래, 52> <강화도, 53>

한　성, <바다가 보인다, 53>
한봉식, <탄광 사람들, 51>
권준원, <가을 전선, 52>
박　훈, <산의 개가, 52>
허　준, <수원회담, 50>
남궁만, <싸우는 로동자들, 51>
한상훈, <정찰병, 53>

1953. 7~1960(전후복구시기)

리종순, <조국산천에 안개 개인다, 60>
류기홍, <그립던 곳에서, 54>
탁　진, <새날의 설계가들, 53>
리동춘, <위대한 힘, 58> <새길, 54>
조령출, 김덕윤, <열두삼천리벌, 54>
주동인, <행복의 길, 56>
송　영, <불사조, 59>
리종순, 최　건, <다시는 그렇게 살 수 없다, 54>
한상운, 양재춘, <어떻게 떨어져 살 수 있으랴, 57>
집체작, <잊지말라 파주를, 57>
한　성, <우리를 기다리라, 54>, <어랑천, 57>
김재호, <생명을 위하여, 54>

1961이후(사회주의 건설시기)

박령보, <해바라기, 60> <태양의 딸, 61>
리종순, <한 지대장의 이야기, 66> <붉은꽃, 63>
조백령, <붉은 선동원, 61>
한 성, <정방공, 63>
한상운, 허용삼, <인민교원, 64>
김종진, <독로강반에 핀 꽃, 65>
리동춘, <산울림, 61>
지재룡, <청춘의 활무대, 63>
리지용, <분계선 마을에서, 61>
주동인, <대지의 아들, 1,2,3부, 64>
송 영, <분노의 화산은 터졌다, 60>
김일성 교시로 지음, <붉은 선동원, 60년 2월, 강서군 청산리 현지 지도 시>위와 같음, <성장의길에서> <조선의 별 1부~9부까지, 86년현재 미완성>
집체작, <승리의 기차따라, 68> <혁명의 새아침, 71> <위대한 전환, 73> <내가 찾은 길, 67>
유정혁, <강물은 흐른다, 67>
백인준, <마을사람들 속에서, 68>
박봉학, 최용수, <로동가정, 71>
한복규, <꽃피는 마을, 70>
김세륜, <사과 딸 때, 71>
김정흠, <포구의 처녀들, 71>
신정범, <우리 렬차 판매원, 72>

집체작, <처녀지배인, 73>
리춘구, <열네번째 겨울, 80> <청춘의 심장, 81> <군사책임비서,
　　　　83> <이 세상 끝까지, 77>
리상옥, <려단장의 옛상관, 84>
설주용, <한 당일군의 이야기, 81>
김선홍, <압연공들, 72>
김희봉, <언제나 한 마음, 82~85>
주동인, <전사의 맹세, 1, 2부, 68>
집체작, <한 간호원에 대한 이야기, 71>
정인순, <태백산에 봄이 온다, 71>
김세륜, <화선에서 부르던 노래, 72>
류기홍, <마을을 지켜 싸운 노래, 72>
지재룡, <세동서, 75>
리호근, <적구도시에서, 67>
김영준, <모란꽃은 다시 피었다, 73>
리진우, <이름없는 영웅들> <월미도, 1983

　　　(영남대 국문과 이기철 교수 작성, ≪문학비평≫, 1990, 제4호)

찾아보기

가극 22, 170, 251, 326
가브리엘 페리 201
가족사소설 269
가치중립성 224
갈등 이론 119
「갑오농민전쟁」 54, 160
강경애 222
강효순 178
까뮈 201
「개마고원」 54
「개벽」 36
「개선」 225
「개척자」 29
「개척되는 처녀지」 108
거대이론 31
건설기 189
경향성 39, 41, 147
계급문학(론) 44, 49, 96
계급성 18, 22, 35, 88, 99, 118, 234
계급편향성 111
「고난의 행군」 134, 182
고리키 59, 159, 166
고리형 177, 202

고바야시 타끼지(小林多喜二) 264
고병삼 177
고상한 리얼리즘 19
고송무 235
고전적 르네상스적 인간형 203
「고추잠자리」(「봄우뢰」) 159
「고향」 69, 195, 222
「고향길」 41
「고향에서」 74
골드만 147
공산주의(적) 인간형(학) 75, 126, 129, 130, 132, 175, 184, 199, 211
공산주의협의회사건 218
「꽃 파는 처녀」 22, 134, 159, 170, 171
「과도기」 65
관료주의 130
관찰문학 269
교육작용(프로파갠다) 262
교조주의 19, 39, 57, 70, 118
「괴멸」 101
「구대원과 신대원」 189
구 상 158

구와바라 다께오(桑原武夫) 143
「구운몽」 233, 237
구인회 161, 266
구 카프계 17, 89, 92, 157
구 카프 토착파 214
국학 232
권재경 74
권영민 160
권정웅 24, 122, 177, 179
「그 전날밤」 225
극문학 131, 170
극좌적 편향 51
근대문학사 31
근대문학의 이원성 299, 219
근대성 30, 31, 33
글자도형 311
기본주제 283
기본내용 172
기본형상수단 326
「길동무들」 190
김광균 270
김기림 259
김남천 42, 44, 218, 263, 268
김동리 142, 270
김 려 239, 275
김명수 63, 74
김병순 190
김병익 154, 197
김봉진 125
김북원 42

김북향 190
김사량 17, 37, 47, 189, 259
김성수 59, 73
김소월 243
김열규 160
김영근 122, 178
김이석 269
김일성 가문 소설 105
김일성 노선 95
김일성 사망 133
김일성 사상 202
「김일성 장군의 노래」 108
『김일성 저작선집』 83, 159, 195, 208
김일성주의(유일사상) 22, 28
김일성 항일투쟁 101, 123
김재용 19
김재홍 160
김정일 22, 24, 26, 27, 30, 122, 125, 129, 130, 169, 175, 179
김조규 47
김종혁 247
김창술 222, 302
김 철 159
김태준 92
김팔봉 195
김하명 239, 275
김학철 157
김 현 212
「나비」 74

찾아보기 369

나 웅 47
「나의 교단」 125, 159
「나의 길」 74,
「나의 동무들」 125, 159
나카노 시게하루(中野重治) 234
「낙동강」 151
「난장이」 시리즈 197
「날개」 266
남궁만 189
남대현 125
남로당 계열 214, 259
남로당 노선 157
낭만성 172
내적 형식 150
「너 어느 곳에 있느냐」 40, 52, 96
「네거리의 순이」 53
노동계급성 119, 129
노동은 160
「노동일가」 159
노래극 326
「농부 정도룡」 151
「눈석이」 177
「님의 침묵」 243, 299
단층파 259, 269
『담정유고』 239, 275
「당생활자」 264
당성 22, 74, 118
「당 조직과 당 문학」 164, 209
당파성 35, 88, 91, 99, 211

「닻은 올랐다」 134
「딸에게서 온 편지」 132
「땅」 36, 115
「대동강」 20, 37, 54, 66, 78
대서사시(적 화폭) 121, 190
대중성 184
대중소설 125
「대지는 푸르다」 182
「대하」 268
대화창 22, 135, 251, 326
도스토예프스키 262
도식주의 19, 39, 57, 59, 70
도이클러 236
『독일이데올로기』 130, 136, 204
「돌쇠」 150
「동명왕편」 240
「동트는 압록강」 178
「두만강」 54, 99, 115, 160
「두만강지구」 182
딜타이 13
라파엘 130
렌트너 233
「력사의 자취」 177
로만개조론 268
「룡악산」 68
루이 아라공 199
게오르그 루카치 146, 191, 203, 227
류 만 29, 242, 295
류완희 302

르네 웰렉 12,
리얼리즘 17, 18, 56, 145, 155
리영규 177
『마르크시즘과 모더니즘』 154
「만경대」 178
「맑은 아침」 177
「메밀꽃 필 무렵」 270
메시지적 성격 115
모더니즘 33, 146, 154, 224, 270
「모자」 17, 105
모택동 사상 202
「목화씨 뿌릴 때」 150,
몰근대 32
「뫼비우스의 띠」
「묘원」 194
무갈등 이론 120, 128, 130
무모순성 51
무시간성 192
무협지의 주인공(성격) 174, 183, 188, 192
문병우 241
<문학가동맹> 44, 51, 85
문학사 연구의 전문성 259
『문학의 이론』 12
『문학자서전』 53
문화 통일전선 91
문희준 178
「미군 격멸기」 189
민족개량주의문학 224

「민족과 운명」 135
민족문제 207
민족문학(론,사) 12, 31, 39, 43, 44, 49, 54, 58, 76, 88, 96, 157, 165, 218, 227, 259
민족문화 유산(의 정통성) 25, 225, 264, 272
민족성 18, 234
민족적 형식 51, 136, 165
민족허무주의 25
민중서사시 239
「바다가 보인다」 37,189
「바다의 침묵」 201
「바람이여 전하라」 40
박대호 151
박석정 47
박세영 17, 47
「박씨부인전」 233
박아지 222
박영석 233
박영숙 236
박영준 150
박영희 149
박웅걸 55
박태원 54, 266
반근대(주의) 111
반선(反線) 설정 129
반성완 227
「반일전가」 170
반침략애국주의문학 295

발라벤 233
「밟으면 아직도 뜨거운 모래밭 건너」 42
「방주의 노래」 239, 275
방창 22, 131, 135, 328
「배움의 천리길」 178
「백두산」 39, 108, 159, 160
백 석 153, 270
「백일홍」 123
백진기 160
백 철 53, 142
「버럭산」 122
베르코르 199
「변신」 203
변희근 177, 189
「별에의 행진」 201
「보봐리 부인」 262
복고주의 220
본보기 작품 134, 175, 219
「봄우뢰」 182
『봄잔디밭 위에서』 152
봉황각 좌담회 93
부세 232, 237
부체크 233
북로당 노선 157
<북조선문학예술총동맹> 17, 41, 46, 94, 116
<북조선문학동맹> 95
<북조선예술총연맹> 17, 46, 94
북한문학사 15, 18, 30

북한 원간(전) 196, 202
「분만국회」 22
『불멸의 역사총서』 22, 26, 79, 104, 120, 134, 159, 166, 170, 175, 179, 182, 188, 212, 323
「불타는 섬」 194
불확정성(의 이론) 197
브루스 커밍스 156
비교문학 35
「비내리는 품천역(品川驛)」 234
비카프파 60
비판적 사실주의 26, 224, 243
「빛나는 전망」 189
「사랑」 111
사르트르 201
사상성 74, 259, 261
『사슴』 270
『사유악부』 276
사이비 과학 14
4.15창작단 38, 104, 122, 178
<사회과학원 문학연구소> 82
사회주의 리얼리즘(사실주의) 19, 26, 35, 57, 58, 71, 74, 76, 79
「싸우는 마을사람들」 189
산업정보사회 197
「삼국지」 191
삼대 혁명소설(고전) 159, 168, 170, 172
「3인 1당」 170
3,13 조치 139

≪3.1 월간≫
30년대 문학의 이중성 224
「상급 전화수」 55
상 민 42
서경석 151
≪서광≫ 171
서대숙 124
서만일 74
서사시 190, 239, 275
「서사시·로맨스·소설」 267
「서산대사」 54, 189
「서울」 53
「서울 사람들」 55
서울중심주의 18, 48, 54, 76, 94, 96
서정서사시 241
서정적 주인공 297
서정주 270
「서화」 150
서 휘 74
「석개울의 봄」 189
석윤기 24, 122, 177, 178, 182
선우전 44
선우휘 142, 158
「설봉산」 21, 54, 62, 102, 114
설화성 39, 41
성인의식 140
「성황당」 22, 134, 170, 252
성황당식 131
「소설가 구보씨의 일일」 267

「소설의 운명」 267
『소설의 이론』 191, 227
소외 203
『소월시집』 235
<송석원시사> 241
송 영 110
숄로호프 108
수령관(개념) 22, 159, 190
「수호지」 183, 191
「승냥이」 17, 111, 189
시대적 미감(美感) 325
「시련 속에서」 189
≪시인부락≫파 271
시킬렌드 231
<신간회> 이념 265
신경향파 147
신고송 47
신기수 235
신민주주의론 94
신상웅 158
신소설 223
실존주의 201
실증주의 논쟁 261
「심문」 269
「심청전」 232
심 훈 224
10.19 조치 143
「씨름」 65
아리아 251, 326
아서원 좌담회 93

「아침해」 120, 129
안 막 17, 46, 51, 74, 89, 134
안시형 160
「안중근 이등박문을 쏘다」 22, 134, 170
안함광 17, 18, 20, 39, 44, 49, 52, 62, 67, 76, 96
「압록강」 134
양귀자 198
애국주의 189
애정(연애)윤리 126
「어머니」 114, 169, 202
A.들리샹 255
St.죠지 안토니 255
엄호석 19, 55, 58, 59, 67, 74
에렌브르크 166
「역사」 65, 101, 105
「역사의 새벽길」 115
『역사의 종언』 31
연극예술 251
<염군사> 223
염상섭 37
영웅서사시 192, 240
영웅성 187
영웅적 애국주의 219
『영화예술론』 169
오가레트 최 233
오스틴 워렌 12,
오장환 270
와다 하루끼 124

완벽한 인물 149
「우데네 족의 마지막 한 사람」 101
우익적 편향 51
원동석 169
「원미동」시리즈 198
월북작가 81, 139, 155, 259
월북문인 해금 81
위기의식(감각) 13, 24, 30, 31
≪위마니테≫ 201
유기체론 13
유럽 한국학회의(AKSE) 134, 231
유일사상 21, 22, 25, 38, 79, 84
유진 런 154
유토피아 194, 268
유항림 47, 189
윤규섭(세평) 17, 44, 51
윤두헌 74
윤병석 233
윤세중 189
윤영천 153
≪웅향≫ 사건 36
이갑기 194
이광수 161, 266
이강옥 152
이규보 240
이근영 189
이기문 233
이기영(민촌) 17, 36, 54, 69, 89,

99, 115, 150, 189, 195, 222, 234, 263
이동규 189
이북만 216, 235
이북명 159, 189,
이 상 266
이상화 243, 299
이선영 41
이성중심주의 30
이 옥 231
이용악 153, 270
이원조(청량산인) 44, 51, 87, 218, 227
이인직 161, 223
이재선 160
이질화 159
이 찬 17, 47, 108
이 철 47
이태준 108, 259, 266, 269
이항 대립적 사고 198
이해조 223
이효석 224
「인간문제」 222
인간의 운명 128
인간탐구의 문학 73
인민민주주의민족문학론 17, 85, 93, 111
인민성 22, 35, 88, 99, 118, 184, 211, 227
인민적 가요 형식 252

일본 프로문학 264
「임꺽정」 184
임규찬 218
「임오년의 서울」 189
임헌영 160
임 화 18, 40, 44, 49, 52, 57, 76, 85, 93, 98, 134, 149, 216, 229, 252, 259
임홍배 160
자발성(자율성) 205
자기동일성 207
자연주의 56
자주성 251, 324
장군을 다룬 소설 104
재북작가 131, 151, 155
쟈크 도크르 200
전위주의 146
전일성(全一性) 121, 178
전쟁복구기 189
전쟁시 52
전통 25
절가(絶歌) 135, 251, 327
정규복 237
정기호 252
정도상 159
정론성 267
정성무 22, 134, 250, 319
정순기 48, 252, 304
정영률 240
정재철 160

정지용 243, 259, 297
정치 문학(화) 일원론 85, 101
정치지상주의 91
정호웅 151
정홍교 240, 280, 285
「제 2전구」 189
제 1세대 작가 100
조국애 295
조기천 39, 108
조남현 160
조대일 244
조명희 151, 224
조브티스 233
「조선광복회 10대 강령가」 170
<조선독립동맹> 157
≪조선문학≫ 128
<조선문학가동맹> 44
<조선문학가총동맹> 17
『조선문학개관』 219
<조선문학건설본부> 44, 85
『조선문학사』 22
『조선문학통사』 21, 213
조선어 304
『조선은 싸운다』 39
「조선의 별」 135
「조선인민혁명군」 170
<조선작가동맹> 57, 127
조선적인 것 165
조선주의 132
<조선프롤레타리아문학동맹> 44, 89
<조선프롤레타리아예술연맹> 90
조세희 197
조수삼 241, 285
조영출 225
조 운 222
조윤제(도남) 13
조정래 156
≪종소리≫ 171
종파주의 133, 220
좌우합작노선 157
주제사상 239, 280
주체 리얼리즘 28
주체문예(학)론 16, 18, 21, 22, 24, 27, 118, 158
『주체문학론』 22, 24, 30, 79, 133
주체사상, 38, 83, 118, 129, 133, 159, 162, 175, 184, 216, 221
주체사상 비판 226
『주체사상에 기초한 문예이론』 22, 83
주체성 135, 206
「준엄한 길」 123
「쥐」 234
지도성 20
지성론 87
「직맹반장」 189
직접성 17, 84, 114
「진격의 밤」 41

진보적 민주주의 민족문학 49, 95, 96
집체성(작) 38, 121, 184, 194
차원현 151
창가 223
창작방법론 17
채만식 224
「1932년」 24, 123, 179
「천변풍경」 266
천세봉 24, 78, 122, 178, 189
「철의 역사」 177
「첫수확」 189
<청년문학가협회> 18
「청춘기」 102
「청춘송가」 125, 159
초근대 32
초역사 32
「초혼」 243, 299
총서형식 177, 178
총체성 121, 148, 178, 203
최남선(육당) 161
최두석 153
최명익 17, 47, 54, 189, 269
최상순 125
최서해 149, 264
최영식 244
최일남 159
최재서 266
최정후 240
최태형 245

『추계집』 241
「춘향전」 237, 240, 280
「취우」 37, 68
「7급공 최아바이」 123
친일문인 161
카프 동경 지부 216
카프문학 24, 26, 29, 69, 84, 133, 223, 224
카프 비정통파 76
카프 비해소파 44, 96, 218
카프 정통성 17, 20, 30, 62, 66, 71, 72, 74, 79
카프 정통파 76
카프카 203
카프파 61, 161
카프 해소파 44, 218
콘체비치 235
「크나큰 사랑」 177
「클라인씨의 병」 197
「탄맥」 189
탈근대(주의) 14, 31
탈사상성 267
탈이데올로기 문학 266
「태백산맥」 156
「태양을 우러러」 177
테마의 적극성 95
토지개혁 98
「통곡」 243, 299
통일문학사 13, 33, 79
통일신라 부정론 240

북한 문학사론

인쇄일 초판 1쇄 1995년 02월 15일
         2쇄 2015년 02월 20일
발행일 초판 1쇄 1995년 02월 25일
         2쇄 2015년 02월 23일

지은이 김 윤 식
발행인 정 찬 용
발행처 국학자료원
등록일 1987.12.21, 제17-270호

서울시 강동구 성내동 447-11 현영빌딩 2층
Tel : 442-4623~4 Fax : 6499-3082
www.kookhak.co.kr
E- mail : kookhak2001@hanmail.net
ISBN 978-89-85465-95-3 *03800
가 격 12,000원

*저자와의 협의 하에 인지는 생략합니다.